全球增加值贸易
网络演变及影响因素研究

Research on the Evolution and
Influencing Factors of Global Value Added Trade Network

葛纯宝 李娜 著

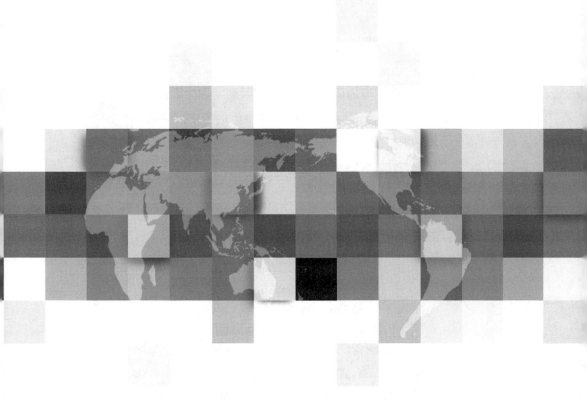

中国财经出版传媒集团

经济科学出版社
Economic Science Press

·北京·

图书在版编目（CIP）数据

全球增加值贸易网络演变及影响因素研究/葛纯宝，李娜著．--北京：经济科学出版社，2024.4
ISBN 978 - 7 - 5218 - 5863 - 1

Ⅰ.①全…　Ⅱ.①葛…②李…　Ⅲ.①贸易 - 研究　Ⅳ.①F7

中国国家版本馆 CIP 数据核字（2024）第 088815 号

责任编辑：卢玥丞　赵　岩
责任校对：王苗苗
责任印制：范　艳

全球增加值贸易网络演变及影响因素研究

葛纯宝　李娜　著

经济科学出版社出版、发行　新华书店经销
社址：北京市海淀区阜成路甲 28 号　邮编：100142
总编部电话：010 - 88191217　发行部电话：010 - 88191522
网址：www. esp. com. cn
电子邮箱：esp@ esp. com. cn
天猫网店：经济科学出版社旗舰店
网址：http://jjkxcbs. tmall. com
北京季蜂印刷有限公司印装
710×1000　16 开　14 印张　240000 字
2024 年 4 月第 1 版　2024 年 4 月第 1 次印刷
ISBN 978 - 7 - 5218 - 5863 - 1　定价：98.00 元
（图书出现印装问题，本社负责调换。电话：010 - 88191545）
（版权所有　侵权必究　打击盗版　举报热线：010 - 88191661
QQ：2242791300　营销中心电话：010 - 88191537
电子邮箱：dbts@ esp. com. cn）

目　　录

第1章 导 论

1.1 选题背景与选题意义

1.1.1 选题背景

当前，全球经贸格局和经济治理体系正在发生深刻调整，全球价值链（GVC）分工的深化不断塑造全球生产方式，促使世界各国通过要素、产品和服务流动紧密相连，从而形成彼此交织、相互依存的全球贸易网络体系。一方面，世界各国已通过 GVC 分工形成"你中有我，我中有你"的贸易利益分布格局，各国与伙伴国间贸易联系不仅取决于双边属性，还受其他国家间贸易关系的影响。另一方面，在传统货物和服务贸易逐渐转向"任务贸易"背景下，中间品贸易份额的逐渐攀升凸显出总量核算方法的不足，后者难以客观反映国家间真实贸易利得与价值流动关系。因此，以增加值核算为出发点，从全球贸易网络整体和系统视角考察全球贸易网络演变规律，分析各国特别是中国的贸易地位变动特征就有其现实必要性。与此同时，在全球贸易网络格局中，各国贸易地位的高低直接关系到其经贸规则制定权和话语权的大小，甚至直接决定了全球多边治理体系的演进方向。从这一角度看，尽管参与 GVC 分工推动了包括中国在内的发展中国家经济的快速发展，促使中国形成全球贸易大国"比较优势"，但其仍旧面临国际分工地位和经贸规则的双重"比较弱势"，中国亟须推动国际分工地位向中高端攀升，摆脱"低端锁定"困境，增强全球经济治理体系中的规则制定权、国际话语权和合作主导权，从而推动贸易强国建设。

复杂系统科学及复杂网络理论的兴起为研究全球增加值贸易网络和各国贸易地位问题提供了科学的方法论支撑。2021年诺贝尔物理学奖授予复杂系统研究的领军人物——意大利科学家帕利西（Parisi），因为其"发现了从原子尺度到行星尺度物理系统的无序和涨落的相互作用"，这从侧面说明复杂系统领域的研究已经获得学术界的充分重视和高度认可。诺贝尔物理学奖获得者安德森（Anderson，1972）认为复杂系统的每一个层次会呈现全新的性质，研究和理解此类新行为，就其基础而言与其他研究相比毫不逊色。复杂系统是一门新兴的交叉性、综合性理论，旨在研究系统的结构与功能关系，以及演化和调控规律。该学科在带来自然学科变革的同时，也正渗透到复杂网络理论及社会科学的研究当中。源起于网络科学的复杂网络分析方法注重从节点之间联结关系这一结构性视角分析网络整体结构以及各节点在网络中的地位演变规律。相比于主要通过节点本身属性分析节点联结关系的传统分析方法，该方法从网络全局的结构性视角（Albert & Barabasi，2002），系统分析国际贸易网络整体结构以及各国贸易地位高低，因而具备传统分析方法不具备的明显优势。事实上，正是由于国际贸易网络具备复杂网络理论的基本特征和分析前提（Rauch，2001；Fagiolo et al.，2009），该方法正在成为未来分析国际贸易网络的新兴研究方向，本书才能用该方法研究国际贸易网络及各国贸易地位问题。因此，复杂网络理论为研究国际贸易网络提供了科学的学科与方法论支撑。

GVC分工理论为研究国际贸易网络提供现实遵循，GVC治理为国际贸易地位研究提供规则层面的政策导向。首先，作为考察价值在哪、由谁创造以及如何分配的理论（Gereffi，1994；Gereffi，1999），GVC分工本质上是跨国公司在全球范围内进行产品内分工和要素最优配置和战略布局的结果，由此形成的各国间彼此交织互为影响的价值流动和贸易关系就促进了相互依赖的国际贸易网络的形成和演化，这就为国际贸易网络分析提供现实遵循（汪斌和侯茂章，2007）。其次，GVC 理论主要从国际生产网络视角考察国际价值生产的地理和组织特征，具体分析各项行为从概念到产品的完整实现过程（汪斌和侯茂章，2007），包括技术研发与设计环节、生产环节、销售环节和售后服务环节（Kaplinsky et al.，2002），不同环节对应的价值增值能力差异在一定程度上决定了各国贸易地位的高低，因此这就构成分析国际贸易地位的理论前提。最后，GVC 治理分析决定了贸易地位研究的规则导向。通过一定的关系安排和制度机制，治理分析主要是对不同国家价值链企业之间的经济活动和不同分工环节进行非市场化协调（Kaplinsky et al.，2002），确保各环节生产活动、劳动分工以及价值分配具有组织性。而其中的规则制定、监督裁决和执行性治理方式（Gereffi，2011）是通过规则和标准将全球生产和贸易的离散性片段区域联系起来（汪斌和侯茂章，2007）。因此，上述治理就构成国际贸易关系规则治理的政策内涵，为国际贸易地位分析提供规则导向。

综上所述，复杂严峻国际经济形势下发展中国家贸易地位提升的迫切性和重要性、国际经贸规则话语权提升的目标导向、GVC 分工及其理论的现实背景以及蓬勃发展的复杂网络理论共同构成本书的选题背景。

1.1.2 选题意义

研究全球增加值贸易网络结构演变以及影响因素问题，既是科学把握全球贸易网络体系演进趋势、减少战略误判、推动区域经贸合作、促进互利共赢的理论需要；也是构建互利共赢、多元平衡的良性发展格局，改变发展中国家与发达国家贸易利益分配不均，从而推动全球经贸规则新一轮重构的重要途径；更是在契合于 GVC 分工网络现实遵循的前提下，构建安全高效"三链"、提升国际分工地位的必然要求。具体而言，本书选题理论与现实意义如下。

1. 理论意义

（1）采用复杂网络方法研究全球增加值贸易网络结构演变，能从全球整体贸易网络的战略全局角度，系统且客观把握全球贸易网络格局分布规律及演进方向，对理解全球多边治理和经贸规则演变提供重要参考。世界百年未有之大变局正在加速演进，全球增加值贸易网络格局的动态演变蕴含全球供应链、产业链和价值链（以下简称"三链"）正在发生深刻调整。在新全球贸易格局下，加强和完善全球多边治理、推进经贸治理规则的新一轮调整与变革，其基本前提就是客观揭示全球贸易格局基本分布特征，把握其演进方向，只有如此，才能更好顺应经济全球化深入发展的现实需要，从而维持世界经济秩序、促进可持续发展。（2）采用复杂网络方法研究各国在全球贸易网络中的地位成因问题，在立足国际生产网络的客观现实的前提下，从贸易利益分配层面客观研究国际分工地位提升问题，既为全面揭示各国贸易地位高低与资源控制能力提供新的研究视角，也为推动全球各国尤其是主要国家之间在经贸规则领域的竞争与合作提供支撑性方法论。复杂网络分析方法从网络全局的结构性视角（Albert & Barabasi，2002），系统分析国际贸易网络整体结构以及各国贸易地位高低，能够客观揭示各国对全球资源的控制能力大小及其变动规律。各国贸易地位的分布变动直接关系着其在全球贸易网络体系中的国际经贸规则制定权和话语权的强弱，因此考察各国贸易地位变化规律，识别出主要国家，对于理解各国在经贸规则竞争和合作关系提供重要理论基础。事实上，正是基于此，复杂网络方法正在成为未来分析国际贸易网络的新兴研究方向（Rauch，2001；Fagiolo et al.，2009）。（3）识别出各国贸易地位演变背后的成因是推动构建互利共赢、多元平衡国际经贸格局的重要途径。只有揭示各国贸易地位变动背后的成因，才能针对性推动其贸易地位提升，从而改变全球发达国家和发展中国家贸易利益不平等分配格局，促使全球贸易利益分配朝着更为均衡平等的方向发展。识别贸易地位演变背后的驱动因素，才能有助于改变发展中国家贸易利益面临发达国家"纵向压榨"的根本局面，才能更好推动国际经贸发展格局的良性健康发展。因为发展中国家迫切需要增强国际经贸规则话语权，而只有中国才有可能成为其重要代表，才有能力代表广大发展中国家改变全球不平等贸易关系，改变广大发展中国家贸易利益分配"压榨"的被动局面。（4）识别贸易地位变动背后的成因是包括中国在内的发展中国家完善多边治理，增强制度性话语权的现实要求。2008 年金融危机前，欧美少数发达国家在全球增加值贸易网络中占据核心位置，而广大发展中和欠发达国家居于边缘位置，该时期全球经贸治理体系表现为欧美中心主义的贸易体制，发展中及欠发达国家在全球经贸治理规则中的制度性话语权较弱。2008 年日内瓦谈判的最后失败以及全球金融危机的爆发深刻暴露出经济全球化时代全球经济治理的不足以及发展中和欠发达国家制度性话语权的缺位。其后，新兴经济体如中国等贸易地位显著提升，并逐渐演变为中心国，致使全球大国力量对比发生根本性变化，此时的国际经贸规则制度性话语权并未与国际贸易格局相适应。因此，在 GVC 分工转向以产业链为基础的生产要素分工背景下，为完善全球多边治理，降低全球系统性风险，中国必须提高贸易地位，从而增强其在全球经济治理中制度性话语权的加强，只有如此才能推动国际经济秩序良性健康发展。

2. 现实意义

（1）研究贸易地位变动背后的成因，是构建安全高效"三链"的重要保障。世界多极化格局的形成日趋成为不可阻挡的历史潮流[①]，近年来美国单边主义、贸易保护主义等逆全球化趋势抬头，GVC 分工格局被迫发生深刻调整，价值链长度呈缩短趋势，外部冲击也有强化区域价值链之势。在新冠疫情严重冲击全球价值链背景下，价值链生产日趋区域化与本地化，加快构建安全可靠的国内产业链、供应链和周边区域价值链具有现实上的重要性与迫切性。构建安全高效国内产业链和供应链，防范化解金融风险是难以回避的议题。只有提升贸易地位才能为其提供基础保障，才能在防范外部冲击过程中通过制度性话语权建设，降低风险的传播与扩散。构建安全高效的周边区域价值链需要以贸易地位为前提，因为通常而言，只有区域主要国家在区域价值链构建中具有现实影响力和现实条件，而非主要国家难以为构建周边区域价值链提供现实保障。（2）只有明确贸易地

---

① 江泽民. 论社会主义市场经济［M］. 北京：中央文献出版社，2006.

位变动背后的成因，才能客观揭示一国对全球资源控制能力的强弱大小和相对稳定性，才能加快推动甚至引领全球经济秩序向着公平化、合理化方向发展，才能在更高水平、更宽领域推动全球经济开放包容健康发展。应当努力构建开放、公平和规范的多边贸易体制，实现优势互补、互利共赢，使所有国家都从中受益①。（3）研究各国贸易地位演变及其成因问题为维护中国自身利益的根本要求，承担国际责任提供基本依据。全球增加值贸易网络中各国贸易利益休戚相关、联系紧密，而贸易地位高低表征GVC分工利益的强弱。中国在全球增加值贸易网络中扮演主要国家角色意味着全球绝大多数国家都与中国开展直接或间接的价值链分工和增加值贸易，这些国家贸易利益的高低离不开中国，反之，中国的贸易利益也遍及全球，其贸易地位的稳固与提升也离不开这些国家。因此，识别出中国贸易地位背后的成因既是中国维护自身利益的内在要求，也是提升贸易伙伴国贸易利益和贸易地位的必要途径，更是在国际经济合作中承担国际责任的重要表现。

1.2 研究问题与研究内容

1.2.1 研究问题

本书主要从增加值核算角度并采用复杂网络分析方法，通过构建1996～2018年全球增加值贸易有向拓扑网络，从而考察全球贸易网络格局演变规律，分析在此过程中各国特别是亚洲、北美和欧洲区域集团主要国家：中国、美国、德国贸易地位分布演变特征，同时比较主要国家对全球顶级支撑关系网络中对全球及不同区域国家的支撑面大小。然后分析中国增加值

---

① 胡锦涛. 促进中东和平建设和谐世界——在沙特阿拉伯王国协商会议的演讲［N］. 人民日报，2006－04－23.

外贸地理重心如何演化。在此基础上，基于一般均衡思想构建三国情形的国际贸易网络理论模型，分析贸易地位演变背后的理论成因，然后建立计量模型进行实证检验。最后研究人均资本、制度质量、物理基础设施、关税率、研发投入、金融危机、区域贸易协定和经济规模等因素对各国增加值贸易网络地位变动素的影响，并开展异质性分析。

1.2.2　研究内容

根据研究问题，并结合现有研究及本书创新点，本书研究内容共分为8 章。各章具体安排如下。

第 1 章为导论。首先介绍本书选题背景及意义，其次提出研究问题和研究内容，并阐述研究框架和研究方法，最后指出研究创新与不足。

第 2 章为文献综述。首先从网络科学出发，阐述复杂网络理论的起源、发展与现状，并对社会网络研究进行简要介绍。其次阐述国际贸易网络相关研究。再次从该角度阐述国际贸易地位的测度、成因及相关理论，并比较贸易地位与 GVC 分工地位之间的异同。最后对现有研究进行简要评述。

第 3 章为全球增加值有向贸易拓扑网络构建方法。在选取全球 132个主要国家作为研究样本基础上，基于 UNCTAD 数据库和联合国贸易统计等补充数据，首先利用 RAS 法构建 1996～2018 年跨区域投入产出平衡表，并采用 KWW 法对各国间增加值进、出口进行测算。然后基于图论和拓扑学基本思想，利用社会网络分析和复杂网络分析方法构建 1996～2018 年全球增加值有向贸易拓扑网络，并选取度数中心度作为贸易地位测度指标。再介绍中国增加值外贸地理重心的测算方法。最后，在全球增加值贸易网络的基础上，阐述如何构建 Top3 等级增加值贸易支撑网络，并选取平均聚类系数、平均路径长度和网络直径作为刻画支撑网络结构的度量指标。

第 4 章为全球增加值贸易网络演变及区域主要国家贸易地位比较。首先从整体角度分析 1996～2018 年全球增加值贸易网络分布格局及其演变特征，同时采用核密度方法解释各国贸易地位整体分布规律，然后比较

"一带一路"与非"一带一路"区域贸易地位变化情况，进一步分别从总体、出口、进口以及三大产业等角度重点从欧洲、亚洲和北美区域集团角度，剖析了德国、中国、美国主要国家的贸易地位变化情况，同时分析中国贸易地位重心地理演变轨迹，最后从顶级支撑贸易关系角度分析了全球支撑贸易网络结构变化，以及中国、美国、德国对"一带一路"沿线区域的贸易支撑情况。

第 5 章为贸易地位的影响因素与理论模型。首先结合现有研究，从理论上厘清人均资本、制度质量、贸易自由化和物理基础设施与增加值贸易地位之间的作用机制，然后从数理上构建基于三国贸易网络理论模型，最后分别相关研究假设。

第 6 章为全球增加值贸易网络地位的影响因素研究。首先建立全球增加值贸易地位实证模型，并阐述模型的估计方法，然后对基准估计结果进行重点分析，同时从不同类型贸易地位、不同区域、国家、时段和产业等多个层面开展异质性分析，最后从多个角度进行稳健性检验。此外，本章采用 Shapley 法识别出主要因素对增加值贸易地位的边际贡献强弱，并分年度进行异质性分析。

第 7 章为全球增加值贸易网络地位演变的影响因素研究。首先参考相关研究建立全球增加值贸易网络地位变化的计量模型，并对变量和数据进行说明，然后进行基准结果分析和异质性考察，最后进行稳健性检验。

第 8 章为研究结论与政策建议。本章对本书研究结论进行总结，据此提出相应政策启示，并立足本书不足之处对未来研究作出展望。

1.3　研究框架和研究方法

1.3.1　研究框架

针对研究问题，本书遵循"方法构建—事实描述—理论分析—实证检验"逻辑思路,拟作出如下研究框架(见图 1.1)。

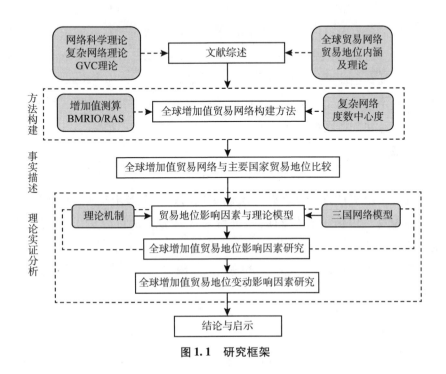

图 1.1 研究框架

1.3.2 研究方法

本书主要采用定量与定性分析法开展研究,具体包括以下几种。

1. 投入产出分析法

本书基于 UNCTAD – Eora 及联合国贸易统计数据,采用伦曾等(Lenzen et al.,2012)的双边比例法(RAS),对 1996~2018 年 132 个国家跨区域投入产出平衡表进行平衡,然后利用 KWW 法进行测算各国间增加值出口和进口,为全球增加值贸易网络的构建提供数据支撑。

2. 复杂网络分析法

本书基于图论和拓扑学基本思想,采用复杂网络分析法以及社会网络分析法，将各国视为节点，国家间增加值贸易视为连边，进而构建 1996～2018 年全球增加值贸易有向拓扑网络，选取度数中心度作为贸易地位测度指标，然后分析全球增加值贸易网络演变情况，从而考察各国及核心国总体、出口、进口以及制造业、服务业和农业部门贸易地位分布演变。此外，本书还在全球增加值贸易有向拓扑网络的基础上，构建 Top3 等级增加值贸易网络，从而比较中国、美国和德国对 "一带一路" 沿线区域的贸易支撑情况，并分析网络结构特征。

3. 贝叶斯模型平均法

鉴于传统估计方法存在模型不确定性问题，本书采用 BMA 法对全球增加值贸易地位演变背后的成因进行实证检验，重点分析了人均资本、制度质量、贸易自由化以及物理基础设施对贸易地位的影响，同时还考察了研发强度、WTO 成员方、金融危机等因素对增加值贸易地位演变的影响。

4. 文献分析法

本书在研究相关文献基础上，通过提炼、总结和思考，对与本书相关的主题文献进行分析综合。

1.4 研究创新点

与现有研究相比，本书研究创新点如下：

一是从增加值视角科学考察了全球各国间贸易网络分布格局，揭示了欧洲、北美和亚洲区域中的德国、美国与中国等主要国家在内的各国贸易地位变化规律以及资源控制能力变动。尽管有学者分析了全球、区域及行业贸易网络格局及各国贸易地位演变情况，但主要是从总量核算角度进行的研究，随着中间品贸易的增多及其跨境往返次数的增加，传统以贸易总值为基础的统计核算无法科学反映各国间真实贸易利得与价值流动关系。

因为中间品进口被统计到贸易核算中，会造成一国贸易规模"虚高"，从而夸大其贸易地位。因此，采用增加值核算方法，将全球各国间的贸易数据剔除重复计算的部分，使用增加值贸易数据才能科学揭示各国间贸易关系。本书利用 UNCTAD 投入产出表，采用 KWW 法首先构建跨区域投出产出平衡表，然后测算 1996～2018 年世界各国间增加值出口和进口，重点比较了德国、中国和美国总体、出口和进口贸易地位变化规律。此外，与多数研究不同的是，本书还进一步从制造业、服务业和农业贸易网络的角度分别比较了主要国家三大产业贸易地位变化规律。

二是采用复杂网络方法，通过构建全球增加值有向贸易拓扑网络，从全局角度系统考察了主要国家在全球贸易网络中的地位变化。一方面，作为国际经贸关系的总体式样、整体布局和宏观态势，全球经贸格局既是国际经贸关系研究的重要范畴，也是一国制定对外开放战略的基本前提（Goldman，1977），更是其推动全球经济秩序稳定、减少战略误判的重要基础，因而科学系统把握全球经贸格局意义重大。另一方面，现有研究关于贸易地位测度主要基于局部或间接视角考虑，例如，采用出口产品价格与世界出口平均价格、RCA 指数、贸易竞争力指数等局部指标，或出口技术复杂度、垂直专业化率以及 GVC 分工地位指数（Koopman et al.，2010；Wang et al.，2013）间接测度中国贸易地位，这些指标或从局部视角或从间接角度测度贸易地位，并未在整个全球贸易网络格局中加以分析。本书通过构建全球增加值贸易网络，采用复杂网络分析方法从网络全局的角度测度并分析了各国贸易地位变化情况，能够克服局部指标和间接测度法的缺陷，从而更为科学揭示各国贸易地位变化规律。

此外，现有研究多采用贸易流量构建网络，并根据贸易流量是否达到一定阈值构建国际贸易网络，实际上忽视了不同贸易阈值对不同国家的作用强度或相对重要性差异，无法科学反映贸易流对贸易规模不同的国家的相对重要性或相互依赖程度大小。例如，对于中国和阿富汗而言，特定阈值通常会保留中国与其他国家连边，而阿富汗因贸易规模偏小，在网络中就没有连边，实际上阿富汗与其他国家贸易流虽然偏小但却对该国相对重要。因此，选取不同阈值固然能在一定程度上反映国家贸易网络结构，但还需考虑各国差异性。为此，本书根据各国贸易流量分别选取与各国贸易规模排名前 3 的国家，从而构建 Top3 等级增加值贸易网络，然后分析该网络结构变化特征，并比较不同时期德国、美国和中国对全球特别是"一带一路"区域贸易支撑情况。

三是构建三国情形下的国际贸易网络理论模型，从数理层面分析国际增加值贸易地位决定因素，促进了复杂网络理论与国际贸易理论学科的交叉融合发展。现有关于全球贸易网络及贸易地位的研究进行描述性分析的较多，而进一步探究其内在机制的较少，通过建立贸易地位理论模型开展系统分析的更少。仅进行描述性分析或只进行简单的实证检验，忽视了贸易地位变化背后的理论机理，既不利于研究逻辑的系统性和完整性，也不利于为发展中国家提升国际分工地位提供有效参考。本书基于一般均衡框架，考虑第三国效应，通过建立三国情形的国际贸易网络理论模型，系统分析国际增加值贸易地位决定因素及作用机制，在学理上弥补了国际贸易地位决定因素理论分析的不足，为推动复杂网络理论与国际贸易理论融合发展提供理论参考。

四是采用贝叶斯模型平均法（BMA）在完整的模型空间集合中全面检验了国际增加值贸易地位及其演变背后的成因。在模型变量选取与估计方面，不同学者采用的特定模型对解释变量和控制变量的选取存在不同程度主观性，有学者将某一变量纳入模型，也有学者未将其纳入，这就会造成模型估计偏差，甚至得到完全相反的结论。而特定的单一模型拟合数据存在遗失有用信息风险，因为特定模型拟合结果可能不显著，但当加入一些变量后，又可能得到显著的结果，因此单一模型拟合得到的显著结果可能并非真正的显著，这里面会存在数据窥视偏差问题[1]。BMA 法是在统一框架下，统一考虑该变量纳入的子模型与未纳入的子模型的情况，根据数据特征将不同子模型赋予不同权重从而确定该变量的重要性与否。如果该变

---

[1] 数据窥视指对于给定数据，进行多次或多种模型拟合，偶然得到一个或几个统计显著结果。该显著性并非真正显著性，因为即使某一变量真实效应为 0，只要通过不同模型拟合，最终很有可能得到至少一个模型其系数显著，该过程没有将许多不显著的实证结果考虑在内，存在不正确数据窥视偏差（洪永森和汪寿阳，2020）。

量在不同子模型中均不重要，则所有子模型加权后 PIP 也较低，反之则较高。因此，BMA 法提供了一种保障机制，将所有变量排列组合得到的模型集都加以考虑，实际上避免了选择很差模型情况的出现。BMA 法相当于考虑模型不确定情形的传统单一模型的扩展。本书采用 BMA 法在不同解释变量组合所构成的 16384 个子模型中加以估计，既克服了单一模型设定偏误及信息流失造成的估计偏差；也为检验国际贸易地位变动成因，推动中国贸易地位攀升提供的经验证据。此外，考虑到贸易地位演变直接关系着一国对全球资源控制能力的稳定性强弱，本书进一步从考察了各国增加值贸易网络地位演变背后的成因问题。

1.5　不足之处

本书比较系统地考察了全球增加值贸易网络中的地位变动规律以及主要国家贸易地位演进情况，并从数理层面构建了一国贸易网络地位的理论模型以及实证检验，但仍然存在以下不足。

一是囿于数据搜集困难、工作量大、相关技术不成熟以及数据可得性等问题，本书主要采用国家和部门层面增加值数据，并未细分到产品层面，且研究样本也并未覆盖到全球所有国家，这可能会对本书结果产生一定影响。例如，对全球跨区域部门层面投入产出表进行平衡涉及多方面数据，细分到部门层面工作量已是相当大，且自变量如物理基础设施、外资流入、人均资本等在较早时期（如 1996 年之前）和较晚时期（如 2018 年之后）存在不同程度缺失、变量数据异常以及统计口径改变等问题，本书研究样本和考察时段仅限于 1996～2018 年全球 132 个主要国家，研究样本和考察时段上的局限性有可能会对本书结果造成一定影响。

二是本书着重探讨全球增加值贸易网络中地位如何变动以及主要国家贸易地位比较，因而在事实分析部分重点分析主要国家贸易地位如何变动，而对全球增加值贸易网络中不同国家是否会形成社团集聚及不同社团之间的联系程度变动情况并未作出分析，这可能会使本书研究结论丰富性略显不够。

三是对于全球贸易网络社团化迹象背后的成因分析或将成为未来的一个研究方向。对于全球增加值贸易地位影响因素的分析，本书主要采用理论模型和实证检验方式进行考察，虽然能够比较完整系统地得出较有启示意义的结论，但从根本上看，国际增加值贸易地位本身属于复杂网络理论研究范畴，在考察贸易地位决定因素时，如果再结合复杂网络中的统计方法（如 ERGM）进行检验可能更为符合复杂网络研究范式。相比之下，本书主要站在国际贸易理论角度分析国际贸易地位决定因素，这一点可能与复杂网络理论侧重点有所不同。因此，相比于前者而言，采用复杂网络方法仅研究了贸易网络及贸易地位决定因素问题，实际上并未探究各国贸易之间存在社团化趋势，比如从网络模体角度分析，这或将成为今后的研究方向。即研究全球贸易网络及地位提升问题，还应从社团角度进行剖析，才能更为全面和科学地揭示其背后的成因。

第 2 章 文 献 综 述

本章首先从网络科学角度出发，阐述复杂网络理论的发展历程与研究现状，简要介绍社会网络相关研究，然后阐述国际贸易地位概念及内涵，并从复杂网络角度梳理国际贸易整体结构、国际贸易地位内涵、测度、影响因素及相关理论，同时比较国际贸易地位与 GVC 分工地位之间的关系，最后对相关研究进行评述并总结本章。

2.1 复杂网络与社会网络研究

2.1.1 复杂网络的起源

复杂网络最早起源于网络科学。美国科学院国家委员会 2005 年发表的《网络科学》研究报告指出，网络科学是研究利用网络来对物理、生物和社会现象进行描述从而建立模型进行预测的科学。学术界认为网络科学是研究网络结构及其动态行为并将网络应用到更多领域的研究方法（Lewis，2009；吴钢，2013），重点关注各个复杂网络的共性和普适性规律及其在各个领域的特殊性问题和规律，涵盖复杂网络、社会网络和经济网络等多个子学科（曾宪钊，2010）；或认为网络科学着眼于复杂网络的定量和定性特征的科学理解（汪小帆等，2012），是一门交叉性学科。网络科学研

究的必要性在于现实世界中许多复杂网络问题仅靠单一学科难以得到有效
解决，需要多学科共同努力，而网络科学为此提供了新视角和交叉学科研
究方法，能增进人们对于复杂网络规律的理解。综上，本书认为网络科学
是基于现实世界复杂网络，采用多学科研究方法对复杂网络共性和普适性
规律进行探究，从而架起相关学科之间的桥梁，有效解决单一学科难以解
决的系统性问题的科学。网络科学主要研究现实世界中观测到的网络，并
揭示这些网络中的共性和普适性规律，从而为实际网络分析和实践提供理
论指导。

按照发展特征，网络科学大体可划分为规则网络、随机网络和复杂网
络三个阶段（郭世泽和陆哲明，2012）。规则网络阶段起源于图论和拓扑
学等应用数学的发展。图论是研究一些节点按照一定方式连接组成的图，
能精确简洁地描述各种网络。规则网络阶段重点关注柯尼斯堡七桥问题、
哈密顿问题、四色猜想和旅行商等四大图论问题。随机网络理论阶段是以
厄多斯和雷尼（Erdos & Renyi，1959）建立的著名随机图理论为主要标
志，该阶段意味着网络科学理论进入快速发展和突破阶段。随机图理论认
为网络中节点是以概率 p 随机连接，即连边的形成与否由 p 决定，p 越大
连边越容易形成。随机图理论提出后，弗兰克和施特劳斯（Frank &
Strauss，1986）提出的马尔科夫依赖理论在计算层面加速了随机网络理论
的发展。复杂网络理论阶段是以怀特和斯特罗加茨（Watts & Strogatz，
1998）发表的关于"'小世界'网络的集体动力学"文章（李晨等，
2021）以及巴拉巴斯和艾伯特（Barabasi & Albert，1999）发表的"随机网
络中标度的涌现"的文章为典型代表。前者强调网络节点之间最短路径较
短（约为6个），后者认为网络具有"无标度"属性，即网络呈现少数节
点与多数节点有大量连接，而多数节点之间连接较少的"幂律"分布规
律①，"小世界"和"无标度"共同促成网络科学进入复杂网络理论阶段，
也是复杂网络理论不同于规则和随机网络理论的最重要标志和统计特征。
此外，该阶段格兰诺维特（Granovetter，1973）提出"弱连接"优势理论，

---

① 即 $P(k) \propto k^{-\gamma}$，γ 介于 1.5 ~ 3 之间。

并认为"弱连接"虽然不如"强连接"关系稳固，但有着极快的、可能具有低成本和高效能信息传播效率（任薇，2014），能够在不同的团体间传递非冗余性讯息，因而拥有更多弱连接的人拥有信息流通的优势，可以得到更多的工作机会。"弱连接"优势理论可以视为复杂网络的重要补充。

随着复杂网络理论阶段演进至今，计算机技术的快速发展和大规模网络数据可得性的增强加快推动了复杂网络的快速发展。前者加快了学者利用可观测的复杂网络对相关规律进行挖掘和检验的进程，后者促使学者能以较低成本更为便捷地获得各种网络数据，从而对大规模复杂网络统计理论进行检验和模拟，进而推动后续实证研究和实际应用。

2.1.2　复杂网络研究

复杂网络隶属于网络科学子领域，两者的目的都是采用网络分析方法对包含不同网络的复杂系统进行规律探索，从而实现对网络结构、动态演变以及形成过程进行有效解释的科学。目前关于复杂网络概念及内涵，学者多从其属性特征上进行多角度、多层次定性阐述，尚未形成统一定义。概而言之，学者对复杂网络就如下几点基本达成一致。

（1）复杂网络与网络科学关联性较强、存在很多交集。网络科学和复杂网络都属于交叉学科领域，涉及数学、物理学、信息科学、生物学、社会学、经济学以及其他学科。数学主要涉及如何用数学语言描述、构建复杂网络，分析复杂网络结构特征等；物理学主要涉及统计力学、集体行为、自组织行为、扩散问题以及玻色爱因斯坦凝聚研究；信息科学主要涉及互联网、计算机网络、信息传播与扩散等；生物学主要涉及基因网络、代谢网络、蛋白质网络、神经网络、疾病传播网络等；经济学主要涉及金融、贸易、投资、博弈、股票等；社会学主要涉及人际关系、人群流动、组织管理等，其他还包括混沌同步问题等。

（2）复杂网络注重从系统和联系的观点分析和解决系统问题。复杂网络是大量真实复杂系统的拓扑抽象，系统是由若干部分组成，具有一定结构和功能，各部分相互联系、互为制约，而各部分之间相对稳定的联系方式和组织秩序即为系统的结构。系统作为整体出现并与环境发生作用，其任何组成都不能离开整体分开研究，系统的局部问题只有放在全局之中才能有效解决，而系统全局问题只有放在系统环境之中才能有效解决（郭世泽和陆哲明，2012）。整体观是系统的关键和精髓。网络和系统联系密切，网络是由系统的组成部分（节点）以及不同组成部分之间的连接（边）组成的集合。

（3）复杂网络的复杂性主要表现在网络规模庞大、连接结构复杂、节点复杂多样、时空演化过程复杂、网络连接稀疏、多重网络融合复杂、小世界、无标度和超家族特性（郭世泽和陆哲明，2012）；复杂网络研究范围涵盖但不局限于万维网、因特网（Albert et al.，1999）、细胞网（Jeong et al.，2000）、生物网（Williams & Martinez，2000）、引文网（Redner，1998）、神经网（Amaral et al.，2000）、蛋白质网（Scala et al.，2001）、电力与交通网络、经济、金融网络和社会网络（Boccaletti et al.，2006；陈关荣，2008；汪小帆等，2012）等众多领域。自然界中存在大量复杂系统可用复杂网络进行分析（周涛等，2005），大量实验研究表明，互联网、生物网、交通网、社交网等几乎都具有小世界特征（Watts & Strogatz，1998；Newman，2000；Liljeros et al.，2001；Sen et al.，2003），并且这些网络节点度数服从"幂律"分布（Dorogovtsev et al.，2000；Newman，2003；Lewis，2009）。复杂网络理论促使学者逐渐认识到现实世界存在着普遍性结构性规律，比如网络拓扑结构、自适应行为、动力学性质以及鲁棒性和脆弱性等（陈关荣，2008），因而复杂网络分析逐渐发展为比较完备的方法体系，并迅速成为新的交叉学科。

（4）复杂网络是大量复杂系统得以存在的拓扑基础，复杂网络比规则网络和随机网络更为复杂，没有简单的方法能够生成完全符合真实系统的复杂网络。

综上所述，本书采用钱学森的观点，将复杂网络定义为具有自组织、自相似、吸引子、小世界、无标度中部分或全部性质的网络。复杂网络研究意义在于通过抽样描述复杂系统，分析系统拓扑特征（如识别重要节点、挖掘社团结构等），加深人们对复杂系统结构的深度理解，利用复杂网络客观规律（如分布性质、结构性和抗毁性等），解决现实世界复杂系统中存在的问题等。

2.1.3 社会网络相关研究

"社会网络"最早出现于 20 世纪 30 年代，被定义为一群行动者和他们之间的联系，行动者即为社会网络中的"节点"，而联系代表节点之间的联结关系（Scott，2012）。相比于复杂网络研究，社会网络研究发展历史更为悠久，社会网络最初从社会学演化而来，侧重分析社会学中人际关系网络及其社会学含义。社会网络理论认为，社会网络中地位较高的行动者有着更大的影响力，地位较低的行动者受制于较高地位行动者的权力。"弱连接"优势理论（Granvovetter，1973）、"结构洞"理论（Burt，1992）以及"强连接"优势理论（Krackardt，1992）是社会网络理论的标志性理论。"弱连接"优势理论是指劳动力市场中找工作时，通过弱联系找到工作的比例高于强联系，因而弱联系更可能成为跨越不同区域间的桥梁，成为信息传播中的重要角色。"结构洞"理论是指社会网络中存在空隙，空隙周围的节点若能对其进行填充，那么将在网络中起到不可忽视的桥梁作用，从而获得相对高的信息流和对资源的控制力。"强连接"优势理论认为社会关系网络中，强连接的节点能传播更多信任感和影响力等资源，由此带来的情感会影响网络其他节点的行为和态度。此外，基于社会网络理论衍生而来的社会资本理论（Coleman，1990；Lin，2001）也是重要组成，该理论强调个体在社会网络中的位置会影响其资源获取能力。弗里曼（Freeman，1979）、瓦瑟曼和弗斯特（Wasserman & Faust，1994）对网络局部、整体结构指标、社团探测、子群凝聚等以及其应用进行了全面系统的综述。综上所述，社会网络理论是一群行动者和他们之间的联系的理论，侧重分析从关系的角度研究社会现象和社会结构（Borgatti，2005）。

社会网络理论尽管与复杂网络在研究范式存在学科差异，但也有相通之处（Scott，2000；Kilduff & Tsai，2003；Carrington et al.，2005；Scott，2012；Prell，2012）。此外，社会网络通常利用实地调查和问卷方式获取社会关系数据，相比于复杂网络，数据搜集难度和成本较高。但无论是对社会网络还是复杂网络进行统计分析，计算机技术都不可或缺。

2.2 国际贸易网络研究

2.2.1 国际贸易网络概念与内涵

国际贸易网络是由各国及其相互贸易所形成的网络，可视为复杂网络或社会网络在国际贸易领域中的应用。随着经济全球化的深入发展，国家间价值流动结构日趋复杂，经贸关系趋于紧密，呈现出彼此交织、相互依存的结构依赖特征。这意味着各国间的贸易不仅取决于双边属性，还与其他国家间贸易关系有关。特别是 GVC 分工的逐渐深化，产品及服务不同生产环节在各国间频繁跨境流动，中间品贸易份额逐渐攀升，促使各国间真实贸易关系变得更加模糊。复杂网络分析从各节点之间相互依存关系这一结构性视角出发，通过构建全局贸易拓扑网络，能识别出各节点在网络结构演变过程中的重要性变动规律。该法能克服传统方法从局部视角考察的劣势，也契合于国际贸易关系的关联特征，因而日趋成为国际贸易领域的前沿方法。

国际贸易网络将各国视为网络中的节点，国家间进出口贸易视为节点间的连边关系，能够较好体现国家间相互连接、互为依赖关系，从而科学揭示全球贸易体系分布格局。传统分析方法经常采用双边贸易数据分析国际贸易关系，无法全面揭示全球各国间的错综复杂的贸易关系。复杂网络分析方法能弥补传统分析视角及贸易指标的不足，从而对国际贸易网络特征进行科学的结构分析（Albert & Barabasi，2002）。因此，采用复杂网络方法或社会网络方法研究国际贸易能从网络全局视角揭示国际贸易分布格局变动规律与全球经济体系变化趋势。事实上，正是因为国际贸易网络是一个典型的社会网络，其关联结构与特征分析才适合使用社会网络理论和方法来研究（Rauch，2001；Fagiolo et al.，2009）。

2.2.2　国际贸易网络拓扑结构研究

早期学者主要采用初级网络分析方法研究国际贸易网络，从而验证世界经济体系理论。斯尼德和凯克（Snyder & Kick，1979）以及史密斯和怀特（Smith & White，1992）最早采用初级网络分析方法分析世界经济体系，试图探究世界经济体系结构变动及其内在机制（Nemeth & Smith，1985），他们研究认为世界经济体系存在"核心—半边缘—边缘"等级结构，而巴格瓦蒂和伊瑞特（Borgatti & Everett，1999）对此种等级结构进行了严格的统计检验。20 世纪 90 年代后，随着复杂网络和社会网络分析方法日趋成熟、相关统计理论趋于系统以及计算机技术飞速发展，国际贸易网络研究得以快速蓬勃发展，相关研究大体可从全球、行业（或产品）及相关经济效应三个层面展开。

在全球层面，自塞拉诺和博古纳（Serrano & Boguna，2003）率先将社会网络分析方法应用到国际贸易领域中分析国际贸易网络拓扑结构以来[①]，学者研究发现国际贸易网络整体趋于扩大、联系日趋紧密（Bhattacharya et al.，2008；Fagiolo et al.，2008；Kali & Reyes，2010；Kandogan，2017），呈现明显的"核心—边缘"等级结构（Kali & Reyes，2007；De Nooy et al.，2011）以及局部"富人俱乐部"现象（Garlaschelli & Loffredo，2004）。在此过程中，国际贸易网络具有"小世界"和无标度特征，即国家间平均贸易距离明显缩短，逐渐呈现区域化集聚特征（Kim & Shin，2002；Benedictis & Tajoli，2011），且各国贸易地位分布呈现非匀质"幂律"特征（Fagiolo et al.，2008；戴卓，2012）。随着时间推移，"核心—边缘"等级结构维持相对稳定，但新兴经济体快速趋近核心区域（Mahut-

---

① 从测度指标看，国际贸易网络整体结构常见指标包括节点数、边数、密度、最短路径、平均路径长度、聚类系数、同配系数和互惠系数等。节点数、边数和密度表征网络规模和疏密程度，最短路径刻画节点间通达性强弱，集聚系数刻画网络集聚程度和集团化特征，同配性反映网络不同度数节点连接的倾向性。互惠系数反映两个节点形成相互连接的程度。

ga，2006；Benedictis & Tajoli，2011）。基于复杂网络分析方法，史密斯和萨拉比（Smith & Sarabi，2022）进一步探究了国际贸易网络"核心—边缘"结构形成的原因，他们认为不同贸易地位国家的进口模式差异是重要原因。此外，周等（Zhou et al.，2016）在国际贸易网络基础上建立顶级贸易关系网络，分析认为国际顶级贸易网络呈现典型树状结构，整个网络围绕一些全球中心组织开展贸易，在这些中心下有更多级别的本地中心。许等（Xu et al.，2020）采用间接法，从全球班轮运输网络角度考察了全球贸易网络结构演变。

在行业或产品层面，学者指出国际农产品（马述忠等，2016）、高端制造业（许和连等，2015）、服务业（Amador & Cabral，2017；姚星等，2019）、粮食（聂长乐等，2021）、小麦（Fair et al.，2017；Moya et al.，2020）、石油（Fagiolo et al.，2008）、中间品（Cerina et al.，2015）、武器（Akerman & Seim，2014）、汽车零部件（Amighini & Gorgoni，2014）、废铜（Wang et al.，2020）、能源（Chen et al.，2018；Wu et al.，2021）、天然气（Peng et al.，2021）和旅游业（Lozano & Gutierrez，2018）贸易网络在动态演化中规模逐渐扩大，网络密度趋于上升，且保持相对稳定但有不同程度差异的"核心—边缘"等级结构，各国在不同行业贸易网络的中心地位均呈现不同程度"幂律"特征但主要国家有所不同，少数发达国家扮演核心或中介角色。此外，巴斯卡兰等（Baskaran et al.，2011）和本迪克蒂斯（Benedictis et al.，2013）在分别分析 1980～2000 年 28 种产品以及 1995～2010 年178 个国家 HS6 位码产品贸易网络结构演变特征后也得出了相似结论。

此外，也有学者研究了国际贸易网络结构的经济效应以及外部冲击对国际贸易网络的影响。例如，国际贸易网络的无标度属性与经济周期存在关联（Li et al.，2003；段文奇等，2008），农产品贸易网络中各国贸易地位会对 GVC 分工地位产生影响（马述忠等，2016），相同贸易地位的国家经济增长存在趋同，而不同位置则存在趋异（Clark & Beckfield，2009）。中国不同省域在经济增长空间网络中具有稳定性和"近水楼台先得月"特征等（李敬等，2014）。新中国财政支出空间关联网络表现出"邻里互动""门当户对""俱乐部集团"特征，其中东部省份中心地位明显，中西部省份"桥梁"作用较大等（周游和吴钢，2021）。蔡等（Cai et al.，2022）分析认为新冠疫情负向冲击了部分国家在国际能源贸易网络中的地位，致使部分小社团群体消失。魏等（Wei et al.，2022）模拟外部冲击分析发现，区域石油贸易集聚是石油贸易网络脆弱性的重要来源，全球石油贸易系统在遭遇重大事件后变得更加脆弱，维持石油贸易稳定与安全需要重点关注网络模块内具有较大影响力的经济体。

2.3 国际贸易地位研究

2.3.1 国际贸易地位内涵与测度

关于国际贸易地位的内涵与测度，学术界多从间接角度开展分析，并未形成统一的标准界定。国际贸易地位概念最早可追溯到波特（2002）的国家竞争优势理论，该理论认为一国贸易地位的强弱在于其能否在国际竞争中取得优势，而取得竞争优势的关键在于是否有合适的创新机制和充分的创新能力。新世纪以来，学者对贸易地位的概念和内涵进行了相关探讨，主要围绕不同理论思路界定贸易地位，但并未形成统一共识。整体来看，学者主要从非网络与网络视角对贸易地位进行讨论和分析，大体可分为如下四大类。

1. 出口竞争力

学者用出口竞争力揭示国际竞争优势，从而间接分析贸易地位，认为国际竞争优势越强，贸易地位越高（波特，2002）。学者用一国出口产品与世界出口产品平均价格之差、RCA 指数、贸易竞争力指数、可比净出口指数等（程大中，2003；施炳展，2010）以及出口贸易指数（邱斌等，2012）等间接反映贸易地位，或用出口市场份额表征贸易地位，认为这些指标能从不同角度侧面反映国际竞争优势，进而刻画贸易地位。

2. 技术水平

学者用技术水平侧面反映贸易地位，强调一国出口中技术含量（或水平）越高或出口种类越多，贸易地位越高。使用出口技术复杂度分析中国及制造业各行业贸易地位后，学者强调出口技术构成越复杂，技术含量越高，越能占据国际竞争有利位置（Lall et al.，2005；Hausman et al.，2005；马述忠等，2017），越能通过出口带动贸易更快扩张，因而越有利于贸易地位提升。也有学者指出出口和生产高技术产业产品可以加速成为优势产业，为一国带来更快贸易增长，从而提升国家核心竞争力和贸易地位（Hausman et al.，2005）。或用出口产品种类或复杂度刻画贸易地位，因为出口技术含量较高常表现为出口产品种类的增加，而出口种类增加能增强出口竞争优势，促进贸易结构优化升级以及技术水平提升，从而间接促进出口扩张和贸易地位提升。

3. GVC 分工地位

将 GVC 分工地位和增加值获利能力视为贸易地位，学者认为 GVC 分工地位越高、参与程度越深以及增加值获利能力越强，贸易地位越高。（1）基于垂直专业化视角，学者认为各国是通过嵌入 GVC 分工的不同位置和相应环节参与全球价值链贸易（刘志彪和刘晓昶，2001），垂直专业化程度较高的国家 GVC 参与程度较深（Johnson & Noguera，2012），整体获利能力较强。（2）采用 KWW 法（Koopman et al.，2010）及其扩展框架（Wang et al.，2013）对国际贸易中进出口中间品构成进行剔除，然后用出口国内增加值率、国外增加值率以及 GVC 分工地位指数表征贸易地位（巫强和刘志彪，2012；罗长远和张军，2014；尚涛，2015；刘斌和赵晓斐，2019；马述忠等，2017）。学者认为一国 GVC 分工地位可从分工环节和嵌入位置两个方面进行刻画。一国出口中国内增加值含量越高、国外增加值含量越低，说明其在国际分工中获利能力越强（代谦和何祚宇，2015；魏悦羚和张洪胜，2019）。GVC 分工地位指数越高，说明一国越多从事中间品出口或从进口的中间品经过更新后出口，而非简单的组装加工，因而该国越接近于 GVC 高端生产环节，价值增值能力越强，对整个分工过程的主导性越强，贸易地位越高。一国分工地位高低还可从上下游环节角度进行分析，居于上游环节的国家主要是通过向其他国家提供原材料或中间品，不是简单组装加工，因而出口中国内增加值含量较高，获利能力和分工地位越高，而居于下游环节的国家则使用大量来自其他国家的中间品，更多从事简单组装加工，因而出口国外增加值含量较高，获利能力和分工地位较低。（3）采用技术含量、增加值率与嵌入位置组合指标间接度量贸易地位。例如，基于贸易增加值和价值链双重视角测度金砖国家服务贸易分工地位，用增加值率和生产率刻画分工地位指标，并分析发展中国家国际分工地位的影响因素（杨高举和黄先海，2013）等。

4. 网络中心度

基于复杂网络分析方法，学者强调贸易地位并非局部指标，而是需要从整个贸易网络全局和结构关系的角度进行刻画，常采用复杂网络分析方法中的不同类型中心度指标测度贸易地位。从整个贸易网络角度看，贸易地位主要反映各国在整个贸易网络中的影响力和控制力（Freeman，1979；Borgatti，2005）。学者主要采用度数中心度（Freeman，1979）、中介中心度（Freeman et al.，1991）、接近中心度（Borgatti，2005）、特征向量中心度（Katz，1953；Bonacich，1987）、PageRank 中心度（Brin & Page，1998）以及信息中心度（Taylor，1969；Freeman et al.，1991）等测度贸易地位，分析各国在全球或区域贸易网络的中心地位及其分布情况（Barigozzi et al.，2011；Jackson et al.，2017），这些研究发现美国、德国、法国等少数发达国家占据网络核心地位（Benedictis & Tajoli，2011；刘林青等，2021），多数发展中国家居于非中心及边缘位置（Snyder & Kick，1979；Zhou et al.，2016），中国、印度等新兴国家因地位攀升较快（Wang & Xiao，2009；陈银飞，2011），逐渐移至网络中心（Benedictis et al.，2013；吕越和尉亚宁，2020）。杜运苏和彭冬冬（2018）发现，德国、中国和美国贸易中心地位较高，中国地位逐渐提升，而英国和日本下降较快。邢孝兵等（2020）认为中国贸易地位经历曲折发展（1949～1978 年）、高速发展（1979～2001年）和高水平发展（2002～2018年）三个阶段，从排名相对落后位置快速成为世界中心地位。洪俊杰和商辉（2019）强调国际贸易网络中各国地位变较大，而中国枢纽地位的提升尤为迅速，从2000年相对边缘化国家到2016年成为第一梯队中心大国。以服务贸易网络为样本对象，姚星等（2019）发现各国在国际服务贸易网络中的地位基本稳定，其中德国和美国处于核心地位，中国逐步实现由边缘向主要国家的转移，但其中介地位相对不高，存在很大提升空间。基于全球贸易网络，也有学者分析了特定行业或产品贸易网络演变及各国贸易地位变化情况。例如，分析全球或区域汽车零部件（Ferrarini，2013）、武器（Akerman & Seim，2014）、小麦（Fair et al.，2017；Moya et al.，2020）、能源（Chen et al.，2018；Amighini & Gorgoni，2014）、废铜（Wang et al.，2020）、天然气（Peng et al.，2021）、铁矿石（郝晓晴等，2013）、橡胶、水泥、影视、石油、鞋类和发动机（Benedictis et al.，2013）和农产品（马述忠等，2016）贸易网络演变及中国贸易地位变化。

从不同区域、行业和产品及服务等多个角度分析各国贸易地位，学者研究认为以美国、英国和法国为主要代表的美欧国家基本稳定在网络的核心位置，亚洲国家在向核心位置趋近，而拉丁美洲和非洲国家则维持原有位置（Reyes et al.，2008）。在"一带一路"沿线区域贸易网络中，各国贸易地位分布呈现"核心—边缘"特征（李敬等，2014），多数国家贸易地位相对较低，而中国既在整个网络居于中心地位（Sui et al.，2020；葛纯宝等，2022），也在东南亚和主要贸易社团中发挥联结和"桥梁"作用（邹嘉龄和刘卫东，2016）。以高端制造业为例，许和连等（2015）分析发现美国、德国、英国和法国等制造业强国在全球制造业贸易网络占据核心位置，中国贸易地位综合排名靠前，印度贸易地位上升较快，全球高端制造业中心正向东方转移。在中国－东盟、中日韩等贸易网络中，中国、新加坡、越南和泰国占据核心地位，马来西亚、印度尼西亚和菲律宾相对较低，老挝、柬埔寨和文莱等居于边缘地位（戴卓，2012）。

此外，基于增加值测算方法并结合复杂网络方法，学者认为共建"一带一路"国家制造业在区域增加值贸易网络中的地位，沿线国家制造业增加值贸易集团化程度在不断加深（王博等，2019），中国和新加坡国内增加值贸易地位明显高于其他国家，中国、印度和新加坡国外增加值贸易地位相对较高。在各国地位变动过程中，国家间地理距离、贸易协定关系和经济距离是重要影响因素。辛娜和袁红林（2019）研究认为美国和德国一直处于全球高端制造业的中心地位，中国在加入世界贸易组织（WTO）后贸易地位逐渐提升，大多数国家贸易地位较低。其中，人力资本、物质资本和研发投入等均是明显影响各国高端制造业贸易地位的重要成因。

通过比较分析可以发现，传统贸易地位指标如出口产品与世界出口产品平均价格之差、RCA 指数、贸易竞争力指数、可比净出口指数等（施炳展，2010）以及出口贸易指数（邱斌等，2012）均是从局部角度间接反映贸易地位，其背后的逻辑在于一国出口竞争力越强，其国际竞争优势就越高，贸易地位越高；出口技术复杂度（Lall et al.，2005；马述忠等，2017）、出口产品种类均是从技术水平角度间接反映贸易地位，其背后的理论强调技术水平能够决定一国竞争优势强弱，因而技术水平能够间接反映贸易地位；垂直专业化指数（Hummels et al.，2001；Johnson，2012）、出口国内增加值率、国外增加值率以及 GVC 分工地位指数（Koopman et al.，2010；马述忠等，2017）是从价值链分工位置和增值能力角度刻画国际分工地位而非贸易地位，且也是从局部角度开展的分析。

事实上，出口竞争力的强弱、技术水平的高低以及价值增值能力的大小并不必然决定一国贸易地位的高低。因为如果在全球贸易网络中其他国家出口竞争力或技术水平也在提升，那么也可能促使一国贸易地位相对降低。由此看来，考察一国贸易地位的高低需要与其他国家做比较，需要放在整个全球贸易网络格局中进行比较才更为客观。本书认为采用复杂网络分析方法，刻画各国贸易地位更为合理客观。从整个全球贸易网络格局来看，一国在其中的贸易规模越大，说明其对其他国家的影响力越大，对全球资源的控制能力越强，越有可能主导未来全球贸易体系的演进方向和经济秩序的变动趋势。因而一国出口竞争力的贸易地位的高低考察国家贸易地位需要放在整个全球贸易网络格局。

2.3.2　国际贸易地位相关理论

由贸易地位内涵可知，贸易地位既属于贸易领域相关概念，也与其他学科理论相关。鉴于学术界对贸易地位尚未达成一致认识和统一界定，本书结合现有国际贸易理论和交叉学科理论，认为国际贸易地位相关理论可分为如下几个部分。

1. 传统贸易理论是国际贸易地位的基本理论

（1）斯密的分工理论构成国际贸易地位分析的现实基础。该理论认为劳动者技巧因专业分工而日进，分工可减少工作转换成本，而机械发明能大幅提升劳动生产率。分工深化能刺激出口推动贸易地位提升，然而分工程度受市场规模限制，分工的深化要求市场规模的扩大。分工理论主要站在双边角度进行分析，强调分工能促进贸易扩张，但并不必然会提升贸易地位，因为如果其伙伴国也同时加强分工推动贸易扩展，可能会对其贸易地位产生抑制作用。因此，从贸易网络角度看，分工理论可以视为促进双边贸易的出发点，但并不必然能促进贸易地位提升。

（2）绝对优势理论认为由于劳动生产效率不同，各国应按绝对成本差异进行国际分工，然后通过国际贸易获得分工收益，实现财富增值。因此，根据绝对成本差异生产并出口成本较低的产品有利于促进贸易地位攀升，因为该方法能促使一国获得更多贸易利益从而强化贸易地位。比较优势理论逻辑与上述类似，但该理论更加强调相对成本差异的作用。比较优势理论是决定一国贸易地位的必要组成。与分工理论对贸易地位作用分析相似，绝对优势理论与贸易地位的关联实际上取决于贸易网络中各国之间比较优势的相对强弱以及比较优势的类型。

（3）要素禀赋理论为贸易地位分析提供必要条件。赫克歇尔和俄林的要素禀赋理论认为不同国家产品价格和成本的差异主要源于生产要素比例差异。为保持国家贸易地位，需要根据本国的资源储备，出口相对充裕的要素产品，进口稀缺的产品和材料，才能保持贸易的长期增长。这也就意味着一国要素禀赋决定了其与伙伴国开展贸易的现实条件，一国在某种资源方面禀赋条件越好，越有利于其与伙伴国开展贸易，从而推动其贸易利益的提高。从生产分工与贸易网络角度看，各国之间的增加值贸易关系存在相关性，这也就意味着各国要素禀赋既会对其自身分工位置产生影响，也会对三国之间贸易规模产生作用，从而影响各国增加值贸易地位。若贸易网络中的各国要素禀赋如人均资本均出现提升，则会对其各自分工位置和国家间增加值贸易产生交叠影响，当此种影响达到均衡时，各国间贸易规模可能会随之扩大，但不同国家的贸易地位会出现升降并存现象。通常认为，对于一国而言，人均资本提升有利于贸易规模和种类扩张，因而会促进贸易地位提升。因此，在贸易网络中，各国贸易地位的升降情况取决于各国人均资本上升速度，若一国人均资本较快则会显著促进其贸易地位攀升，相比而言其他国家贸易地位则提升较慢，就会出现"相对下降"趋势。因此从这一角度看，要素禀赋理论可以视为贸易地位分析的必要组成。

（4）新贸易理论将偏好、规模经济、不完全竞争、技术变化和厂商博弈等融入贸易理论，从多样化偏好、研发、技术和人力资本等新要素角度分析国际贸易产生的基础，为贸易地位分析提供新视角[①]。

（5）新新贸易理论为贸易地位分析提供新的微观视角与理论机制。新新贸易理论强调企业是国际分工与贸易的主体，是从微观视角对国际分工与贸易开展的研究。从这一角度看，一国贸易模式在很大程度上取决于其国内企业在国际市场开展贸易的情况[②]。从贸易网络角度看，新贸易理论主要从微观视角分析一国贸易模式，但囿于分析对象主要限制在双边情形，并未考虑到贸易网络中的关联效应，因而该理论与新新贸易理论一起

---

① 偏好相似理论认为主要强调收入水平接近度对双边贸易的积极作用。"中心—外围"理论强调初始条件相同的地区在经过某种"偶然"的冲击后，会因自我强化和循环累积分别演变成相对发达和落后的中心和外围地区，其中两个重要因素是规模报酬递增和冰山成本。

② 以梅利茨（Melitz，2003）为代表的新新贸易理论强调企业生产率异质性对于国际贸易的重要性，企业会依据生产率选择相应的国际化路径，高生产率企业更可能通过出口服务国际市场，中等生产率仅服务于国内市场，而低生产率企业则被迫退出市场。其中出口贸易成本对企业开展贸易的广度与深度发挥重要作用。

可以视为贸易地位理论分的微观基础和微观机制。如果将其扩展到贸易网络中进行分析，还需要考虑到其他国家微观企业的情况。

2. 国家竞争优势理论是国际贸易地位的逻辑支撑

国家竞争优势理论是将比较优势理论扩展到国际贸易层面开展分析动态系统性分析，从国际竞争理论逻辑分析国际贸易的核心支撑。波特（2002）国家竞争优势理论认为一国的国际竞争优势体现在企业与行业的竞争优势方面，国际竞争优势决定了一国的兴衰与否。主导性优势产业会形成一国的竞争优势，其关键在于如何改善劳动生产率。一国贸易优势并非像传统贸易理论中强调的取决于自然资源、劳动力等，而是在很大程度上取决于其产业创新和升级的能力。当代国际竞争更多依赖于知识的创造和吸收，竞争优势的形成与发展既是一国要素条件、需求条件、相关和支持产业、公司战略、组织及竞争（李永发和田秀华，2004），也是随机事件和政府等内外部多种因素综合作用的结果[①]。国家竞争优势理论侧重分析一国如何形成竞争优势以及不同条件变化使其竞争优势动态演化，该理论并未将对一国的竞争优势分析放入整个贸易网络当中，因而可以视为国家贸易地位理论的核心支撑。

3. 复杂网络理论是国际贸易地位的理论框架和分析起点

国际贸易地位分析是在复杂网络理论框架中加以展开的，国际贸易地位统计指标也需要采用复杂网络统计理论。复杂网络理论强调系统是由具有一定结构和功能的若干部分组成，不同部分相互联系、互为制约。按照上述逻辑，国际贸易网络就是将复杂网络理论应用到国际贸易领域，且强

---

① 要素条件方面，一国将天然资源、教育、基础设施建设转化成特殊优势，有助于竞争优势的形成，因而有利于贸易地位的提升。需求条件方面，市场需求决定一国贸易地位扩张的潜力，市场需求越大越有利于促进贸易扩张，从而扩大带动贸易地位的扩张。产业和支持产业方面，产业决定一国贸易的供给能力，相关产业决定供给配套能力，因而产业和支持产业能力越强，越有利于一国在贸易地位的提升。竞争策略方面，一国可通过成本策略、标新立异和目标集聚途径创造和保持竞争优势，从而巩固和提升贸易地位。然而，一国竞争优势的动态特征决定了其贸易地位的动态属性，即没有哪个国家能在长时期内保持稳定不变的贸易地位。

调国际贸易体系是由不同的国家以及国家间的进出口贸易所组成的贸易系统。国际贸易网络不同于传统贸易理论，更为强调从复杂网络理论的全局性和结构性视角审视国家间贸易关系以及分析各国贸易地位。贸易地位的分析离不开复杂网络的核心思想，即从系统和结构角度加以分析。因为只要国家间存在贸易关系，就能利用复杂网络理论建立国际贸易网络并开展相应分析。各国贸易地位的测度需要借助复杂网络理论的统计方法，比如度数中心度、特征向量中心度等，因而复杂网络理论构成国际贸易地位分析的理论框架和分析起点。

4. GVC 理论是国际贸易地位的现实遵循

作为考察价值在哪、由谁创造和如何分配的理论（Gereffi，1994；Gereffi，1999），基于全球商品价值链（GOC）的 GVC 理论主要从国际生产网络视角考察国际价值生产的地理和组织特征，具体分析各项行为从概念到产品的完整实现过程，包括技术研发与设计环节、生产环节、销售环节和售后服务环节（Kaplinsky & Morris，2000；汪斌和侯茂章，2007）。该理论是进行国际贸易网络研究和国际贸易地位分析的现实遵循。

第一，GVC 分工本质上是跨国公司在全球范围内进行产品分工和要素最优配置以及战略布局的结果，各国间价值流动和贸易关系将其联结为相互依赖和互为依赖的国际贸易网络。各国在网络中分工地位不同决定了其价值增值能力差异，这在国际贸易网络中就表现出各国贸易地位的相对高低。因此，考察国际贸易地位高低需要以 GVC 分工情况作为基本遵循，脱离 GVC 分工现实格局进行分析就会缺乏经济含义与现实支撑。

第二，GVC 细分领域决定了国际贸易地位的综合内涵和目标导向。GVC 理论主要涉及价值分析、治理分析、不同类型分析以及升级分析四个方面。（1）价值分析决定了贸易地位研究的本质关系。价值分析涉及各环节价值产生过程和各环节收益分配过程，各环节价值在不同国家产生和分配将各国联系成为由进、出口贸易组成的国际贸易网络，不同国家价值所得就决定了各国贸易地位分布情况。国际贸易网络及贸易地位的本质来源于各国由于价值流动而产生的贸易关系。（2）治理分析决定了贸易地位研究的规则基础。治理分析是指通过价值链中企业之间的关系安排和制度机制，实现价值链内不同经济活动和不同环节间的非市场化协调（Kaplinsky & Morris，2000；汪斌和侯茂章，2007）。治理制度能确保价值链中各环节生产活动、劳动分工以及价值分配具有组织性。规则制定、监督裁决和执行性治理方式（Gereffi，1999）均是通过规则和标准将全球生产和贸易的离散性片段区域联系起来（汪斌和侯茂章，2007），这就构成了国际贸易网络形成的治理基础。（3）类型分析决定了贸易地位的经济内涵。不同类型分析是指 GVC 是由生产者驱动还是由购买者驱动模式（Gereffi et al.，2005），前者指一个或几个掌握重要技术的关键性生产厂商对不同环节的控制和协调作用模式（汪斌和侯茂章，2007），后者指处理价值链最顶端的购买者驱动模式。如果两国间属于购买者驱动，那么国际贸易网络中需求方对供给方影响力和控制力较大，因而占据较高贸易地位。推广至全球贸易网络，各国间可能形成生产者或购买者驱动并存甚至彼此交错的价值供需关系，从而决定了不同国家间的相互作用的贸易地位分布格局。（4）升级分析决定了贸易地位研究的目标策略。升级分析是指企业通过达到 GVC 的各种标准，使自身技术和市场进入能力得到提高，从而更具有竞争力（Gereffi et al.，2005；汪斌和侯茂章，2007），而此种竞争力能够促进升级，而工艺、产品、功能和链升级四种层次均是保持和提升竞争力，从而促进贸易地位攀升的微观途径。升级分析若应用于国际层面，可以视为不同国家采用四种途径进行升级，从而实现巩固和提升贸易地位的政策目标。

第三，GVC 治理模式蕴含国际贸易地位的规则治理导向。GVC 治理模式会通过贸易网络结构影响贸易地位。以市场型、模块型、关系型、俘获型和层级型（Gereffi et al.，2005；栾璇，2013）等为代表的 GVC 治理模式是价值生产和交换等微观结构在国际贸易网络形成及贸易地位层面宏观表现。（1）市场型治理是指供应商与消费者间交易成本较低，信息交换复杂性较低、市场联系持续存在且可以通过很少的显式协调来管理事务的治理模式。该模式应用于国际贸易层面，可以视为不同国家作为消费者和供应商在全球层面形成的贸易关系网络。（2）模块型治理是指产品结构模块化，技术标准通过减少零部件变化和统一产品和工艺规格，使得供应商有能力提供完整包装和模块，促进难以编码的隐性信息内部化，从而减少卖方对供应商直接监督和控制的需要。该模式应用于国际贸易层面，可以视为不同国家在价值链分工过程中下游国家依据上游国家的技术标准要求进行制造产品，提供"交钥匙"服务且对上游国家对下游国家流程技术负全责的模式。从一定程度上看，模块型治理为维持国际贸易网络稳定提供微观机制。（3）关系型治理是指在买家与卖家之间复杂价值互动中需要依靠但不仅限于信任、声誉、家庭、民族、种族关系以及空间邻近性等实现相互依赖和资产高度专用性。这些复杂关系在空间分散的价值链网络中发挥支持价值链生产、协调等多重联系和信息交换的作用。该模式应用于国际贸易层面，可以视为不同国家会通过信任、剩余、空间邻近等多种途径，从而形成或加强彼此之间的贸易联系。关系型治理是国际贸易网络价值交换更为顺畅和协调的重要组成。（4）俘获型治理是指小供应商因为转换成本较高、供应能力较低，在复杂产品方面竞争力较差，不得不受控于能力较强的领导型企业，因而被限定在简单装配等狭窄的领域内寻求获利且退出市场相对不划算的治理情形。俘获型治理核心是小供应商被领导企业"俘获"并锁定在该路径上，需要领导企业的大量干预和控制，从而进一步强化领先企业的控制作用。俘获型治理可能为国际贸易网络社团集聚和贸易地位等级特征提供微观解释。（5）层级型治理是指通过垂直集成实施管理控制，治理权力从经理流向下属或从总部流向子公司及附属机构。产品规格较为复杂且难以找到高能力供应商时，层级型治理要求实施内部开发和制造，该过程通常也是价值链活动之间隐性知识交换的需要和有效管理复杂系统和控制资源流动的需要。层级型治理是国际价值交换有序的重要保障。

5. 区域经济一体化理论是影响国际贸易地位的重要理论

起源于关税同盟、规模经济的关税同盟理论的区域经济一体化理论可通过"成本降低""贸易创造""贸易转移"影响国际贸易网络，从而影响各国贸易地位。通过区域合作消除歧视和管制制度，推动经济贸易自由化；通过加强政府在制定和实施税收、健康和安全、健康法规等方面政策合作，消除区域间要素流动障碍和差别性待遇，区域经济一体化有利于推动要素资源合理配置以及统一市场的形成，因而会对国际贸易网络和贸易地位产生影响。通过建立关税同盟，成员国低成本产品进入内部市场，通过规模经济降低生产成本，促进贸易规模扩张，促进成员国贸易地位提升。关税同盟也可能由于规模经济生产替代来自区域外低成本产品进口，产生贸易转移，从而降低部分成员国的贸易地位。因此，区域经济一体化理论是影响国际贸易地位的重要理论。

6. 交易成本理论是国际贸易地位的必要组成

从价值链贸易全流程看，只要涉及价值在国家内部各环节生产和配送以及国家间跨境交易，就会存在广义层面交易成本。国家内部价值交换交易成本即为影响贸易便利化的诸多因素，比如制度环境、商业规制、电子商务、物理基础设施和内陆运输成本等，而这些交易成本的降低有利于提升价值流动的便捷性。国家间关税等跨境交易成本的降低和海运便利程度的提升均会起到促进价值流动的作用。贸易自由化和便利化两方面交易成本均有利于提升贸易效率，促进贸易二元边际扩张，最终推动贸易规模扩张。但如前文所述，贸易规模的扩张并非会促进贸易地位提升。这是因为贸易地位与贸易模式存在区别。贸易地位的分析还需要考虑到贸易网络中其他国家之间的交易成本是否也发生了变化，如果其他国家间交易成本如关税率下降更快，则可能会贸易转移效应间接影响一国贸易规模，进而抑制其贸易地位提升。

7. 博弈理论为国际贸易地位变动提供机制解释

国际贸易网络及贸易地位演变是各国在全球经贸规则中进行贸易利益综合博弈、竞争与合作的结果。首先，在全球价值链贸易网络中，发达国家和发展中国家可视为参与者，前者拥有技术和市场等方面信息优势，全球经贸规则构成博弈的信息集合，不同国家采取策略寻求自身贸易收益最大化。对于特定国家而言，其收益由自身策略选择与其他国家策略选择共同决定，当各国策略选择达成均衡时，国际贸易网络和各国贸易地位分布就达成相对稳定的状态。其次，各国的策略选择直接影响其他国家贸易收益，促使全球贸易网络和各国贸易地位发生变动。在综合考虑其他国家贸易策略情况下，特定国家可选择多边合作方式促进贸易利益共同改进，也可选择单边主义等逆全球化政策牺牲他国贸易利益从而最大化自身收益的策略。由于各国自身条件存在差异，且彼此间存在信息不对称，例如，各国对市场信息、核心技术、关键零部件等重要资源的控制能力不同，这会直接影响到各国的策略选择和贸易地位。通常而言，少数发达高贸易地位国家相比于多数发展中及欠发达国家拥有更多市场、技术等资源优势，在整个博弈过程中占据先行优势，因而这些国家常常在贸易网络中获取了更多贸易利益。当然，一国也可采取背叛策略，即脱离全球贸易网络或采取单边主义政策，从而使自身占据优势并达到惩罚伙伴国的目的，但这种策略只能在短期占优，不利于长期重复序贯博弈。因为全球价值链分工及贸易网络并非一次形成，而是长期运行的结果，整个贸易网络博弈的序贯性和重复性决定了短期背叛必然不是最优的策略选择。最后，各国贸易地位高低取决于均衡条件下各国所采取的竞争、合作或竞争性合作等策略组合。

各国在全球贸易网络中既存在竞争，也存在合作，甚至存在竞争性合作。（1）在竞争方面，各国关于贸易收益及贸易地位的竞争归根结底是各自企业在价值链上的综合竞争，各国企业竞争优势的相对强弱决定了各国在贸易网络中获利能力和贸易地位的高低。发达国家的领导或核心企业利用价值链的系统竞争力在贸易网络中获得竞争优势，发展中国家的企业由于占据或被锁定在中低端环节不具备竞争优势。随着经济全球化和科技的迅猛发展，各国企业之间的竞争会不断升级，原有的领导企业会通过战略调整将不擅长的价值链环节剥离出去，专注最具竞争优势的核心环节（黄健柏和兰勇，2008），进而维持国际竞争优势。与此同时，发展中国家不具竞争优势的企业通过非核心位置嵌入价值链分工当中，会与发达国家领导企业形成技术、市场和人才等方面的竞争，这种竞争会随着发展中国家技术水平的提升而加剧。（2）在合作方面，贸易网络中不同国家在价值链生产环节存在互补情形，价值交换由上游环节流向下游环节，从而贯穿于整个价值链。在此过程中，不同国家企业间为获得规模经济、提升技术和管理水平或共同研发建立战略联盟，促使贸易网络不再相互独立，而是互为关联。实际上通过战略联盟开展合作的本质是为了实现资源的共享与互补，以提升各自竞争优势和所属价值链的整合能力。从博弈策略角度看，贸易网络中的价值链合作的基本前提是所有参与者都能创造更大利润，合作能够促使整体利益最大化，因为参与价值链贸易的国家具有共同目标。价值链合作的另一目的是接近其他参与者的独特资源从而产生协同效应。（3）在竞争性合作方面，价值链贸易网络的竞争性合作是由价值链治理权和决策权决定的。作为价值链贸易网络的参与者，即使一国在价值链贸易网络中具有较强的资源控制能力和影响力，也不可避免需要与其他国家开展价值链合作，从而提升贸易利得。而竞争性合作是指在贸易网络中一国贸易地位扩大的同时，既需要与伙伴国开展价值链合作，也会与其形成贸易结构上的竞争。不同国家贸易结构的相似程度决定了贸易关系竞争的激烈程度，反之，贸易结构越互补，竞争程度越小。总之，博弈理论从策略选择方面有助于深入理解国际贸易网络中的合作与竞争现象，也能为分析各国贸易地位变动提供新的理论解释。

2.3.3 国际贸易地位影响因素

现有关于国际贸易地位影响因素，现有文献主要从间接角度分析不同因素对贸易扩张的影响，而直接分析其对贸易地位影响的比较少见。较多研究是从双边贸易角度，认为双边贸易扩大能间接代表贸易地位提升，这些研究基于该观点，研究了影响双边贸易的相关因素。根据现有研究，本书将其概述为如下几个方面。

1. 经济规模

GDP 能反映一国对贸易伙伴国市场需求能力和为其提供贸易品供给能力 （Garlaschelli & Loffredo，2004），例如，GDP 较高的国家既能为各种资金、技术和创新投入提供充足空间，或保证生产要素投入价值，进而促进贸易扩张，两者均会积极影响一国贸易地位。经济规模越大，一国越倾向于在全球范围内开展 GVC 贸易，从而利用全球劳动、知识和技术等要素，获取更多贸易利得（Kali & Reyes，2007）。反之，经济规模越小国家即使存在上述倾向，但也不具备开展上述活动的现实基础和条件。因此，GDP会通过影响贸易规模影响贸易地位。从贸易网络角度看，无论是哪个国家经济规模扩大，均意味着这些国家在全球贸易网络中的市场需求和供给能力在提升，因而有利于加强其与伙伴国之间的增加值贸易。因此，经济规模扩大有利于贸易地位提升。

2. 要素禀赋

要素禀赋可通过影响 GVC 分工间接影响贸易地位。在要素禀赋是决定一国参与 GVC 分工位置和环节情形下（Hausmann et al.，2005；Backer & Miroudot，2013），垂直生产分割特性决定了发展中国家主要依靠劳动力和自然资源等嵌入生产、加工和组装等中低端环节，而发达国家主要利用知识和技术等高端要素嵌入高端环节，不同要素禀赋条件决定了各自嵌入位置和价值增值能力，价值增值能力和层次差异就决定了各国贸易规模和种类的差异，因而要素禀赋会通过 GVC 分工间接影响贸易地位。在此过程中，发展中国家能通过参与国际分工不断积累熟练劳动力，为本国技术升级和贸易地位提升奠定基础（邱斌等，2012）。蔡昉（2018）指出发展中国家能否将资源禀赋和人口红利转变为出口商品比较优势会影响 GVC 分工地位。此外，也有学者认为各国间要素禀赋差异有利于促进国际分工优势互补，从而促进双边贸易（Baskaran et al.，2011；Thushyanthan et al.，2011；杜运苏和彭冬冬，2018；洪俊杰和商辉，2019）。从三国贸易网络角度看，一国要素禀赋直接影响到其出口产品规模及其竞争力，其伙伴国要素禀赋的作用与此类似，然而在此种双边贸易过程中，与双边国家均开展国际贸易的第三国要素禀赋既会影响自身在 GVC 中的分工位置，也会间接影响其与双边国家之间的增加值贸易。此外，从分工环节的次序角度看，贸易网络中的三国位于不同生产次序及生产环节，不同环节之间的次序性也会促使三国之间的增加值流动存在关联，即一国与伙伴国间的增加值贸易可能取决于第三国生产环节的完成与中间品贸易的正常开展，也可能决定了第三国与其他国家之间的生产环节的具体分配。因此，无论从贸易网络角度看，还是从生产环节角度看，贸易网络中各国之间的增加值贸易关系存在相关性，这也就意味着各国要素禀赋既会对其自身分工位置产生影响，也会对三国之间贸易规模产生作用，从而影响各国增加值贸易地位。若贸易网络中的各国要素禀赋如人均资本均出现提升，则会对其各自分工位置和国家间增加值贸易产生交叠影响，当此种影响达到均衡时，各国间贸易规模可能会随之扩大，但不同国家的贸易地位会出现升降并存现象。通常认为，对于一国而言，人均资本提升有利于贸易规模和种类扩张，因而会促进贸易地位提升。因此，在贸易网络中，各国贸易地位的升降情况取决于各国人均资本上升速度，若一国人均资本较快则会显著促进其贸易地位攀升，相比而言其他国家贸易地位则提升较慢，就会出现"相对下降"趋势。总之，要素禀赋既会通过自身分工位置影响双边贸易，也会在贸易网络中发挥空间关联作用间接影响各国贸易地位，而后者取决于各国要素禀赋变动的相对快慢。

3. 制度质量

制度质量会通过多种途径间接影响贸易地位。（1）降低制度性交易成本。良好制度环境能降低国际贸易中市场信息和行为信息搜集成本、契约执行成本（潘镇，2006）以及减少国际摩擦和纠纷等隐性贸易成本，降低跨境交易协调成本和不确定性（Antras et al.，2008；Costinot，2009），降低寻租腐败以及低政策透明度引致的出口"效率"损失（Feenstra & Ma，2014）。（2）矫正制度性扭曲。不健全制度环境易滋生寻租、腐败、黑市交易、恐怖袭击甚至政治动荡等情形，造成资源配置扭曲与错位，直接影响到价值创造与贸易活动开展（潘镇，2006）。完善制度环境能通过矫正上述制度性扭曲，降低国内生产成本，增强产品出口比较优势。例如，完善法治环境能减少寻租、腐败等行为造成的产权扭曲和制度缺位所引发的资源错配。学者强调中国地区制度质量越完善，出口贸易份额越高（张杰等，2010），而国内市场扭曲是促成中国企业由内销转向出口（朱希伟等，2005）。（3）稳定市场预期。制度质量提升有利于价值链贸易开展提供稳定、透明和可预期市场环境和制度预期（Acemoglu et al.，2007），增强制度性比较优势（Levchenko，2007；戴翔和郑岚，2015），促进贸易扩张。（4）保障 GVC 分工。完善制度质量可以构成一国比较优势的重要来源，从而在很大程度上决定其参与国际分工的机会和能力（Hart & Moore，1990）。不完善的制度质量所产生的各种扭曲可能会导致一国丧失参与价值链分工和贸易的机会，从而脱离价值链贸易网络之外。良好制度环境能持续吸引产品工序环节的流入（Antras et al.，2008；Costinot，2009），为国际分工离岸外包提供有效产权保护和政策激励（Grossman & Hart，1986；潘镇，2006；Defever & Farid，2007；Bernard et al.，2010），从而促进贸易扩张。例如，稳定有效制度环境能识别因契约不完全性导致"敲竹杠"和"反敲竹杠"等交易风险（Acemoglu et al.，2007；丘东晓，2011；邱斌等，2012），降低外包环节以及跨境交易风险和成本。反之，则会增加GVC 分工"敲竹杠"与"反敲竹杠"等违约风险，严重甚至造成整个分工链断裂。特别是对于技术复杂度较高生产环节，政治动荡、恐怖袭击等潜在风险很可能会引发中间生产环节匹配出现质量或违约问题，从而直接影响他环节顺利进行，由此造成的损失往往难以找到适当措施加以弥补（Nunn，2007；戴翔和金碚，2014）。（5）激励研发创新。制度质量提升能增强研发创新激励，如强化知识产权保护，为企业技术进步提供有效制度保障。完善的法治环境能确保法律法规得到严格执行，有效遏制腐败和贿赂行为（Abe & Wilson，2008；Bernard et al.，2010；Defever & Farid，2007），确保产权和交易活动得到法律保护，增强创新激励和动力（杜运苏和彭冬冬，2019）。列夫琴科（Levchenko，2007）认为知识产权保护、契约执行质量和投资者法律保护会形成一国的比较优势（戴翔和郑岚，2015），从而积极影响其国际分工与贸易地位。此外，IMF（2020）强调，制度质量较好国家在参与 GVC 分工时，其增加值贸易增幅会更大。从贸易网络角度看，各国制度质量提升会对其参与 GVC 分工机会以及分工深度产生影响，如果贸易网络中的各国制度质量均出现提升但幅度不等，就会对各国分工地位和价值增值能力产生影响，各国间影响相互作用，最终会影响各国贸易地位。由于制度质量与贸易地位之间通常呈现正相关，因此，各国在贸易网络中的地位高低实际上与各国制度质量提升的相对速度有关，一国制度质量越高，提升速度越快，越有利于其与伙伴国开展 GVC 分工与增加值贸易，从而更快促进其贸易地位攀升。

4. 技术水平

技术水平直接决定 GVC 分工嵌入位置、价值增值能力以及出口技术含量，因而会通过 GVC 分工位置、生产率和贸易结构影响贸易地位。在由不同技术层级组成的 GVC 技术阶梯中，不同分工位置对应不同技术水平，低技术环节价值增值率较低，高技术环节则相反，价值增值率差异直接影响到各国增加值进出口，从而影响贸易地位高低。发展中国家可通过技术引进和技术合作推动生产率提升（林毅夫，2002），采用"连续收敛法""阶梯式爬升法或""跳跃式爬升法"等方式进行技术赶超（Stehrer & Worz，2003），带动其分工地位向中高端攀升，从而增加与伙伴国贸易额（Johnson，2014），这会促进贸易地位提升。技术进步在促使贸易地位发生变化的同时，也会引致一国更多增加知识和技术投入比重（杜运苏和彭冬冬，2018），从而占据新分工位置，创造新的竞争优势（Anderson & Ejermo，2006；Marquez & Martinez，2010），最终促进贸易扩张。从贸易网络角度看，如果网络中各国技术水平均出现提升，这将会通过贸易网络产生技术溢出，那么一国贸易扩张的程度就与技术水平和提升速度有关，相比于其他伙伴国，若一国技术水平较高则其在贸易网络中占据有利位置，其贸易地位相对提升较快。在此过程中网络中其他国家贸易规模也可能会随之扩张带动贸易地位提升，不同国家间贸易规模相对大小就决定了各国贸易地位的提升速度。而从现实看，国际贸易网络中贸易地位较高的国家其技术水平相对前沿或提升加快，反之那些贸易地位较低的国家的技术水平长期处于缓慢进步状态。因而可以认为技术水平与贸易地位之间正相关。

5. 贸易自由化便利化

大量研究表明以进口关税削减为核心的贸易自由化能降低进口贸易成本（田巍和余淼杰，2013）、降低出口门槛、抑制企业退出、延长出口持续时间（毛其淋和盛斌，2013）、提升出口技术含量以及促进生产率提升（Subramanian et al.，2007；余淼杰，2010）等多种途径，促进出口扩展与集约边际（Kee et al.，2016；盛斌和毛其淋，2017），推动贸易规模和种类扩张，因而有利于贸易地位提升。贸易便利化主要通过降低通关时间、降低跨境贸易成本、促进贸易便利流动（Djankov et al.，2010）、提升贸易效率、减少延误及跨境协调成本（Amiti & Konings，2007；王永进等，2010；Kee et al.，2016；葛纯宝和于津平，2022）以及运输成本和运输风险（Limao & Venables，2001）等方式促进出口和进口贸易扩张，从而积极影响贸易地位。例如，物理基础设施改进能降低运输成本、减少货运损耗和风险（Feenstra & Ma，2014；葛纯宝和于津平，2020），为增加值跨境流动提供便捷"硬"环境，也能通过加速技术外溢与扩散，发挥产出创造作用。此外，贸易便利化会在刺激中间品进口种类扩张中也可为本国带来技术外溢（简泽等，2014；Bas et al.，2015；祝树金等，2018），促使其通过学习、模仿和"干中学"等方式提升出口技术含量，促进出口规模扩张（Dennis & Shepherd，2011；Feng et al.，2012）。

从贸易网络角度看，各国进口关税率的削减会通过贸易转移或贸易创造影响各国贸易地位的相对高低。对于贸易网络中的特定国家而言，其自身关税降低固然有利于贸易地位提升，而其他国家如果也降低关税，会产生贸易转移还是贸易创造效应，从而间接影响该的贸易地位难以从理论上加以确定。但从各国现实情况看，随着 GVC 分工的深化，各国进口关税率总体趋于下降，而各国贸易地位也并非一成不变，而是呈现动态变动，且核心国家通常是那些进口关税率较低的国家，部分发展中国家通过降低关税也大幅提升了其在全球中的贸易地位和影响力。一国物理基础设施会促进双边贸易扩张，促进双边贸易地位提升。而从贸易网络角度看，如果各国物理基础设施均出现改善，则其对各国贸易地位的积极影响可能会被抵消。以三国贸易网络为例，双边国家物理基础设施的改善会促进双边贸易规模扩张，因而会促进其贸易地位提升。而当第三国物理基础设施的改善同样会加强该国与双边国家之间的贸易联系，此种贸易的增加既可能对双边国家间贸易产生"挤出"，也可能会产生"挤入"效应，这取决于第三国与双边国家之间的贸易结构的相近程度。如果贸易网络中各国贸易结构相近程度较高，则一国国家物理基础改善所带来的贸易扩张效应可能会与其他国家间贸易形成"挤出"，从而抵消其贸易地位增强效应，致使物理基础设施的积极作用不明显。反之，则可能会形成"挤入"效应，从而增强物理基础设施的贸易地位攀升效应。

6. 外商直接投资（FDI）

作为实现全球产业布局的主要方式，FDI 已成为跨国公司塑造 GVC 分工与价值链贸易格局的重要途径，各国参与价值链分工与贸易的机会和程度取决于其吸引的 FDI 规模及其经济效应以及跨国公司与本土企业的互动情况。因此，整体而言，FDI 对一国贸易网络地位的影响既与一国参与程度相关，也与 FDI 产生的全要素生产率、技术溢出、示范和竞争效应有关（沈坤荣和耿强，2001；魏后凯，2002；赖明勇等，2005）。FDI 能够促使一国更深度参与全球价值链分工，并通过技术转移与扩散、劳动生产率以及要素优化配置效应积极影响贸易网络地位。参与全球生产网络一是发达国家下游企业为保证发展中国家上游供应商提供符合质量和技术标准的中间投入品，会向后者转移生产技术，并产生技术外溢效应。这会促进发展中国家分工地位提升。二是发展中国家凭借自然资源和劳动力禀赋嵌入生产网络中，从国外进口优质中间品，能够提升其劳动生产率，并通过低成本的学习、模仿和吸收，促进自身技术进步（赵伟等，2006），从而提升分工地位。三是通过中间品出口产生的国内资源优化配置效应，即通过参与生产网络，发展中国家可以不断积累熟练劳动力，为技术升级和分工地位提升提供基础。中间品出口会直接增加其对熟练劳动力的需求，促进劳动力优化配置效应，最终带动分工地位的提升（邱斌等，2012）。以示范与竞争效应为例，FDI 可通过示范效应、人员流动和产业关联等方式促进技术溢出，促使本国企业通过学习模仿先进技术和管理经验，提升生产效率，从而带动贸易扩张，促进贸易网络地位提升。但也可能与本国企业出口形成竞争，甚至构成部分替代，这可能会在一定程度上挤出本国企业国内增加值出口，但这并不必然会抑制一国贸易网络地位。因为，在此过程中，FDI 对本国企业国内增加值出口产生挤出作用的同时，也不可避免地会对本国企业出口中的国外增加值产生抑制作用。因此，FDI 对一国贸易地位的影响既与其自身的效应有关，也与东道国企业出口的价值构成有关。

7. 区域贸易协定

第一，区域贸易协定通过削减关税与非关税壁垒（马淑琴等，2020），也能降低贸易政策不确定性促进贸易（Baier & Bergstrand，2007；Handley & Limao，2012；Alberto et al.，2015；Limao，2016；Feng et al.，2017）。其中，在不同的区域贸易协定下，贸易政策不确定性的下降会通过多种方式影响企业进入退出，比如可能会降低出口价格，提高产品质量，并促进产品创新（Handley & Limao，2013；佟家栋和李胜旗，2015），以及促进出口（Pierce & Schott，2012），因而有利于贸易网络地位提升。以中国制造业为例，钱学锋和龚联梅（2017）强调中国与两组区域贸易协定成员国之间的贸易协议降低了中国面临的贸易政策不确定性，促进了中国制造业的出口，此种影响主要通过集约边际实现。而加入区域全面经济伙伴关系和跨太平洋伙伴关系协定会促使中国制造业出口增加 3.86% 和 16.28%。孔庆峰和董虹蔚（2015）认为区域经济一体化组织通过取消区内关税壁垒和数量限制，形成统一的关税政策，实施生产要素的自由流动，实现经济政策的协调统一等方式促进区域内贸易的发展。第二，区域贸易协定如 RTA 中的关税减让条款，有助于降低关税波动的范围和可能性，从而降低双边贸易可能遭受的利益损失（钱学锋和龚联梅，2017）。第三，成员国间区域贸易协定也会带来贸易转移效应，即区域贸易协定在刺激协定成员国贸易的同时，也会导致一国进口由最有效生产国转向协定成员国，形成贸易转移（Freund & Rocha，2011），并增加其向成员国以外的第三国出口的可能性（Lee et al.，2019）。此外，谢建国（2003）基于博弈论分析框架，也发现一国实施关税减让会通过溢出效应传递到他国，促使其减让关税；卢卡和露西亚（Luca & Lucia，2011）发现多边或区域贸易协定对不同国家贸易地位的影响差异明显，虽有利于中心国但不利于辐条国。综上所述，区域贸易协定对一国贸易网络地位的影响取决于直接促进效应和间接贸易转移效应的相对强弱。

8. 地理距离

地理距离会通过进出口贸易负向影响贸易网络地位。首先，一国距离伙伴国越远，双边运输、时间以及跨境协调成本越高，贸易风险越大跨境，协调难度越大（潘镇，2006；许和连等，2015），甚至会给双边贸易带来"效率损失"（Berthelon & Freund，2008），因而不利于双边贸易扩张（施炳展等，2012），从而阻碍贸易网络地位提升。其次，地理距离对进口和出口均会形成负向作用（姚星等，2019），但强度存在差异。最后，地理距离较近或接壤的国家间由于贸易联系较强，因而更易于通过签署过境或运输一体化、海关通关等贸易协定（Barigozzi et al.，2011；Massimo et al.，2013）加强海关监管，促使运输与贸易网络一体化，以减少过境时间、中转次数（Limao et al.，2001），最终稳定和强化彼此间贸易关系，有利于贸易网络地位的攀升。

9. 历史因素

国家间语言、宗教信仰等文化差异会增加双边贸易成本，阻碍双边贸易（Ellis，2007），这是因为文化差异会降低彼此相互信任度（Guiso et al.，2009），不利于出口扩张。比如，文化差异扩大会降低美国州际层面出口或阻碍中国与伙伴国贸易，特别是双边进口和差异化产品贸易（万伦来和高翔，2014）。而具有共同语言、共同宗教信仰关系有助于减少沟通障碍、降低沟通成本、增加相互信任以及提升文化认同（王永进和盛丹，2010；Melitz & Toubal，2014），甚至会推动文化交流与传播，从而加强国家间贸易（潘镇，2006；姚星等，2019；Feng et al.，2020）。具有共同语言还能降低国家企业间商业风险与交易成本，并识别出国外市场的商业机会，更便于处理和解决交易过程中的摩擦和纠纷等（Lankhuizen & De Groot，2014），也有利于消除国家间民众偏见和文化意识差异，增进民心相通，促进人文交流和融合（Feng et al.，2019）。

2.3.4　国际贸易地位与 GVC 分工地位的关系

与国际贸易地位不同，GVC 分工地位是从增加值核算角度，基于非网络视角分析一国在全球生产网络中的参与程度、嵌入模式、分工位置及升级条件。本书国际贸易地位与 GVC 分工地位既有区别也有联系，大体可从如下几个方面简要概述。

1. 界定角度不同

贸易地位主要从贸易网络全局角度揭示各国贸易伙伴国的范围和贸易联系程度强弱，从而揭示其对全球资源的控制力和影响力。GVC 分工地位更多是从全球产品内分工过程中的分工环节和嵌入位置角度刻画各国价值增值能力，从而反映其在 GVC 分工中的地位高低。按照嵌入位置与增值能力差异大小，学者常用"微笑曲线"表示价值链分工位置分布状况，增值能力高的国家常位于该曲线两端，对应研发、品牌和服务等高附加值环节，而增值能力低的国家则常位于中间区域，对应原材料、生产、组装等低附加值环节。

2. 经济含义不同

贸易地位高低能揭示一国贸易利益大小，反映国际经贸规则制定权和话语权强弱。高贸易地位国家贸易获益更多，更有能力主导全球经贸规则制定，推动全球经贸规则重构，反之则反。GVC 分工地位蕴含一国参与国际分工所处的位置和增值能力，能从侧面揭示其投入要素的层次。GVC 分工地位较高的国家主要将技术和知识作为要素投入，进行价值链分工与贸易，要素可替代性不高；低 GVC 分工地位国家主要依靠劳动力、自然资源和原材料等低端要素参与分工，要素可替代性较高。

3. 提升途径不同

贸易地位提升既能通过扩大集约和扩展边际，也能通过吸引资源流动等方式实现。前者指扩大伙伴国范围和增加贸易联系，可视为直接效应，后者指利用并发挥自身贸易地位影响力优势，吸引资源从较低位势国家流向本国，然后本国通过吸收、内化和整合资源，最终带动本国贸易地位提升，可视为间接效应。这是因为经流一国贸易流越多，该国对国际贸易源的影响力和控制力越强，其中介中心度越高。GVC 分工地位可通过"结构升级"和"价值链升级"两种策略实现，前者指推动出口结构由初级产品转向资本、技术密集型产品，后者促进价值链生产环节转移或延伸。就后者而言，价值链升级具体方式包括工艺升级（产品生产更有效率）、产品升级（产品质量上升）、功能升级（产品功能更齐全或推出新产品等）和链条升级等（将积累的技术用于新的生产环节，实现由低附加值环节向高附加值环节延伸）（Hummphrey & Schmitz，2002）。

4. 测度方法不同

贸易地位主要采用复杂网络分析方法，选择不同类型中心度指标加以刻画，GVC 分工地位可从四方面进行测度。前者指采用度数中心度（Freeman，1979）、中介中心度（Freeman，1991）、接近中心度（Borgatti，2005）、特征向量中心度（Katz，1953；Bonacich，1987）、PageRank 中心度（Brin & Page，1998）以及信息中心度（Taylor，1969；Freeman et al.，1991）等测度贸易地位。后者指利用：（1）出口产品与世界出口产品平均价格之差、RCA 指数、贸易竞争力指数、可比净出口指数等（程大中，2003；施炳展，2010）以及出口贸易指数（邱斌等，2012）间接反映贸易地位，或用出口市场份额，（2）出口技术复杂度（Lall et al.，2005；Hausman et al.，2005；邱斌等，2012；马述忠等，2017）或出口产品种类刻画贸易地位（Hausmann et al.，2005），（3）垂直专业化指数（Hummels et al.，2001；刘志彪和刘晓昶，2001；Johnson，2012）、出口国内增加值率、国外增加值率以及 GVC 分工地位指数（Koopman et al.，2010；巫强和刘志彪，2012；刘斌等，2016；马述忠等，2017）以及技术含量、增加值率与嵌入位置组合指标（杨高举和黄先海，2013）间接度量贸易地位。

5. 侧重议题不同

贸易地位主要关注如何提升一国在贸易网络中的地位，从而增强其在全球经贸规则治理中的话语权与国际合作主导权。因为贸易地位越高，对整个网络的影响力和辐射力越大，在国际贸易中越有可能获取更多技术与市场信息（Reyes et al.，2008）。GVC 分工地位更多关注发展中国家如何在嵌入价值链分工的过程中，更好地利用国外、国内两种资源，通过学习国外技术，增强自主创新能力，逐步摆脱对国外技术的过度依赖，最终实现价值链分工的中低端向高端位置攀升和价值链升级（Gereffi，1999；Jabbour，2005）。

6. 本质驱动相同，影响因素相近

在新型国际分工体系下，产品生产的增值环节都可以分离开来，在全球不同地点切割和布局，从设计和研发产品、制造组件到组装和营销活动（尚涛，2015），形成了跨国的生产供应和价值创造的"全球价值链"（Gereffi，1999）。即正是跨国公司将产品不同生产环节分配至不同国家，才促使世界各国通过价值链贸易联系到一起，形成一个相互依赖，互为影响的全球贸易网络与价值链分工网络。在产品国际分工条件下，价值增值成为衡量一国分工利益和分工地位的最重要标准，而增值能力的高低很大程度上取决于一国在全球价值链分工中所承担的环节（胡昭玲和张咏华，2015）。因此，贸易地位和 GVC 分工地位本质驱动相同，都是跨国公司在全球范围内进行产品分工进行要素最优配置所造成的结果。

贸易地位与 GVC 分工地位影响因素相近。贸易地位与 GVC 分工地位都是以各国凭借劳动力、资源禀赋、技术水平等要素参与国际分工，嵌入GVC 不同环节，从而形成的国际生产网络为基本遵循。通常认为，发展中国家由于主要利用劳动力、资源等要素参与 GVC 分工，处于分工低端环

节，其贸易伙伴相对较少；以农产品和制成品为例，学者指出全球贸易地位的提升可以提高一国全球价值链分工地位（马述忠等，2016；刘海云和毛海欧，2017）。发展中国家间贸易规模也相对不大，因而贸易地位相对较低，居于网络非核心位置。少数发达国家由于主要利用资本、技术、知识等高端要素主导 GVC 分工，处于分工中高端环节，其与其他国家贸易伙伴相对较多，贸易规模相对较大，因而贸易地位较高，占据网络中的核心以及次核心位置。

2.4　文献述评

现有研究为分析全球贸易网络结构演化规律，揭示各国贸易地位分布变动，探讨其背后的成因，并推动贸易地位攀升提供重要参考，但也存在如下局限：

一是尽管学者分析了全球或区域贸易网络格局及各国贸易地位演变情况，但主要基于总体或行业等贸易数据开展的分析，而在中间品贸易增多情形下，传统以贸易总值为基础的统计核算无法科学反映各国间真实贸易利得与价值流动。张海燕（2013）发现由于加工贸易环节中大量中间品进口被统计到贸易口径中，致使出口规模"虚高"，贸易地位被夸大。因此，采用剔除重复计算后的增加值贸易数据，科学揭示全球各国间贸易关系，揭示各国贸易地位和资源控制能力变化规律具有现实必要性。

二是现有研究关于贸易地位测度主要基于局部或间接视角考虑，例如，采用出口产品价格与世界出口平均价格、RCA 指数、贸易竞争力指数（施炳展，2010）等局部指标，或出口技术复杂度（Lall et al.，2005；Hausman et al.，2005；邱斌等，2012；马述忠等，2017）、垂直专业化率（Hummels et al.，2001；Johnson，2012）或 GVC 分工地位指数（Koopman et al.，2010；Wang et al.，2013）间接测度中国贸易地位，这些指标或从局部视角或从间接角度测度贸易地位，并未在整个全球贸易网络格局中加以分析。本书通过构建全球增加值贸易网络，采用复杂网络分析方法，从国家间贸易关系的角度，测度各国贸易地位变化情况，能够克服局部指标和间接测度法的缺陷，从而更为科学地揭示各国贸易地位变化规律。此外，现有研究多采用贸易流量构建网络，然后基于贸易流量是否达到一定阈值构建国家贸易网络，实际上忽视了不同贸易阈值对不同国家的作用强度或相对重要性差异，无法科学反映贸易流对贸易规模不同的国家所具有的差异影响和重要程度。例如，对于中国和阿富汗而言，特定阈值通常会保留中国与其他国家连边，而阿富汗因贸易规模偏小，在网络中就没有连边，实际上阿富汗与其他国家贸易流虽然偏小但却对该国相对重要。因此，选取不同阈值固然能在一定程度上反映国家贸易网络结构，但还需考虑各国差异性。为此，本书根据各国贸易流量分别选取与各国贸易规模排名前三的国家，从而构建 Top3 等级贸易网络，从而分析全球顶级增加值贸易支撑网络结构如何演变以及主要国家支撑面差异，即能弥补阈值选取所带来的误差，也有利于揭示主要国家之间在全球及区域层面的贸易竞争与合作关系。

三是现有关于全球贸易网络及贸易地位的研究进行描述性分析的较多，而通过建立贸易地位理论模型开展系统分析的极少。仅进行描述性分析或只进行简单的实证检验，忽视了贸易地位变化背后的理论机理，既不利于研究逻辑的系统性和完整性，也不利于为发展中国家提升国际分工地位提供有效参考。本书基于一般均衡框架，考虑第三国效应，通过建立三国情形的国际贸易网络理论模型，从数理层面系统分析国际贸易地位决定因素及作用机制，进而弥补国际贸易地位决定因素理论分析的不足。

四是在模型变量选取与估计方面，不同学者采用的特定模型对解释变量和控制变量的选取存在不同程度主观性，有学者将某一变量纳入模型，也有学者未将其纳入，这就会造成模型估计偏差，甚至得到完全相反的结论。而特定的单一模型拟合数据存在遗失有用信息风险，因为特定模型拟合结果可能不显著，但当加入一些变量后，又可能得到显著的结果，因此单一模型拟合得到的显著结果可能并非真正的显著，这里面会存在数据窥视偏差问题。本书采用贝叶斯模型平均法（BMA）在完整模型空间中全面检验了国际贸易地位演变背后的成因，也有利于克服变量选取的不确定性问题。BMA 法是在统一框架下，统一考虑该变量纳入的子模型与未纳入的子模型的情况，根据数据特征将不同子模型赋予不同权重从而确定该变量的重要性与否。如果该变量在不同子模型中均不重要，则所有子模型加权后 PIP 也较低，反之则较高。因此，BMA 法提供了一种保障机制，将所有变量排列组合得到的模型集都加以考虑，实际上避免了选择很差模型情况的出现，因而也可以视为考虑模型不确定情形的传统单一模型的扩展。

2.5 本章小结

本章 2.1 节阐述了复杂网络和社会网络研究，先从网络科学角度分析复杂网络的起源与发展，然后分析当前关于复杂网络的研究已经达成一致的一般性结论，再简要阐述社会网络研究。复杂网络起源于网络科学，是经历规则网络和随机网络的重要发展阶段，其中图论、拓扑学、数学和物理学等多种学科的交叉融合构成了其发展的重要开端。"无标度""小世界""幂律"特征是复杂网络区别于其他发展阶段的重要标志。复杂网络注重从系统和联系的观点解决系统问题，其本身具有规模较大、结构复杂和演化过程复杂等众多特征。社会网络是社会学中一群行动者和他们之间联系的联结关系，其发展历史相比于复杂网络更为悠久，其中"强连接""结构洞""弱连接"以及由此衍生的社会资本理论是反映社会网络发展历程的经典理论。

2.2 节为国际贸易网络研究，该节首先对国际贸易网络概念与内涵进行分析，然后从复杂网络角度分析国际贸易网络拓扑结构研究内容。国际贸易网络就是将各国视为节点，国家间进出口贸易视为节点的连边，从而将各国及其相互连边关系联结起来用复杂网络的图论和拓扑学理论所构建的网络。国际贸易拓扑结构主要研究世界经济体系分布格局，网络规模变动规律、网络联系如何变动、各国贸易地位分布规律以及此种拓扑结构产生的经济效应等。

2.3 节为国际贸易地位研究，该节分别从非网络和网络的角度阐述了国际贸易地位的内涵与测度指标,分析各指标背后的理论逻辑,然后重点从网络的角度界定国际贸易地位的内涵与概念,并对国际贸易地位相关理论进行了分析,相关理论主要包括传统贸易理论、要素禀赋理论、新贸易理论、国家竞争优势理论、复杂网络理论、GVC 理论、区域一体化理论和博弈理论。非网络视角主要从出口竞争力、技术水平、GVC 分工地位等刻画国际贸易地位,而网络视角主要采用复杂网络理论中的各类中心度指标进行度量,后者具有前者所不具备的全局性、关联性优势。再对国际贸易地位的主要影响因素进行了分析,主要包括经济规模、要素禀赋、制度质量、技术水平、贸易自由化便利化、FDI、区域贸易协定、地理距离和共同语言等历史因素。最后,本节从界定角度、经济含义、提升途径、测度方法、侧重议题、本质驱动和影响因素等多个角度比较了国际贸易地位与GVC 分工地位之间的区别与联系。

2.4 节主要从总量数据、研究视角、理论模型以及模型估计方法四个方面对现有研究进行了评述。总量数据核算角度分析各国贸易地位无法客观揭示各国间真实贸易利得和价值流动关系,传统非网络观点采用的指标刻画贸易地位存在局部和非关联性缺陷,难以全面反映各国贸易地位情况。现有研究聚焦于无权或加权贸易网络,缺乏对于不同贸易规模国家相对重要性的综合考量,通过提取贸易网络中顶级贸易关系分析不同国家支撑面变动规律。模型变量选取和估计方面对变量选取的主观性可能导致估计结果不客观等局限会制约贸易地位成因的识别等。

第 3 章　全球增加值有向贸易
拓扑网络构建方法

　　有效选取国家作为网络节点，科学测度国家间增加值贸易作为节点的连边，并选取国际贸易地位测量指标，是构建全球增加值有向贸易拓扑网络，揭示各国特别不同区域集团主要国家对全球资源控制力和影响力的基本前提。为此，基于多方面因素考虑，本章 3.1 节选取全球 132 个国家作为研究样本①，时间跨度为 1996~2018 年。3.2 节用 UNCTAD - Eora 数据库、联合国统计数据库及其他补充数据，以构建的全球跨区域投入产出表为基础，采用双边比例法进行平衡，并利用 KWW 法测度国家（及部门）间增加值贸易。3.3 节在上述分析的基础上，基于图论和拓扑学思想，并结合社会计量法构建 1996~2018 年全球增加值有向贸易拓扑网络，并选取度数中心度、出度中心度和入度中心度作为贸易地位测度指标。3.4 节是本章小结。

3.1　样本选取和处理

　　理论上，构建全球增加值有向贸易拓扑网络应当涵盖世界上的所有国家，然而，由于历史上一些国家存在主权争议、领土分裂或合并、统计数据口径不一致以及基本投入产出表缺乏等问题，本书主要选择具有代表性

---

　　① 为方便表述，本书样本中国家、地区或经济体统称为国家。下同。

国家作为样本。从不同数据库看，联合国贸易和发展会议增加值贸易数据（UNCTAD）库仅涵盖了全球约 189 个国家，其中争议较大的混合体为 6 个，附属国约为 20 个，香港、澳门和台湾均视为中国地区不是国家，其余 28 个国家规模较小，统计数据缺失相对较多。因此，本书 UNCTAD 数据库中 189 个经济体的基础上，剔除 57 个国家[①]，选取剩余的 132 个国家作为研究样本（见表 3.1）[②]。根据世界银行 2018 年统计数据，这些国家名义 GDP 占世界比重约为 95.4%，因而具有较强代表性

表 3.1　　　　　　　　　　132 个国家样本地区分布

地区	国家及 ISO 编码
亚洲（42 个）	阿曼 OMN、巴林 BHR、不丹 BTN、韩国 KOR、老挝 LAO、蒙古国 MNG、缅甸 MMR、沙特阿拉伯 SAU、泰国 THA、文莱 BRN、也门 YEM、伊朗 IRN、印度 IND、约旦 JOR、越南 VNM、中国 CHN、阿富汗 AFG、阿联酋 ARE、菲律宾 PHL、柬埔寨 KHM、卡塔尔 QAT、日本 JPN、科威特 KWT、黎巴嫩 LBN、尼泊尔 NPL、土耳其 TUR、新加坡 SGP、以色列 ISR、阿塞拜疆 AZE、巴基斯坦 PAK、格鲁吉亚 GEO、马尔代夫 MDV、马来西亚 MYS、孟加拉国 BGD、塞浦路斯 CYP、斯里兰卡 LKA、亚美尼亚 ARM、哈萨克斯坦 KAZ、塔吉克斯坦 TJK、印度尼西亚 IDN、吉尔吉斯斯坦 KGZ、乌兹别克斯坦 UZB
欧洲（37 个）	冰岛 ISL、波兰 POL、丹麦 DNK、德国 DEU、法国 FRA、芬兰 FIN、荷兰 NLD、捷克 CZE、挪威 NOR、瑞典 SWE、瑞士 CHE、希腊 GRC、英国 GBR、爱尔兰 IRL、奥地利 AUT、比利时 BEL、俄罗斯 RUS、立陶宛 LTU、卢森堡 LUX、马其顿 MKD、乌克兰 UGA、西班牙 ESP、匈牙利 HUN、意大利 ITA、爱沙尼亚 EST、白俄罗斯 BLR、保加利亚 BGR、波黑 BIH、克罗地亚 HRV、拉脱维亚 LVA、罗马尼亚 ROU、摩尔多瓦 MDA、斯洛伐克 SVK、阿尔巴尼亚 ALB、斯洛文尼亚 SVN、塞尔维亚 SRB、黑山 MNE
北美洲（13 个）	美国 USA、海地 HTI、巴拿马 PAN、加拿大 CAN、牙买加 JAM、多米尼加 DOM、洪都拉斯 HND、尼加拉瓜 NIC、萨尔瓦多 SLV、危地马拉 GTM、哥斯达黎加 CRI、波多黎各 PRT、特立尼达和多巴哥 TTO
南美洲（11 个）	巴西 BRA、秘鲁 PER、智利 CHL、阿根廷 ARG、巴拉圭 PRY、圭亚那 GUY、乌拉圭 URY、玻利维亚 BOL、厄瓜多尔 ECU、哥伦比亚 COL、委内瑞拉 VEN

---

① 剔除 57 个国家的原因如下：（1）数据缺失较多、数值质量不高；（2）存在国土分裂情况；（3）国家尚未独立或分裂成两国造成数据不可比；（4）尚未取得独立国家主权或领土不完整；（5）国家与其邻国之间存在宗教、政治或军事冲突。

② 本书样本主要覆盖亚洲、欧洲、北美洲、南美洲、大洋洲和非洲等主要国家，这些国家在各地所属洲也具有很好的代表性。

地区	国家及 ISO 编码
大洋洲（2 个）	新西兰 NZL、澳大利亚 AUS
非洲（27 个）	埃及 EGY、贝宁 BEN、加蓬 GAB、加纳 GHA、马里 MLI、南非 ZAF、乍得 TCD、布隆迪 BDI、喀麦隆 CMR、肯尼亚 KEN、莱索托 LSO、卢旺达 RWA、马拉维 MWI、摩洛哥 MAR、乌干达 UGA、赞比亚 ZMB、博茨瓦纳 BWA、毛里求斯 MUS、莫桑比克 MOZ、纳米比亚 NAM、塞内加尔 SEN、坦桑尼亚 TZA、阿尔及利亚 DZA、布基纳法索 BFA、埃塞俄比亚 ETH、马达加斯加 MDG、毛里塔尼亚 MRT

注：各国地区分布采用世界银行标准分类，经笔者整理得到。

3.2　增加值出口测算方法与数据来源

在上节界定研究样本的前提下，本节基于 UNCTAD – Eora 及联合国贸易统计数据①，首先采用伦琴等（Lenzen et al.，2012；2014）的 RAS 方法构建 1996～2018 年全球 132 个国家部门（或产品大类）（以下简称"部门"）跨区域投入产出平衡表（BMRIO）②，然后利用 KWW 法（Koopman et al.，2010）测算并分析全球 132 个国家部门国内增加值进、出口变化情况。

关于出口增加值的测算，目前文献主要基于不同形式投入产出表（IO），采用 KWW 法、WWZ 法进行分析。然而与常见的 OECD – TIVA、WIOD 及 GTAP 数据库不同，由于本书样本覆盖了全球绝大多数发展中国家和欠发达国家，上述数据库并未对这些国家进行很好的覆盖，而且由于不同国家间部门或产品分类差异较大，部分国家数据缺失较多，因而本书无法使用上述数据库测算全球部门增加值贸易情况。为此，本书利用 UNCTAD – Eora 投入产出表，并结合联合国贸易统计数据，首先建立全球

———————

① 由于覆盖面广，UNCTAD – Eora 数据库已成为分析发展中经济体增加值贸易数据的基本来源（IMF，2020），对该数据库完整说明参见 UNCTAD（2013）。

② 关于 RAS 法，详细原理及示例说明可参见米勒和布莱尔（Miller & Blair，2009）以及本书附录 A。

132 个国家部门跨区域投入产出联系，然后利用伦琴等（2012；2014）双边比例法（RAS），在各表内进行部门中间投入、中间使用和最终产出平衡，求解满足约束条件的相应矩阵，最终得到能用于直接测算的沿线国家部门跨区域投入产出平衡表（BMRIO）。

3.2.1　全球跨区域投入产出平衡表的构建

首先，基于 UNCTAD‐Eora 数据库，本书将提供国内行业生产表（SUT）的 26 个部门分类的 69 个国家划分为第一类，构建相应部门层面的初步投入产出表①。对于部门细分超过 26 个且数目不等的其他 63 个国家，根据 UNCTAD‐Eora 产品大类划分标准，并结合各国国内行业生产表（SUT）、产品大类投入产出表（CIOT）以及其生产供给表（CSUT）划分为第二类，按照 HS2003 编码，将各国进行相应产品大类粗略划分为制造业、农业和服务业三大部门，然后构建相应产业层面投入产出表②。其次，

----

① 69 个国家包括：AFG、ALB、DZA、ARM、AZE、BHR、BGD、BLR、BEN、BTN、BIH、BWA、BRN、BGR、BFA、BDI、KHM、CMR、TCD、CRI、HRV、CYP、DOM、EGY、SLV、ETH、GAB、GHA、GTM、GUY、HTI、HND、ISL、JAM、JOR、LAO、LBN、LSO、LUX、MDG、MWI、MDV、MLI、MRT、MNG、MNE、MAR、MOZ、MMR、NAM、NPL、NIC、OMN、PAK、PAN、QAT、MDA、RWA、SAU、SEN、SRB、LKA、TJK、TTO、TZA、UGA、ARE、YEM 和 ZMB。29 部门分别为：农业、渔业、采矿业和采石业、食品和饮料业、纺织和服装、木料和纸张、石油、化工和非金属矿、金属制品、电器和机械、运输设备、其他制造部门、回收业、电力、天然气和水、建筑业、维护和修理、批发业、零售业、酒店和餐馆、运输业、邮局和电信、金融中介和商业活动、公共管理、教育、健康和其他服务、私人家庭服务、其他、再出口（进口）。由于再出口中混杂其他部门产品，其国内增加值成分较为粗糙，本书分析均未将其纳入考虑。

② 63 个不同产品及行业分类的国家包括：ARG（195）、AUS（344）、AUT（60）、BEL（60）、BOL（36）、BRA（110）、CAN（48）、CHL（74）、CHN（122）、COL（59）、CZE（60）、DNK（130）、ECU（60）、EST（60）、FIN（60）、FRA（60）、GEO（67）、DEU（71）、GRC（60）、HUN（60）、IND（115）、IDN（76）、IRN（147）、IRL（60）、ISR（162）、ITA（60）、JPN（401）、KAZ（120）、KEN（50）、KWT（54）、KGZ（86）、LVA（60）、LTU（60）、MYS（97）、MUS（66）、NLD（60）、NZL（209）、NOR（60）、PRY（46）、PER（45）、PHL（76）、POL（60）、PRT（60）、KOR（77）、ROU（60）、RUS（48）、SGP（153）、SVK（60）、SVN（60）、ZAF（95）、ESP（118）、SWE（60）、CHE（42）、THA（179）、MKD（60）、TUR（60）、UGA（120）、GBR（510）、USA（428）、URY（102）、UZB（122）、VEN（121）和 VNM（112）。其中，括号内为国家具体产品及行业数，原始分类表留存备索。

由于各国部门投入产出表不涉及与其他国家部门最终需求（即贸易）联系，本书利用联合国货物及服务贸易统计数据，建立各国部门间进出口联系。其中对于缺失以及质量较差数据，本书根据 RAS 法，估算从各原产国出口部门到各目的国进口部门贸易流量，以此反映各出口部门货物或服务如何被各进口国部门吸收。再次，利用各部门中间和总投入等于各部门中间使用和总产出约束条件，本书继续采用 RAS 法得到初步平衡的投入产出表（PMRIO)[①]。最后，在上一步基础上，以 2000 年为初始部门中间投入技术系数和最终需求矩阵为基础，通过设定迭代次数和终止误差范围，平衡其他约束条件，并将唯一解作为下一年初始估计值，以此循环进行，最终得到年度可比的 1996～2018 年 132 个国家部门跨区域投入产品平衡表（BMRIO)[②]。

3.2.2 增加值出口的测算

在上述 BMRIO 表基础上，本书进一步结合 KWW 法（Koopman et al.，2014）测算 1996～2018 年全球 132 个国家部门增加值出口[③]。考虑 G 国 N 部门生产和贸易体系下，通过跨国投入产出分析，进行增加值构成分解。对于：

$$x = T + y = Ax + y \tag{3.1}$$

$$x = (I - A)^{-1} y = B \times y \tag{3.2}$$

其中，x 为各国部门 $GN \times GN$ 维总产出矩阵，T、y 分别为相应中间用途和最终需求矩阵，A 为投入产出技术系数矩阵，反映生产一单位总产出所需的中间投入。因此 Ax 为包含直接和间接中间使用矩阵，B 为里昂惕夫逆矩阵。在跨国投入产出模型下，有：

---

① 对于最终需求缺失较多的沿线国家，也采用该法估计国家间相应贸易流量（以 2000 年为参照）。上述过程涉及数据还包括联合国服务贸易数据库、欧洲统计局数据、IDE - JETRO 和 OECD 投入产出汇编。

② 在每一年，将该年的所有可用数据（GDP 总量、贸易数据、新的 I - O 表、插值 I - O 表估计等）叠加到该年的初始估计值上，并对该表进行再平衡。将上一年的解作为以后一年的初始估计，从而得到较接近真实的数值。

③ 根据 MRIO 表进行增加值分解，亦可参见阿斯拉姆等（Aslam et al.，2017）和洛斯等（Los et al.，2018）。

$$\begin{bmatrix} \sum\limits_{r}^{G} X_{1r} \\ \sum\limits_{r}^{G} X_{2r} \\ \cdots \\ \sum\limits_{r}^{G} X_{Gr} \end{bmatrix} = \begin{bmatrix} A_{11} & A_{12} & \cdots & A_{1G} \\ A_{21} & A_{22} & \cdots & A_{2G} \\ \vdots & \vdots & \ddots & \vdots \\ A_{G1} & A_{G2} & \cdots & A_{GN} \end{bmatrix} \begin{bmatrix} \sum\limits_{r}^{G} Y_{1r} \\ \sum\limits_{r}^{G} Y_{2r} \\ \cdots \\ \sum\limits_{r}^{G} Y_{Gr} \end{bmatrix} \quad (3.3)$$

其中，X_{sr} 为 $N \times 1$ 维向量，代表 s 国总产出被 r 国吸收；Y_{sr} 为 $N \times 1$ 维向量，代表 s 国生产最终品被 r 国吸收，A_{sr} 为 $N \times N$ 维跨国投入需求与产出系数矩阵，反映 s 国生产在多大程度上被 r 国吸收。结合 Eora 表已知 $GN \times GN$ 维中间品使用矩阵，

$$T^{eora} = \begin{bmatrix} T_{11} & T_{12} & \cdots & T_{1G} \\ T_{21} & T_{22} & \cdots & T_{2G} \\ \vdots & \vdots & \ddots & \vdots \\ T_{G1} & T_{G2} & \cdots & T_{GN} \end{bmatrix} \quad (3.4)$$

式（3.4）需满足 $Ax = T$ 条件，而此处该条件代表 T 矩阵元素即为 A 矩阵元素与 X 向量的"智能乘积"。利用式（3.4）建立与式（3.3）技术系数矩阵联系，通过关联一国各部门中间投入和总产出，推算该国各部门消耗系数 A_{sr}，并建立跨区域技术系数联系，

$$A_{sr} = T_{sr}^{eora} X_s \quad (3.5)$$

其中，X_s 为 s 国总产出维矩阵。据此得到 G 国 N 部门增加值份额矩阵：

$$V_{GN} = I_{GN \times GN} - diag\left(\sum_{s=1}^{GN} A_{s1} \cdots \sum_{s=1}^{GN} A_{s,GN} \right) = \begin{bmatrix} v_1 & 0 & \cdots & 0 \\ 0 & v_2 & \cdots & 0 \\ \vdots & \vdots & \ddots & \vdots \\ 0 & 0 & \cdots & v_{GN} \end{bmatrix} \quad (3.6)$$

其中，v_s 为 s 国各部门增加值份额。将其与 B 和出口矩阵 E 相乘，就可提取出各国部门出口增加值成分，即，

$$F = \begin{bmatrix} F_{11} & F_{12} & \cdots & F_{1G} \\ F_{21} & F_{22} & \cdots & F_{2G} \\ \vdots & \vdots & \ddots & \vdots \\ F_{G1} & F_{G2} & \cdots & F_{GG} \end{bmatrix}$$

$$= \begin{bmatrix} v_1 & 0 & \cdots & 0 \\ 0 & v_2 & \cdots & 0 \\ \vdots & \vdots & \ddots & \vdots \\ 0 & 0 & \cdots & v_{GN} \end{bmatrix} \begin{bmatrix} B_{11} & B_{12} & \cdots & B_{1G} \\ B_{21} & B_{22} & \cdots & B_{2G} \\ \vdots & \vdots & \ddots & \vdots \\ B_{G1} & B_{G2} & \cdots & B_{GG} \end{bmatrix} \begin{bmatrix} e_1 & 0 & \cdots & 0 \\ 0 & e_2 & \cdots & 0 \\ \vdots & \vdots & \ddots & \vdots \\ 0 & 0 & \cdots & e_{GN} \end{bmatrix} \quad (3.7)$$

其中，F_{rs} 为 $N \times N$ 维 r 国与 s 国部门间增加值流动矩阵（r, $s = 1$, 2, …, 132），F 为反映各国部门出口中的增加值如何产生并在各国间分配情况。

式（3.7）表明各国部门总增加值包括被国内吸收（对应 VB）和嵌入在出口中（E）两个部分。式（3.7）第一个等号右边矩阵第一列代表国家 1 出口所包含的增加值构成情况，包括 2 个部分：（1）$F_{11} = v_1 B_{11} e_1$，表示国家 1 出口的国内增加值 DVA，（2）$F_{r1} = v_r B_{r1} e_1$，表示 $r(\neq 1)$ 国生产的 s 国出口的国外增加值含量，该项代表 r 国生产的增加值 v_r 和国家 1 为了生产出口产品而进口的附加值的份额 e_1。（1）、（2）项之和即为国家 1 增加值出口总额[①]。目前关于测算出口增加值研究如表 3.2 所示。

表 3.2   GVC 数据概况

项目	机构	数据来源	国家	部门	时间	说明
TiVA	OECD	国家 I-O 表	64	34	2005 ～ 2015 年	经济合作与发展组织（OECD）国家及 20 非成员国

---

① 若将上述两项细分，本书 DVA 对应库普曼等（Koopman et al.，2014）增加值核算 9 重分解中的如下六项：直接最终品出口国内增加值、由直接进口国吸收的中间品出口国内增加值、再出口至第三国的中间品出口国内增加值、通过最终进口返回的中间品国内增加值、通过进口返回的中间品国内增加值以及由国内生产通过中间品出口带来的重复计算部分。六分项中，出口返回增加值反映如生产外包式复杂价值链生产，重复计算部分是增加值多次跨国流动形成。一般认为该两项占比约为 4%、2% ～ 6%（Koopman et al.，2014），因此本书将二者均视为 DVA 组成，未进一步细分。

项目	机构	数据来源	国家	部门	时间	说明
WIOD	11 机构，EU 资助	国家 S－U 表	43	56	2000～2014 年	基于官方统计数据，使用国家间最终用途分类
UNCTAD－Eora	UNCTAD Eora	国内 S－O 表、I－O 表，产品 I－O 表，欧盟 I－O 表，OECD	189	26－500	1990～2016 年	数据来源广，时间跨度长，方法复杂，更新速度快
EXIOBASE	EU	国内 S－O 表	44＋5	200	1995～2013 年	覆盖 44 国及其他 5 国
ADB MRIO	Asian Development Bank	WIOD＋Bangladesh/Malaysia/Philip-piness/Thailand/Vi-etNam	45	35	2000 年、2005～2008 年、2011 年	其他 5 国估计结果非官方统计
GTAP	Purdue University	大学研究人员	121＋20	65	2004 年、2007 年、2011 年、2014 年	含能源量、土地使用、二氧化碳排放和国际移民
South American I－O 表	ECLAC from Brazil	国家 I－O 表	10	40	2005 年	来自官方核算数据

注：表中内容笔者整理得到。

3.3　全球增加值有向贸易网络构建与贸易地位指标选取

3.3.1　图论与拓扑学思想与数理基础

1. 图论与拓扑学思想

图论和拓扑学是复杂网络理论的起源，前者是以 1736 年欧拉的柯尼斯堡七桥问题为重要标志，后者是以多面体欧拉定理以及四色定理等为典型代表。柯尼斯堡七桥问题要求在如图 3.1 中的小镇上走一圈，跨域普雷格尔河上的七座桥，每座桥都要且只能跨过一次，最后要回到原来的位置。当时，该问题因简单而有趣吸引了大家的注意，很多人尝试各种各样的走法，但谁也没有做到。欧拉把这个问题予以简化，把两座小岛和河的两岸分别看作四个点，而把七座桥看作这四个点之间的连线（刘孟，2010）。那么这个问题就简化成，能不能用一笔就把这个图形画出来。经分析，欧拉认为不可能每座桥都走一遍还能到最后回到初始位置。此外，欧拉还给出了能够一笔画出来的图形所应具有的条件。拓扑学是空间（欧式空间）从属于最一般的一对一连续变化群的几何，其关键过程是在空间内的拓扑变量不会影响到图形的性质。拓扑学是一种不考虑物体的大小、形状等物理属性，而仅仅使用点或线描述多个物体实际位置与关系的抽象表示方法。拓扑不关注事物的细节以及相互的比例关系，而只是用图的形式表示一定范围内多个物体之间的相互关系。拓扑的重要性质之一就是当几何体发生连续变形时，物体之间的连接关系不变。在一定程度上，图论的核心思想在于将柯尼斯堡问题转化为将点和连线之间的连通路径问题，拓扑学的发展为复杂网络理论的模型化奠定基础，两类学科是复杂网络理论形成与发展的起源。

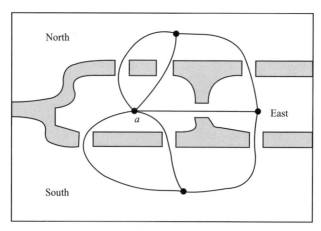

图 3.1　柯尼斯堡七桥问题

2. 图论数理基础

图论强调网络是由节点及其之间关系所组成的拓扑集合。如果两个节点之间存在连边，则称其为邻居节点。拓扑图可分为有向图和无向图。无向图中是指节点之间有连边且不区分连边的指向的图，有向图则区分连边的指向。令 $G = (V, E, w)$ 为包含节点集合 V、节点间连边集合 V 以及节点间连边权重 w 所构成的拓扑图。其中 $v_i (i = 1, 2, \cdots, N) \subset V$，$i$ 代表节点；E 为节点间连边关系，w_{ij} 表示连边的权重。不妨设 $e = \{a, b\}$ 是 E 中的连边元素，若 a，b 之间存在连边，则 $e = 1$，否则取 0。

在 $N \times N$ 维拓扑图中，如果对于 $\forall a$，$b \subset N$，均有 $e = 1$，那么 G 为满图。其中，在 $e = 1$ 的条件下，如果节点之间连边存在权重，则 G 为加权满图。如果节点之间没有连边或者图中没有节点，则称其为空图。对于非空图而言，无自环是基本假设，无自环是指节点自身之间假设没有连接，即图仅考虑不同节点之间的连接情况，不考虑自身是否存在连接。如果节点之间连边存在方向，则有向图中节点之间的连边数 M 满足：$0 \leqslant M \leqslant N \times (N - 1)$。

根据连边权重以及方向性，拓扑图分为无权图和加权图，以及无向图和有向图。（1）无权图。无权图是指节点之间关系只有存在或不存在两种情形的图，如果连边存在，连边权重 $w = 1$。（2）加权图。加权图是指节点之间存在连边，其连边不取 1 的图。加权图可视为无权图的一般形式，但二者在统计性质上存在明显区别。（3）无向图。无向图是指节点之间连边不区分方向的图，只要节点之间存在连边，对应的连边元素即取 1。无向图既可以是无权图，也可以是加权图。（4）有向图。有向图是指节点之间连边存在方向的图。有向图既可以是无权图也可以是加权图。按照上述四种组合，还可衍生出无权无向、无权有向、加权无向和加权有向图等。图 3.2 绘制了四种类型图之间的关系。

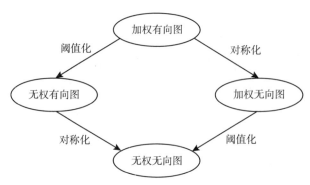

图 3.2　四种类型图之间的关系

3. 拓扑图基本术语与性质

以无向图为例，网络中两个节点之间是否存在关联的问题可以转化为 G 中两个定点之间是否存在路径的问题（汪小帆等，2012）。以下为 G 的相关概念定义：（1）路径。G 中的一条路径是指一个节点序列 $P = v_1 v_2 \cdots v_k$，其中每一对相邻的节点 v_i 和 v_{i+1} 之间都有一条连边，该连边也称为一个步长。P 也称为从 v_1 到 v_k 的一条路径。路径长度定义为这条路径所包含的连边的数据，即步长数。（2）回路。G 中节点之间起点与终点重合的路径即为回路。（3）简单路径。G 中各个节点都互不相同的路径即为简单路径。（4）连通性。如果 G 中每一对节点之间都至少存在有一条路径，则称其为连通的，否则为不连通。一个不连通图是由多个连通片构成。连通片需满足如下两个条件：一是图中任意两个节点之间都存在路径，二是网络中不属于该子图的任一节点与该子图的任意节点之间不存在路径。上述定义意味着每一个不连通片都是由若干个不相交的连通片组成。其中，包含节点数最多的连通片就成为最大连通片。图 3.3 绘制了包含两个连通片的不连通图。（5）树与生成树。凸轮中不含圈的连通图可称为"树"。其中数的边成为树枝，树中的度为 1 的节点称为树叶，大于 1 的节点称为分支点。G 若满足如下条件之一，则可成为一棵树。一是没有圈的连通图，二是没有圈但在其中任意增加一条边就会构成一个回路，三是连通图且三个节点完全图不是其子图，四是任意两个节点能被唯一的路所连接，五是连通图且具有 $N-1$ 条边且没有简单回路，六是连通的但删掉其任意一条边而不删去与该边相连接的节点后，G 不再连通。生成树核心思想是在 G 中任取一个圈，然后去掉该圈的一条边，如果剩下的图还是连通图，就继续寻找下一个圈并同样去掉其中一条边，经过多次重复操作，直至得到 G 的一个子图，该子图是无圈连通子图，也就是 G 的一棵生成树。

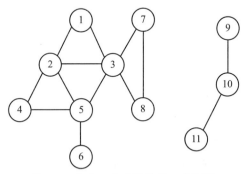

图 3.3　包含两个连通片的不连通图

4. 拓扑学数理基础

根据拓扑学定义，N 维空间 R^N 的一对一连续变换称为 R^N 的拓扑变化，简写为 $x \rightarrow x'$。当 R^N 里的两个图形之一按照 R^N 的拓扑变换到另一个时，说明两个图形在 R^N 里属于同痕。根据定义，可以认为 R^N 空间内的拓扑学就是研究图形对 R^N 的拓扑不变性。图形的内在构造会通过位置影响图形同痕。从一个图形到另一个图形的一对一双方连续映射称为拓扑映射，其中两图形也可以被称为同胚性。设 S 为具有某些性质的元素的集合，假设对集合的一个子集 U 都有对应 R 的子集 U'，使满足下列条件：（1）假设 U 只含一个元素 x，那么 $U' = U$，即 $x' = x$。（2）假设 U 和 V 是 R 的两个子集，那么 $U \cup V = U' \cup V'$。（3）$U'' = U'$，即两次闭包运算的结果等于运用一次的结果（苏步青，2014）。此时，S 为拓扑空间。

如果 $U = U'$，称 U 为闭集，$S - U$ 为开集。如果存在一个开集 U 使得 $x \in U \subset U(x)$，则称 $U(x)$ 为 x 的邻域。所有的 x 的邻域会构成一个邻域系 $U(x)$，具有如下性质：（1）$x \in U(x)$。（2）如果 $U(x)$ 和 $U'(x)$ 是同一点 x 的两个邻域，那么就有 x 的邻域 $U''(x) \subset U(x)$，$U''(x) \subset U'(x)$。（3）如果 $y \in U(x)$，则有 $U(y) \subset U(x)$。（4）对于两个不同的点 x 和 y，存在

$U(x)$ 和 $U(y)$ 使得 $U(x) \cap U(y) = \varnothing$，说明两邻域没有公共点，此时对应的拓扑空间为豪斯道夫空间。

3.3.2 全球增加值有向贸易拓扑网络的构建

如上所述，图论认为图是由若干给定的点和连接两点的直线所构成的图形，其中点代表事物，连线代表相应两个事物之间的某种关系。拓扑学可以通过构建拓扑空间实现事物之间的拓扑映射，并且此种映射不会改变事物之间的位置关系。将图论和拓扑学思想应用于研究全球增加值贸易网络问题，就可以用拓扑图的方式表示节点之间的连接关系，并且此种关系不会因为节点位置、大小及形状变化而改变。因此，在构建全球增加值有向贸易网络拓扑网络过程中，本书可以将国家视为节点，国家间的增加值贸易关系视为节点间的连线，从而用图的方式将其展示出来，并且国家间的增加值联系不会因不同图中国家的位置分布差异而有所改变。根据上述思路，本书构建如下全球增加值有向贸易拓扑网络，即，

$$G = (V, E, w) \tag{3.8}$$

其中，G 为全球增加值有向贸易拓扑网络图，V 是由 $v_i (i = 1, 2, \cdots, N)$ 组成的节点的集合，i 代表国家；E 为国家间增加值进、出口关系对应的连边，w_{ij} 表示连边的权重，代表 i 和 j 国之间增加值进、出口贸易规模。由于国家间增加值进、出口通常不具有对称性，因此 $w_{ij} \neq w_{ji}$，相应地，拓扑图中由 $i \to j$ 和 $j \to i$ 的连线宽度也不同，$w_{i \to j}$ 越大，由 $i \to j$ 的连线越宽。此外，由于复杂网络理论重点分析不同国家间的贸易关系，因此一国内部贸易不考虑，相应图中节点自身没有连线，即 $w_{ii} = 0$。

可以看出，式（3.8）主要基于图的方式定性刻画各国间增加值有向贸易拓扑网络，该法在统计分析与计算方面存在困难。为此，学者常用社会计量方法中的社会矩阵进行分析（Moreno，1934；Moreno & Jennings，1938)[1]。

---

[1] 社会计量学最早研究的是一群人之间积极和消极的情感关系，比如喜欢或不喜欢、朋友或敌人。一个社会网络数据集由人和测量的人们之间的情感关系通常被称为社会计量（Wasserman & Faust，1994）。

　　莫雷诺（Moreno，1934）最早采用社会计量法中研究了纽约市一个由435 人组成的社区的社会图问题，他主要采用社会图而非社会矩阵进行分析。然而社会图的发展存在一定局限，即由于社会图中节点和连线的问题不同造成使用相同数据的研究人员绘制的社会图存在差异。节点和连线位置的随意性制约了社会计量的进一步发展。此后，更多学者采用社会计量中的社会矩阵分析社会关系（Katz，1947；Harary et al.，1965）。除了能克服社会图的固有缺陷外，社会矩阵还能通过"规范"分解（Katz，1947），以便比较观测矩阵和目标矩阵的区别；运用矩阵乘法（Chabot，1950）或重新排列矩阵（Northway，1952）描述和发掘其中的小团体，从而开展进一步的深度分析，因而得到了广泛运用。自此以后，社会计量学和社会网络分析的图论方法之间的界限在该学科的早期历史中开始变得模糊，社会矩阵在社会计量及复杂网络领域中的应用逐渐广泛[1]。

　　概而言之，社会计量法研究的主流方法是采用社会关系矩阵分析复杂拓扑网络，揭示网络中不同节点之间的社会关系。社会关系矩阵中的行和列指的是组成这些关系对的参与者，对应的元素代表节点之间的社会关系[2]。本书可以将式（3.8）中各国间增加值有向贸易拓扑网络图转化为矩阵问题，从而便于统计分析。即将 G 中的国家分别视为矩阵的行和列对象，w 视为行和列对应的矩阵元素（对角元素 $w_{ii}=0$），其中，w_{ij} 和 w_{ji} 分别表示 i 对 j 国增加值出口和从 j 国增加值进口，最终构建各国间有向增加值有向贸易拓扑网络矩阵 $W_{1\leqslant i,j\leqslant G}$。$W_{1\leqslant i,j\leqslant G}$ 中的行和列分别为增加值出口国和进口国，对应元素分别为国家间增加值贸易额（以现价千美元计）[3]。上述拓扑网络及其对应矩阵时间跨度为 1996~2018 年。

----

　　① 事实上，当前大多数关于社会网络方法论的研究论文和书籍都是从社会矩阵的定义开始的。对于大多数社交网络方法，社会计量符号可能是唯一必要的符号，它也是大多数网络分析计算机程序的首选方案。

　　② 二分关系的社会矩阵就是将所讨论的关系的参与者之间的关系量化的邻接矩阵。因此，这种表示法可以被视为对前一节中描述的图论表示法的补充。

　　③ 对角元素 $w_{ii}=0$。

3.3.3 贸易地位指标选取

由于 G 和 $W_{1\leqslant i,j\leqslant G}$ 为增加值贸易有向拓扑网络及其矩阵，其中国家间的增加值进、出口并不对等，增加值不同流向代表不同的经济含义。以 $W_{1\leqslant i,j\leqslant G}$ 为例，其元素 w_{ij} 越大，说明 i 和 j 国之间增加值贸易规模越大，贸易联系越紧密，其中一个极端情况就是在 G 中，只有 i 和 j 国之间有连线，其他国家间没有连线，因此 i 和 j 国就是 G 中具有代表性的国家，即 i 和 j 国对整个增加值有向贸易拓扑网络比较重要。

基于上述思想，本书就可以选择测度指标刻画各国在 G 中的贸易地位，从而揭示不同国家的相对重要性情况。为此，本书主要选取度数中心度、出度中心度和入度中心度（Freeman，1979；Borgatti，2005；Jackson et al.，2017）反映各国在全球增加值有向贸易网络中的中心地位和影响力。对于本书网络，节点度数中心度是由与其直接相连的节点数及其边的权重决定，形式上为出度中心度和入度中心度的加总。其公式为：

$$DEGREE_i = \sum_j w_{ij} = \sum_j w_{ij}^- + \sum_j w_{ij}^+ , \ i\neq j \qquad (3.9)$$

$\sum_j w_{ij}^- = ODEGREE_i$、$\sum_j w_{ij}^+ = IDEGREE_i$ 分别为 i 向 j 节点增加值出口和进口额，代表 i 节点出度中心度和入度中心度，即出口贸易地位和进口贸易地位。$DEGREE_i$ 越大，说明 i 国家的伙伴国范围越广，与其增加值进出口规模越大，i 国家就越居于网络中心位置，对其他国家的控制能力越强。从经济意义看，在全球增加值有向贸易网络中，一国度数中心度越高能间接说明该国在整个 GVC 分工中对其他国家的"影响力"和"控制力"越强，对全球资源获取和利用能力越高，越有可能主导未来全球贸易网络格局演化方向和全球经济秩序的变动趋势。$ODEGREE_i$、$IDEGREE_i$ 经济含义与度数中心度相似，但经济含义有所区别。例如，$ODEGREE_i$ 越大，说明 i 国对伙伴国增加值出口越多，因而其他国家对该国的依赖程度越大，该国对全球贸易网络的供给能力越强。而 $IDEGREE_i$ 则主要反映 i 国对其他国家的依赖程度和供给能力的强弱。

需要说明的是，本书在测度各国贸易地位过程中，主要是从全球网络的国别视角出发，认为一国增加值贸易规模在整个全球贸易网络中的比重越高，说明其对其他国家影响力越大，所控制的资源越多，因而贸易地位相对越高，这一点与一些研究存在明显区别。比如，有研究将出口国内增加值率视为贸易地位衡量指标，其背后的逻辑是认为一国参与国际分工价值增值率的高低能反映分工和贸易地位。实际上本书度数中心度指标测度贸易地位与该思想明显不同，且具备其所不具备的优势。度数中心度主要是从网络整体全局角度刻画节点贸易地位，充分考虑了各国间关系的关联性，因而相比于传统局部贸易地位指标更为科学。传统贸易地位指标如出口产品与世界出口产品平均价格之差、RCA 指数、贸易竞争力指数、可比净出口指数等（施炳展，2010）以及出口贸易指数（邱斌等，2012）均是从局部角度间接反映贸易地位；出口技术复杂度（Lall et al.，2005；马述忠等，2017）、出口产品种类均是从技术水平角度间接反映贸易地位，因为其背后的理论强调技术水平能够决定一国竞争优势，从而影响贸易地位；垂直专业化指数（Hummels et al.，2001；Johnson，2012）、出口国内增加值率、国外增加值率以及 GVC 分工地位指数（Koopman et al.，2010；马述忠等，2017）是从价值链分工位置和增值能力角度刻画分工地位而非贸易地位，且也是从局部角度加以分析。

3.3.4 中国增加值地理重心计算方法

从地图上看，中国与全球各国已不同程度地建立了增加值进、出口贸易联系，不同国家增加值贸易规模不同，因而中国外贸伙伴国在地图中的分布就存在重心问题，实际上该指标反映的是中国外贸的地区分布总趋势或中心区位。如果该指标呈现由西向东变动趋势，就说明中国的贸易伙伴国分布中心具有向东演进变化趋势，这在一定程度上能够反映出中国外贸政策的整体布局和战略导向。参考相关研究，本书采用加权平均重心测度中国增加值贸易地理重心。假设在全球 132 个国家中，中国对各国增加值贸易规模为 W_i，地理坐标（经纬度）为 (x_i, y_i)，则中国增加值贸易地

位重心坐标为 (X,Y)。其中，$X = \dfrac{\sum\limits_i W_{i,xi}}{\sum\limits_i W_i}$，$Y = \dfrac{\sum\limits_i W_{i,yi}}{\sum\limits_i W_i}$；其中 X、Y 分别为中国增加值贸易重心的经、纬度，x_i、y_i 分别为贸易伙伴国的经、纬度（以首都代表），W_i 为贸易额权重。具体计算过程主要采用 ArcGIS 软件空间统计工具实现。

3.3.5 全球 Top3 等级增加值贸易支撑网络构建与网络结构指标选取

1. Top3 等级增加值贸易支撑网络构建

考虑到 G 是从全球整体层面反映各国间增加值进出口贸易关系，而各国间存在规模不等的增加值贸易，因此此种网络通常较为密集，难以反映不同国家尤其是主要国家与非主要国家、发展中国家与发达国家间价值链贸易的相互依赖与支撑程度的高低。原因在于：同一双边贸易关系对双边国家并非同等重要，全球贸易网络中存在大多数发展中国家严重依赖于少数主要国家开展增加值贸易的情形，这意味着特定顶级贸易关系虽然对于主要国家可能无足轻重，但对相应的发展中国家却相对重要。以中国为例，在中老贸易关系中老挝可能并非中国重要的贸易伙伴，但中国却可能是老挝最重要的贸易伙伴之一，因此中老贸易关系对老挝可能相对更加重要，因为老挝对中国的依赖程度更高，中国在老挝贸易关系发展中起到很强的支撑作用。因此，有必要通过构建全球顶级贸易网络方式揭示不同国家之间贸易相互支撑情况。

为此，在 G 的基础上，本书参考周等（Zhou et al.，2016），采用国家贸易关系的大小进行排名，构建 Top3 等级增加值贸易网络 G^3，以分析不同国家间贸易依赖与支撑格局。具体方法如下：首先，对于 i 国家，本书按数量对其与其他国家的贸易关系进行排名，其次，本书只保留排名前 3

的贸易关系[①]。排名第 1 的网络只包括每个国家与其他国家最重要的贸易关系，排名第 2 和第 3 网络贸易关系重要性依次下降[②]。最后，将所有国家的前 3 伙伴国都做相似处理，即当且仅当其伙伴国贸易额位居 i 前 3 位时，Top3 等级增加值网络对应元素才取 1，否则取 0。不难看出，Top3 等级增加值贸易网络的优点在于既能克服 G 中节点连边较为密集的情况，又能保留全部样本国家，更能从整个网络中提取最重要的联系，因而能科学反映全球增加值贸易网络中国家间的相互依赖关系与支撑格局。

2. 网络结构指标

由于 G^3 网络节点数、边数和网络密度在不同年度维持不变，本书主要选取网络密度、聚类系数、平均路径长度和网络直径刻画该支撑网络结构特征。聚类系数是衡量节点如何通过嵌入其邻居当中从而形成局部集聚的指标（Lusher et al.，2013），公式为：

$$CLUSTER = \frac{1}{N} \sum_{i=1}^{N} \frac{E_i}{DEGREE_i(DEGREE_i - 1)} \qquad (3.10)$$

其中，E_i 为 i 节点的所有邻居之间的连边数。$CLUSTER$ 越大说明节点间形成小团体概率越高，网络融合程度越高。平均路径长度指网络任意两节点之间最短路径的平均值。即，

$$APL = \frac{\sum_j \sum_{i \geq j} \min\{d_{ij}\}}{\frac{1}{2}N(N-1)} \qquad (3.11)$$

其中，$\min\{d_{ij}\}$ 为 i、j 节点间最短路径数。APL 越小说明节点越容易通过较少节点与另一节点建立联系，因此可从侧面反映网络通达性越高。在本书网络中，APL 如果越来越小，说明全球价值链分工越来越趋于区域化和本地化，国家间增加值贸易越倾向于在局部或区域贸易集团内部进行。网络

---

① 此处主要考虑分析的简化性和有效性。

② 排名第 1 的网络比排名第 2 和第 3 的网络包括更少的贸易联系，而且平均包含更重要的贸易关系。本书选择的标准越高，产生的网络所拥有的重要性就越高。为提取网络中最重要的骨干关系，本书主要考虑排名前 3 的等级贸易网络关系。

直径 D 是指网络中节点之间最大连边数，反映节点通过多少连边才能建立与其他节点的路径长度。其公式为：

$$D = \max\{d_{ij}\} \tag{3.12}$$

3.4　本章小结

本章 3.1 节主要从不同国家数据缺失情况、国家领土完整性以及统计口径变动等角度选取了全球 132 个国家或地区作为研究样本，时间跨度定为 1996 ~ 2018 年。研究样本覆盖亚洲 42 个国家，欧洲 37 个国家，北美洲 13 个国家，南美洲 11 个国家、大洋洲 2 个国家以及非洲 27 个国家。3.2 节基于涵盖范围较广的 UNCTAD 和联合国贸易统计数据，先将本书研究样本划分为两大类。一类是 SUT 划分部门均为 26 个部门的 69 个国家，构建部门层面的出入投入产出表。另一类是部门划分超过 26 个且数目不等的其余 63 个国家。基于 UNCTAD - Eoran 划分标准，并结合 SUT、CIOT 以及 CSUT 表，划分为第二类，按照 HS2003 编码，各国相应产品大类粗略分为三大产业，然后构建产业层面投入产出表。其次，采用 RAS 法建立各国间最终需求与最终投入之间的贸易关系，根据各部门中间投入和总投入等于其中间使用和总产出的约束条件，进行平衡与迭代，当迭代误差低于 0.005 时停止平衡。然后最终得到 1996 ~ 2018 年年度可比的跨区域投入产出平衡表。最后，利用 KWW 法测算各国间增加值进口和出口。

3.3 节首先从图论和拓扑学思想角度切入，介绍图论与拓扑学数据基础及其基本性质，然后利用上述思想并结合上节测算数据，构建全球增加值贸易拓扑网络，并采用社会计量矩阵从数理上刻画国家间增加值贸易情况。其中，图论核心思想在于通过构建拓扑空间将经典的柯尼斯堡问题转化为欧式空间的几何求解，此种拓扑转换使用点或线描述多个物体的实际位置与关系。拓扑学主要强调一定范围内当几何体发生形变后，物体之间的连接关系不会改变。拓扑图可分为无权图、加权图、无向图和有向图四种基本类型。拓扑图背后的理论逻辑可用数学方式表示，其核心在于拓扑空间的转换。其次，考虑到图论和拓扑学思想难以从数理上分析网络中各节点影响力大小，本节结合社会计量法中的社会关系矩阵分析复杂拓扑网络，并选取复杂网络中的度数中心度和入度及出度中心度度量贸易地位，同时指出中心度相比于传统指标的优势。网络中节点的度数中心度是由与其直接相连的节点数及其边的权重决定，主要节点在网络中的中心地位高低和影响力大小。度数中心度越高说明节点越居于网络的中心位置，对其他国家的控制能力越强。将该理论应用于本书网络，一国度数中心度越高说明其在全球分工中的影响力越大，对其他国家的控制能力越强，越有可能主导整个全球贸易网络体系和经济秩序的变动方向。再次，从地理层面介绍中国增加值外贸地理重心的计算方法。最后，根据各国贸易伙伴国的增加值贸易的相对排名构建 Top3 等级增加值贸易支撑网络，并介绍反映该网络结构的平局聚类系数、平均路径长度和网络直径。

第4章 全球增加值贸易网络演变 及区域主要国家贸易地位比较

在第3章构建全球增加值有向贸易拓扑网络、选取贸易地位测度指标、阐述中国增加值外贸地理重心测度方法、提取Top3顶级增加值贸易支撑网络并介绍网络结构性指标后，本章4.1节从整体角度绘制并分析1996～2018年全球增加值有向贸易拓扑网络结构动态演变，并阐述其背后的经济含义。4.2节分析各国增加值贸易地位整体分布变动情况，从而挖掘其背后的演化规律。4.3节先从区域角度比较了"一带一路"沿线国家与非"一带一路"沿线国家增加值贸易地位相对大小及其变动趋势，然后重点从亚洲、欧洲和北美区域主要国家方面分析中国、德国和美国等主要国家总体、出口、进口增加值贸易地位的动态变化特征，从而揭示不同区域集团主要国家对全球资源的控制能力动态演变。进一步地，该部分也从行业角度比较中国、德国和美国在制造业、服务业和农业增加值贸易地位的相对大小及其变化，从而分析主要国家对不同行业的全球影响力。4.4节用ArcGIS技术分析中国增加值外贸地理重心的演化轨迹如何变动，并简要分析其背后可能的政策导向。4.5节从Top3顶级关系角度分析全球增加值贸易支撑网络结构变动、中国、德国和美国对全球各国增加值贸易的支撑情况变化以及该支撑网络内部结构如何变动，其中重点比较了主要国家对"一带一路"沿线国家与非"一带一路"国家的贸易支撑面的相对大小及其变化趋势。4.6节从全球多边治理格局、增加值贸易地位与GVC分工利益、"一带一路"区域价值链等多个角度进一步讨论了本节主要特征事实背后的经济含义。4.7 节是本章小结。

4.1　全球增加值贸易网络拓扑结构演变

4.1.1　整体拓扑结构演变

根据式（3.8），本书利用弗鲁赫特曼和雷因戈尔德（Fruchterman & Reingold，1991）以及德诺伊等（De Nooy et al.，2011）引力有向算法以及 Gephi 软件，测算并绘制了 1996 年、1999 年、2009 年、2013 年和 2018 年全球增加值有向贸易拓扑网络，如图 4.1（a）~（e）子图所示。从（a）子图可以看出，1996 年全球增加值有向贸易拓扑网络连边比较稀疏，多数节点颜色偏浅，但有几个节点颜色较深，分别是美国、德国、法国、荷兰、日本、英国、比利时和加拿大等，这些国家对应的节点颜色明显深于其他国家，并且网络中主要的连边集中于这些国家之间，这表明期初全球增加值贸易网络体系是由美国、德国、法国、荷兰等少数欧美发达国家主导，这些国家在很大程度上决定了整个 GVC 分工和增加值贸易网络的演进方向和发展趋势，而包括中国在内的绝大多数发展中国家和欠发达国家则居于网络的从属或边缘位置，主要围绕少数欧美发达国家开展增加值贸易。（b）子图中，1999 年网络基本分布格局及主导国家没有发生根本性变动，期初时的美国、德国、荷兰、日本、法国和比利时等国家颜色依旧深于其他国家，其中美国和德国颜色加深明显，中国颜色依旧偏浅，网络连边依旧主要集中于少数欧美发达国家，这说明在 1998 年金融危机后，一方面，前期由少数欧美发达国家占据全球增加值贸易网络的主体分布格局的基本态势没有根本性改变，多数发展中国家及欠发达国家仍旧围绕这些国家开展增加值贸易，另一方面，由于各国要素禀赋及技术水平差异，各国在 GVC 分工中的位置相对稳定，多数发展中国家仍旧处于低附加值分工环节。因此，可以认为，全球增加值贸易网络体系具有其内在的稳定性和等级性，并且此种特征不会在短期内产生实质性变化。（c）子图中，2009年网络分布格局发生明显变化，其中较为明显的特征是美国节点颜色加深，而中国、新加坡和西班牙节点形状明显变大，颜色也有所加深，特别是中国明显加强了与德国、美国之间的贸易联系，上述变化促使网络中主要国家的范围趋于扩大，全球增加值贸易网络的"多极化"分布态势得以初步显现。2008年金融危机后，前期英国、荷兰、比利时等少数欧洲国家由于相对减少了与伙伴国间的增加值贸易，而中国与伙伴国之间的增加值贸易变动相对不大，促使其节点颜色明显加深，中国逐渐由金融危机前的网络的非核心区域逐渐趋近核心区域。此种变化特征既表明尽管国际金融危机系统冲击了全球增加值贸易网络，致使其发生了一定程度变化，但中国在全球增加值贸易网络中的相对地位并未因此而下降，反而趋于上升并趋近核心位置，中国开始逐渐成为全球贸易网络体系中的重要组成部分。（d）子图中，2013年网络中的主要国家范围有所缩小，由前期8个国家缩小至美国、德国和中国3个，次中心国家范围相对不变，依旧是法国、荷兰、英国、日本和比利时等国家，这意味着该时期全球增加值贸易网络结构已不再是前期的发达国家占据主导，或者是由美国为核心、英国、法国、日本和比利时等为次核心的分布格局，而是逐渐转向以美国、德国和中国为核心的"多极化"分布态势。上述演变态势可能与"一带一路"倡议的提出有关。自"一带一路"倡议提出后，中国采取次区域合作、经济走廊、国际大通道、产业园区等非制度性合作新方式，积极与不同发展水平沿线区域国家寻求经贸合作，这进一步促进了其在区域贸易地位的提升，也间接扩大了沿线区域国家在全球增加值贸易网络中的影响力。（e）子图中，2018年网络整体变化特征得以强化，结构更趋复杂，呈现以美国、德国和中国为核心，法国、荷兰、比利时、意大利为次中心的"多极化"分布格局。GVC分工的深化促使许多国家越来越多地参与GVC贸易中，这在一定程度上促成了全球贸易网络"三足鼎立"结构的形成与发展。值得注意的是，1996～2018年，中国在全球增加值贸易网络体系中的角色发生明显变化，从期初的边缘国家逐渐趋近中心国家最终演变为中心国家，其地位逐渐得到巩固，甚至在很大程度上将主导未来全球增加值贸易网络体系的演进方向与发展态势,这意味着世界越来越离不开中国,其他国家对中国的经贸依赖日趋加深,中国在全球经贸合作中的作用举足轻重。

上述结论经济含义在于:一是全球增加值贸易网络结构演变蕴含全球供应链、产业链和价值链正在发生深刻调整,未来调整的方向是以美国为中心的北美产业链和价值链,以德国为中心的欧洲产业链和价值链以及以中国为中心的亚洲产业链和价值链(裴长洪和刘怀愧,2020)。三大区域价值链的联系为亚洲与北美和欧洲形成垂直型供应链关系,而北美与欧洲形成水平型供应链关系(裴长洪和刘怀愧,2020)。全球产业链和价值链的调整主要源于三方面因素:(1)中国自身要素成本上升和部分产品生产环节比较优势的弱化;(2)技术变革造成的国际贸易发展阶段的转变,即全球贸易正由以 20 世纪 70 年代左右开始的价值链贸易为代表的第二阶段转向以数字贸易为主要特征的第三阶段;(3)全球经贸体系中美国角色转变,其日趋由全球化的推动者和维护者向破坏者转变,美国角色的转变直接影响到价值链贸易的全球分布格局。二是以少数发达国家为主导向以德国、中国和美国为中心的贸易格局的转变凸显 GVC 分工的多极化与增加值贸易的区域化、集中化特征的加强,德国、中国和美国等主要国家基本主导了全球增加值贸易网络格局的演化方向,而其他多数发展中国家对主要国家形成的贸易依赖维持稳定。三是主要国家间贸易联系明显高于非主要国家体现不同贸易地位国家在贸易利益获取方面的非对称性,这种非对称性要求多数发展中国家及欠发达国家迫切需要通过深度参与 GVC 分工,从而强化与主要国家如中国间贸易联系,在 GVC 分工与贸易中提升自身贸易地位,获取更多贸易利益,从而获得更多经贸规则话语权,避免自身陷入边缘甚至孤立位置。四是全球增加值贸易网络不仅反映了各国之间直接和间接地增加值贸易流动关系,还揭示了各国在 GVC 分工中的生产协作和竞争关系,不同国家间增加值贸易联系的相对紧密程度在一定程度上反映了不同贸易集团之间在 GVC 分工中的贸易竞争与互补关系。

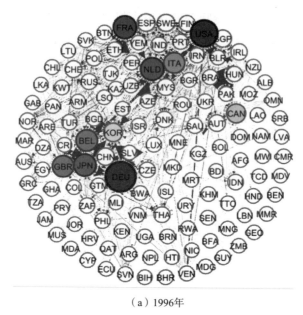

（a）1996年

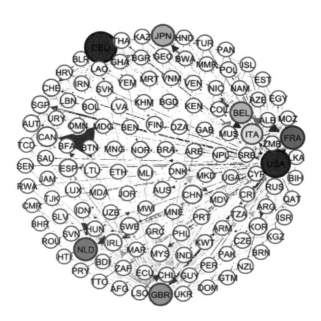

（b）1999年

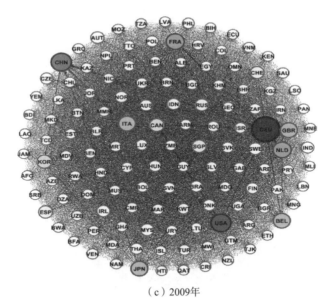

（c）2009年

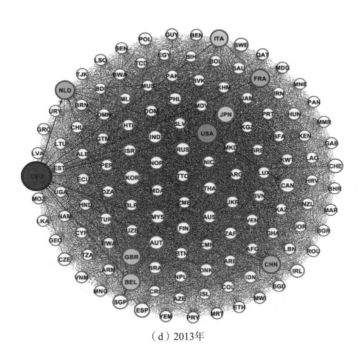

（d）2013年

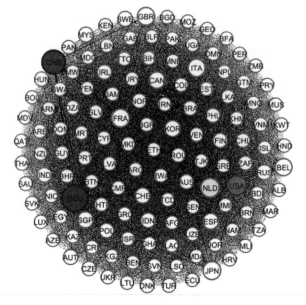

（e）2018年

图4.1　代表性年份全球增加值贸易拓扑结构

注：各图均按 Fruchterman Reingold 布局，采用 Gephi 0.9.2 绘制而成；
各国节点越大，代表中心度越高；颜色越深，说明与其他节点增加值贸易联系越多。

4.1.2　各国贸易地位整体分布变动

为进一步考察各国在全球增加值有向贸易网络中的地位分布动态演化情况，本书绘制了代表性年份各国度数中心度的核密度分布，如图 4.2 所示。从中可以发现，不同时期各国度数中心度均呈现不均匀的"幂律"分布特征，即多数低中心度国家更倾向于与少数高中心度国家开展 GVC 分工和增加值贸易。这意味着多数低中心度国家主要是围绕少数高中心度国家开展国际分工与增加值贸易，这些国家由于在整个全球增加值贸易网络中居于从属甚至边缘位置，因而其地位随着时间演化没有发生大幅度根本性改变。具体而言，2003 年度数中心度分布曲线呈现右偏、尖峰和短右尾形状，峰值较高，表明仅有少数如德国、中国、美国、意大利和荷兰等国家居于分布曲线右端，其贸易地位相对较高，而其他多数国家分布于分布曲线左端，贸易地位相对偏低。随着时间推移至 2008 年和 2018 年，分布曲线基本形态没有发生根本变化，仍呈现明显右偏状，但峰值逐渐下降、尖峰逐渐变宽且右尾逐渐右移，这表明随着时间推移，各国贸易地位并非一成不变，而是呈现动态演化特征，此前少数高中心度国家贸易地位得到进一步巩固和提升，多数低中心度国家贸易地位也有所攀升。此外，各国贸易地位呈现的"幂律"分布特征从侧面说明全球增加值贸易网络并非随机产生，而是 GVC 分工与价值链贸易的结果。从经济含义角度看，不同时期各国增加值贸易地位"幂律"分布具有相对稳定性既反映出全球贸易网络结构基本维持稳定的"核心—边缘"等级结构，也间接折射出不同贸易地位国家贸易利益分配的不平等性，且此种不均等分配格局在短期内没有发生根本性变化，少数高中心度国家攫取了 GVC 贸易中的大部分贸易利益。

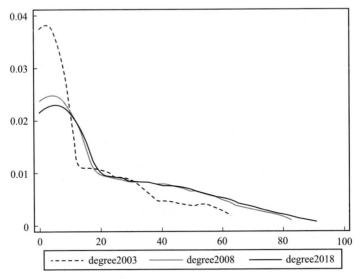

图 4.2　主要年份各国度数中心度核密度分布

4.2 不同区域及主要国家贸易地位比较

4.2.1 "一带一路"与非"一带一路"沿线国家贸易地位

分析"一带一路"沿线国家贸易地位变化情况，并将其与非"一带一路"沿线国家作比较，对考察不同区域贸易网络基本格局，识别各区域对全球资源控制能力强弱，进而增强"一带一路"沿线国家经贸规则话语权，提升国际分工地位意义重大。首先，共建"一带一路"倡议是顺应经济全球化发展趋势的重要倡议，是开放包容、互利共赢的重大倡议。其次，共建"一带一路"倡议所体现的价值观和发展观符合沿线国家人民渴望共享发展机遇的强烈愿望和创造美好生活的热忱期待。最后，"一带一路"沿线国家多为发展中国家，其贸易地位相对不高，在国际分工中的地位和经贸规则话语权相对较低，亟须通过提升国际分工地位，扩大其在区域内以及全球中的国际影响力和控制力。事实上，GVC 分工的短链化、本土化和区域化趋势逐渐凸显区域价值链的重要性和迫切性。而实现上述目标的前提是厘清"一带一路"沿线国家贸易地位如何演变，并分析其与非"一带一路"国家的差距。图 4.3 绘制了 1996~2018 年"一带一路"与非"一带一路"沿线国家度数中心度及相对地位变化情况①。从中可见，总体上，"一带一路"沿线国家度数中心度明显低于非"一带一路"沿线国家，前者上行趋势比较平稳而后者攀升波动较大，且前者贸易地位逐渐趋近后者。这说明"一带一路"沿线区域贸易地位总体偏低但上升态势向好，对

---

① 根据"一带一路"网，将本书样本中 60 个国家作为子样本，这些国家为：AFG、ALB、ARM、AZE、BHR、BGD、BLR、BTN、BIH、BRN、BGR、KHM、CHN、HRV、CZE、EGY、EST、GEO、HUN、IND、IDN、IRN、ISR、JOR、KAZ、KWT、KGZ、LAO、LVA、LBN、LTU、MYS、MDV、MNG、MNE、MMR、NPL、OMN、PAK、PHL、POL、QAT、MDA、ROU、RUS、SAU、SRB、SGP、SVK、SVN、LKA、TJK、THA、MKD、TUR、UGA、ARE、UZB、VNM 和 YEM。

全球资源的控制力和影响力逐渐扩大。分阶段看，1996～2007 年，"一带一路"沿线国家度数中心度稳步上升，2008 年金融危机带来一定冲击致使度数中心度出现短暂下降。其中，由于"一带一路"沿线国家度数中心度下降相对较快，致使其与非"一带一路"沿线国家相对位置由 2007 年 0.404 降至 2009 年 0.383，说明 2008 年金融危机对"一带一路"沿线国家贸易地位的冲击相对更大，其对金融危机的外部抵御能力弱于非"一带一路"沿线国家。2010 年后"一带一路"沿线国家贸易地位又开始逐渐波动上升。从相对位置看，相比于非"一带一路"沿线国家，由于"一带一路"沿线国家度数中心度上升较快且稳定性较高，相对位置折线从 1996 年 0.246 波动升至 2018 年 0.533，说明"一带一路"沿线国家贸易地位总体趋于上升与非"一带一路"沿线国家间差距逐渐收窄，因而其对 GVC 分工及贸易网络控制能力趋于增强。

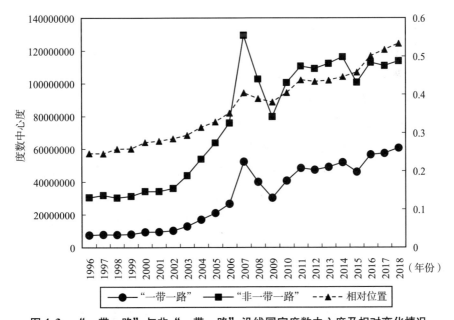

图 4.3　"一带一路"与非"一带一路"沿线国家度数中心度及相对变化情况

注：图左纵坐标为度数中心度，右纵坐标为"一带一路"与非"一带一路"沿线国家度数中心度相对大小。

4.2.2　中国、美国、德国贸易地位变动比较

由前述分析可知，全球已形成以德国、中国和美国为核心的贸易网络体系，此三国在欧洲、亚洲和北美区域集团中占据主导地位，因而其贸易地位的相对变动不仅会影响到区域集团内部各国贸易地位的相对强弱，也会影响到全球贸易网络格局的演变方向。为此，本节主要从亚洲、欧洲和北美区域集团角度分析中国、德国和美国贸易地位的变动情况，同时也对其他国家贸易地位分布变动进行阐述。根据式（3.9），本书测算了1996～2018年各国度数、出度和入度中心度，表4.1～表4.3分别报告了贸易地位、出口贸易地位和进口贸易地位排名前10位国家的分布情况①。从中可以得出主要结论：在全球增加值贸易网络演变过程中，各国增加值贸易地位并非均等，而是呈现"分布不均、升降并存"的分布特征，其中德国始终居于世界第1，中国和美国逐步稳定在前3的核心位置，而多数国家增加值贸易地位相对较低。换言之，中国、德国和美国是全球增加值贸易网络中贸易地位相对最高的国家，基本形成"三足鼎立"发展格局。表4.1中1996年，德国、美国和法国度数中心度排名前3，其后分别是荷兰、日本、英国、比利时、意大利、加拿大和韩国，而中国尚未进入前10名，其他122个国家度数中心度排名相对更低②，说明期初全球增加值贸易网络主要由德国、美国和法国等少数欧美发达国家主导，中国居于网络非核心位置。1999年度数中心度排名前3国家没有改变，中国取代韩国居于第10，其余如荷兰、英国、日本等国家位置相对稳定，尚未发生明显变动，居于其中。其中，日本在2007年贸易地位排名仅居于中国之后列居第4，但仍高于全球绝大多数国家。2008年金融危机后，排名前列的国家分布情况发生明显变化，2011年中国排名超过美国攀升至第2，其后与德国和美国一起成为排名前列的核心国，逐渐主导全球增加值贸易网络的演变方

---

① 篇幅所限，其余排名居于中间的国家未报告，留存备索。
② 表中未显示，下同。

向。2015～2018 年，德国、中国和美国贸易地位位居前 3，其次是荷兰、日本和法国等国家，其余国家贸易地位相对次之。其中，荷兰贸易地位基本维持在第 4 位，日本和法国贸易地位有升有降，分别列第 5 位、第 6 位。

表 4.1　　　　　　　　　主要年份贸易地位排名前 10 国家

排名	1996 年	度数中心度	1999 年	度数中心度	2007 年	度数中心度	2009 年	度数中心度
1	DEU	332736909.7	DEU	346108483.3	DEU	1466110728	DEU	1022145383
2	USA	260064499.8	USA	279113596.1	USA	1344954303	USA	553978722.3
3	FRA	177777891.4	FRA	182356519	CHN	840467444	NLD	444360084.7
4	NLD	170575590.9	NLD	173976316.9	JPN	740945788	CHN	439736305.2
5	JPN	161333504.8	GBR	160335996.3	FRA	729865960.9	FRA	431363498.1
6	GBR	146115947.6	JPN	148599442	GBR	681008494	BEL	371672748.3
7	BEL	145194308.2	BEL	144658593	ITA	575289910.6	GBR	370667077.4
8	ITA	127653305.5	ITA	127666787.8	NLD	450253630	ITA	344878353.5
9	CAN	96456347.7	CAN	112842038.3	BEL	360371511.2	JPN	322692155.6
10	KOR	86555405.7	CHN	81542227.6	RUS	329118850.8	CAN	205403618.6

排名	2011 年	度数中心度	2015 年	度数中心度	2016 年	度数中心度	2018 年	度数中心度
1	DEU	1395005413	DEU	1169706112	DEU	1492922923	DEU	1539147811
2	CHN	773547583.1	CHN	747222354	CHN	1073416660	CHN	1171107700
3	USA	762599557.2	USA	690398451	USA	706440053	USA	721276060
4	NLD	576915902.9	NLD	553976199.7	NLD	632027994	NLD	643877970.4
5	FRA	567585711.5	FRA	527640834.3	FRA	558237896	JPN	545383789
6	JPN	517110771	GBR	466179470.8	JPN	527477996	FRA	544816130
7	GBR	490912457.1	BEL	454923924.1	GBR	525052360	GBR	517991733
8	BEL	468440559.7	JPN	433031634	ITA	469827175	ITA	479912649.7
9	ITA	465304369.8	ITA	429887144.3	BEL	466266229.6	BEL	463033340
10	KOR	347065220.3	KOR	327595735	CAN	322159965.3	CAN	343922482.7

注：表中结果用 R4.0 计算整理得到，下同。

上述特征表明各国增加值贸易地位会随着全球增加值贸易网络的演变而变化，而德国、中国和美国等主要国家地位逐渐稳固，绝大多数国家贸易地位明显偏低。总体而言，在全球增加值贸易网络中，德国、中国和美国贸易地位相对高于其他多数国家，德国和美国主要凭借其在高级要素方面具有的比较优势从事 GVC 分工的高附加值环节，因而其与伙伴国之间的增加值贸易规模更大，中国主要凭借要素禀赋优势参与国际分工，利用规模优势促进增加值贸易的迅速扩张，逐渐由非主要国家转变为举足轻重的主要国家，其他多数发展中国家和欠发达国家的增加值贸易地位相对偏低，明显制约了其国际分工地位的进一步攀升与国际经贸话语权的扩大。

4.2.3　中国、美国、德国出口贸易地位变化比较

从表 4.2 主要年份出口贸易地位排名前 10 国家分布情况看，2007 年之前，排名前列的国家主要是美国、德国、日本、法国、英国和意大利等发达国家，中国大体排在第 8~9 位，尚未进入主要国家行列。与总体贸易地位有所不同，1996~1999 年除德国和美国外，日本贸易地位稳定居于世界第 3，说明日本是仅次于德国和美国外的第三大贸易国，其对全球贸易网络格局的影响力远超其他国家。其后，由于中国出口地位攀升较快，排名前列国家位次开始发生变化，由前期分布转向德国、美国和中国为核心的分布格局，中国出口贸易地位逐渐由 1999 年第 8 先升至 2007 年第 3，其后至 2011 年基本维持主要国家位置，然后在 2015 年取代德国，贸易地位位居世界第 1，成为全球第一大出口国。2009 年后排名前列的国家与总体贸易地位分布基本一致，而 2011 年中国出口贸易地位位居第 3，不及总体贸易地位排名，2018 年德国、中国和美国成为全球最大的出口贸易中心国，三国成为全球最大的产品和服务（简称"产品"）供给国。2018 年中国与德国和美国成为全球出口贸易网络中主要国家，其余国家如日本、英国、法国、意大利、荷兰、俄罗斯和韩国等出口地位相对次之，位居主要国家之外的位置。

上述分析表明，全球增加值出口贸易网络中核心供应国并非一成不

变，而是呈现由前期美国、德国和日本为主导向中国、德国和美国为核心的分布格局转变。一方面，中国已成为全球最重要的产品和服务供给国，中国出口贸易地位对于维持全球贸易增长与经济繁荣具有举足轻重的地位。另一方面，世界各国越来越依靠中国的产品和服务出口才能更好促进自身的经贸发展，世界各国对中国的依赖程度在加强。张海燕（2013）强调中国与美国和德国均是全球附加值出口大国，对全球经贸发展都具有非常重要的作用。

表 4.2　　　　　　　　主要年份出口贸易地位排名前 10 国家

排名	1996 年	出度中心度	1999 年	出度中心度	2007 年	出度中心度	2009 年	出度中心度
1	USA	197828238.4	USA	214506569.9	DEU	488704186	DEU	435674314
2	DEU	156858123.3	DEU	154706239.4	USA	448318621	USA	407539281
3	JPN	118747517.9	JPN	107717576.6	CHN	280156438	CHN	276259559
4	FRA	88137269.5	FRA	90532629.2	JPN	246982706	FRA	219292592.2
5	GBR	73379769.5	GBR	87024022.7	FRA	243288825.3	JPN	215110223
6	ITA	65883407.9	ITA	64200177.3	GBR	227003103	GBR	193413618
7	NLD	59372074.7	NLD	59770472.6	ITA	191763431.2	ITA	170236525.6
8	BEL	42128574.8	CHN	48747629.9	NLD	150084648	NLD	139621431.2
9	CHN	36471172.5	BEL	43564191.8	BEL	120123955.4	BEL	114685022.4
10	CHE	31356315.4	CHE	30569472.6	RUS	109706554.6	RUS	109182387.1
排名	2011 年	出度中心度	2015 年	出度中心度	2016 年	出度中心度	2018 年	出度中心度
1	DEU	596542122	CHN	492170336	CHN	776442190	CHN	884670050
2	USA	540320361	USA	487357455	DEU	610347363	DEU	620468721
3	CHN	451057906	DEU	467567838	USA	503969851	USA	535690771
4	JPN	331705631	GBR	265620555	JPN	327588206	JPN	331295283
5	FRA	287256165	FRA	261186021	FRA	254629266	GBR	243064413
6	GBR	253534571	JPN	247932975	GBR	241318900	FRA	230093244
7	ITA	225620504.7	ITA	199431167.9	ITA	214117842	ITA	190212078.7
8	NLD	180105019.9	NLD	172900006.7	NLD	182099164	NLD	184579270.4
9	RUS	176236826.7	RUS	172852005	RUS	166026720	RUS	153744965
10	BEL	150322739.1	BEL	141495801.1	BEL	140006179.6	KOR	144632885.1

4.2.4　中国、美国、德国进口贸易地位变化比较

从表 4.3 主要年份进口贸易地位排名前 10 国家分布情况看,期初德国、荷兰、比利时和法国是全球进口贸易网络中的主要国家,而中国进口贸易地位列居前 10 以外,不及排名靠后的新加坡,此种排名分布与总体和出口贸易地位分布存在明显差异,这主要体现在荷兰和比利时等排名相对靠前,而非美国和日本。1999 年排名前 10 国家分布与期初大体一致。其后至 2007 年,德国、美国和中国进口贸易地位排名前 3,而金融危机后,中国进口贸易地位降至期初位置,其后至 2011 年升至第 3 列居主要国家位置,其后逐渐下降,分别在 2015 年降至第 5,然后 2018 年降至第 6。因此,考察期间,中国进口贸易地位总体呈现先上升后波动下降变化趋势。2018 年全球进口贸易网络中的主要国家与期初相似,德国、荷兰、比利时和法国为主要国家,而中国则位居主要国家之外。2018 年排名前 3 的国家与总体贸易和出口贸易地位分布截然不同,德国依旧位列第 1,但美国和中国已不再居于前二、三位,二者分别由荷兰和比利时取代,而中国进口贸易地位相对较低,不及法国和意大利,仅列居第 6 位,后者说明中国并非全球最大的产品需求国;其余国家在总体贸易、出口和进口贸易网络中的地位在不同年度呈现阶段性变化。2018 年,进口贸易网络中排名第 3 的比利时,在总体贸易网络中地位基本介于第 7~9 位,出口贸易地位排名在第 9 位和第 10 位徘徊。考察期内全球增加值进口贸易网络主要国家分布变动特征表明,德国、荷兰和比利时是全球相对重要的产品和服务需求国,中国仅在部分阶段发挥了重要需求大国作用,而美国进口地位明显偏低。值得注意的是,中国的进口贸易地位主要集中在 2008 年金融危机发生前后的一段时期,而其余阶段则明显偏低,这从侧面说明在应对全球金融危机引致的全球需求疲软的情形下,中国发挥了重要的维持全球经贸稳定作用。

表 4.3　　　　　　　　　　主要年份进口地位排名前 10 国家

排名	1996 年	入度中心度	1999 年	入度中心度	2007 年	入度中心度	2009 年	入度中心度
1	DEU	175878786.4	DEU	191402243.9	DEU	977406542	DEU	586471068.6
2	NLD	111203516.1	NLD	114205844.2	USA	896635682	NLD	304738653.5
3	BEL	103065733.4	BEL	101094401.2	CHN	560311006	BEL	256987725.9
4	FRA	89640621.9	FRA	91823889.9	JPN	493963082	FRA	212070905.9
5	GBR	72736178.1	CAN	85400737.3	FRA	486577135.6	GBR	177253459.4
6	CAN	70859283.1	GBR	73311973.6	GBR	454005391	ITA	174641827.9
7	USA	62236261.4	USA	64607026.2	ITA	383526479.4	CHN	163476746.2
8	ITA	61769897.6	ITA	63466610.5	NLD	300168982	USA	146439441.3
9	KOR	61013088.2	SGP	51001377.8	BEL	240247555.8	SGP	141474241.6
10	SGP	53377628.2	JPN	40881865.5	RUS	219412296.2	CAN	138532986.7
排名	2011 年	入度中心度	2015 年	入度中心度	2016 年	入度中心度	2018 年	入度中心度
1	DEU	798463291	DEU	702138274	DEU	882575560	DEU	918679090
2	NLD	396810883	NLD	381076193	NLD	449928830	NLD	459298700
3	CHN	322489677.1	BEL	313428123	BEL	326260050	BEL	331890990
4	BEL	318117820.6	FRA	266454813.3	FRA	303608630	FRA	314722886
5	FRA	280329546.5	CHN	255052018	CHN	296974470	ITA	289700571
6	ITA	239683865.1	ITA	230455976.4	GBR	283733460	CHN	286437650
7	GBR	237377886.1	KOR	213375696	ITA	255709333	SGP	279041618
8	KOR	231157050.8	SGP	210388983.4	SGP	254475558	GBR	274927320
9	USA	222279196.2	USA	203040996	CAN	222480620	CAN	255742053
10	SGP	215754091.2	GBR	200558915.8	USA	202470202	JPN	214088506

　　从另一个角度看，中国进口贸易地位相对偏低与进口结构有关。裴长洪和刘洪愧（2020）研究指出，中国制成品进口中只有高技能电子产品零部件比重在上升，而其他产品在下降，这说明我国在核心零部件上的供给能力存在欠缺，只得依靠国外进口满足国内需求。上述分析表明德国、中国和美国在全球增加值贸易、进口和出口网络中地位均呈现动态变化，且

相对位次存在明显差异，中国增加值贸易地位的攀升主要依靠出口贸易地位的快速上升，其进口贸易地位相对较低。中国虽然是全球最大的产品和服务供给国，但并非最大的产品和服务需求国，其在全球增加值贸易网络中的核心地位主要由增加值出口规模的快速扩张引致，而非增加值进口，这也意味着中国增加值贸易地位的攀升主要依靠出口，而非出口与进口并重，在未来一段时期，中国增加值贸易地位存在进一步攀升的空间和潜力。

4.3 中国、美国、德国三大产业贸易地位变化比较

4.3.1 中国、美国、德国制造业贸易地位变化比较

在从总量角度分析主要国家总体、进口和出口贸易地位变化情况后，本书进一步将1996～2018年132个国家各细分部门粗略划分到制造业、服务业和农业三大类部门，然后分别构建制造业、服务业和农业增加值贸易网络，最后分别测度各国增加值贸易地位分布变化情况。表4.4至表4.6分别报告了主要年份制造业、服务业和农业度数中心度排名前10位的国家分布情况。从表4.4可以看出，1996年，德国、美国、法国和日本排名前列，其次是意大利、英国和荷兰等国家，中国排名居于西班牙之后，说明与总体增加值贸易地位一致，少数欧美发达国家占据全球制造业增加值贸易网络的核心位置，绝大多数发展中国家居于边缘位置。相比于起初，1999年排名前10国家基本不变，其中中国取代西班牙跃居第10，说明中国在加入WTO之前制造业尽管未在全球制造业增加值贸易网络占据核心位置，但其地位明显提升，对全球资源的控制力趋于增强。其后，中国的增加值贸易地位逐渐攀升，与德国和美国一起，三国位次在不同年度呈现局部交替变动。例如，2006年首次跃居世界第3，其后在2011～2014年取代美国位居世界第2，2016年超过美国位居世界第1，其后地位基本维持稳定。在此过程中，其他主要国家如法国、日本、意大利、荷兰和英国等

国家排名大体不变，而韩国由于贸易地位提升较快逐渐取代加拿大占据第
10。杜运苏和彭冬冬（2018）研究认为 2005 年中国制造业贸易地位位居
前十，此后排名迅速提升，2014 年后贸易地位位居第 1，而英国贸易地位
下降较快，这主要是由于后者的产业转移后出现"空心化"。中国制造业
增加值贸易地位攀升至世界第 1 表明中国制造业抓住了加入 WTO 的契机，
发挥本国比较优势，积极参与国际分工，在全球制造业增加值贸易网络中
的影响力日趋提升（杜运苏和彭冬冬，2018），对其他国家的控制能力较
强，因而在全球制造业贸易网络格局中发挥着举足轻重的作用。需要注意
的是，尽管发展中国家近些年在全球制造业贸易中扮演着愈加重要的角
色，但只有中国贸易地位提升较快，从边缘国家转换为主要国家，其他国
家全球资源的控制力仍然较低。

表 4.4　　　　　　　　主要年份制造业贸易地位排名前 10 国家

排名	1996 年	度数中心度	1999 年	度数中心度	2011 年	度数中心度	2016 年	度数中心度	2018 年	度数中心度
1	DEU	162612661.4	USA	198257318.3	DEU	713035898.6	CHN	803351911.8	CHN	809427748.8
2	USA	161326062.5	DEU	177074375.8	CHN	592739215.5	DEU	761743744.1	DEU	763172762.4
3	FRA	112047420.3	FRA	124983970.4	USA	526739923.8	USA	495615570.9	USA	498346203.7
4	JPN	107244221.7	JPN	110862739.9	FRA	399025186.6	FRA	398788778.7	JPN	390602008.9
5	ITA	92574238.8	GBR	108037011.9	JPN	376428218.9	JPN	388424431.6	FRA	390511166.4
6	GBR	90012973.8	ITA	98895809.9	ITA	364466854.5	ITA	373073837.4	ITA	375111337.5
7	NLD	76349898.6	CAN	83368820.3	GBR	324908551.8	GBR	355715459.6	GBR	350217950.2
8	BEL	76244648.4	NLD	83345660.4	KOR	294719047.6	NLD	305966031.3	NLD	304654255.7
9	CAN	61039786.2	BEL	79118120.3	NLD	270032152.7	BEL	260358570.6	BEL	255264425.2
10	ESP	46982860.5	CHN	63350737.6	BEL	263094901	KOR	251555957.7	KOR	247409933.6

4.3.2　中国、美国、德国服务业贸易地位变化比较

表 4.5 报告了主要年份服务业贸易地位排名前 10 位国家分布情况。不
难看出，服务业贸易地位前 10 位的国家分布与制造业基本一致，1996 年，

德国、美国、日本和泰国排名前列，中国仅位居第10，其后中国逐渐由2006年的第4先升至2011年第3，再取代美国在2016年跃居第2，最后维持稳定。在多数年份内，德国一直保持世界第1的位置，美国第2的位置先被日本，然后是被中国取代，其他国家如法国的地位由期初第4降至第8，英国、泰国、荷兰和意大利等维持基本稳定，而新加坡由期初的十名以外以及第9攀升至期末第7，韩国排名掉至十名以外。值得注意的是，日本在1999年前服务业贸易地位稳定居于第3，说明日本在服务业贸易网络中占据着比较重要的位置，其对全球贸易网络格局的演进方向起重要作用。其后，日本服务业贸易地位中国取代，排名稳定居于世界第4。上述特征表明德国在全球服务业贸易网络中发挥最重要的主要国作用，而中国服务业贸易地位尽管起点较低，但其对全球服务业贸易网络以及其他国家的影响力和控制力在逐渐增强，因而其对全球服务业贸易网络格局中的重要性不言而喻，日本在服务业贸易网络中发挥着重要作用，仍是影响全球经贸格局的重要国家。

表4.5 主要年份服务业贸易地位排名前10国家

排名	1996年	度数中心度	1999年	度数中心度	2011年	度数中心度	2016年	度数中心度	2018年	度数中心度
1	DEU	48539490.5	DEU	58658142	DEU	262361793	DEU	281997061.9	DEU	281990932.5
2	USA	31447445	USA	32664776.5	USA	115940580	CHN	133878876.7	CHN	134537004
3	JPN	27895593.3	JPN	22444818.1	CHN	101436254.9	USA	101711005.1	USA	99692495.9
4	THA	13975556.5	GBR	14713966.1	JPN	97866136.5	JPN	92788772.4	JPN	92978094.9
5	FRA	12835062.3	FRA	14618371.6	THA	59277403.5	GBR	58610206.4	GBR	56913719.4
6	GBR	12429936.7	THA	12557835.8	GBR	56275768.5	THA	55862747	THA	55850781
7	NLD	10543258.6	NLD	11921772.7	FRA	50123404.9	SGP	53262017.8	SGP	54341254.1
8	ITA	9628324.4	ITA	10606193.1	SGP	44025512.4	FRA	47007586.2	FRA	45027529.5
9	BEL	8747715.1	BEL	9890370.3	ITA	42586369.3	NLD	44940932.2	NLD	44204201.2
10	CHN	8070410.4	CHN	8679640.2	NLD	40269529.3	ITA	41495618.3	ITA	40644369.6

表 4.6 主要年份农业贸易地位排名前 10 国家

排名	1996 年	度数中心度	1999 年	度数中心度	2011 年	度数中心度	2016 年	度数中心度	2018 年	度数中心度
1	USA	8652278	USA	9565982.5	USA	27929838.4	CHN	24810729.4	CHN	25126283.4
2	DEU	4710660.4	CAN	5745179.8	DEU	19368752.3	USA	24313990.7	USA	24807189.5
3	CAN	4616952.7	DEU	5324216.6	CAN	15662719.7	DEU	19571761.2	DEU	19585080.8
4	FRA	3459945.6	FRA	4177949.6	CHN	14823264.5	CAN	16991148.2	CAN	17604609.9
5	SAU	2941156.3	NLD	3390792.8	RUS	12749190.5	RUS	13697661.8	RUS	14990859.9
6	NLD	2939176.9	AUS	2893239.8	AUS	12225353.4	AUS	12337420.1	NLD	11991851.3
7	JPN	2898488.8	BEL	2754174.9	FRA	10865256.6	NLD	12027729.9	AUS	11874555.8
8	AUS	2657475.2	SAU	2712141.3	NLD	9884577.9	FRA	10035787.5	FRA	9641464.9
9	BEL	2136954.3	GBR	2699059.7	BEL	8100402.6	BEL	7971318.4	JPN	7790312.1
10	GBR	2106954	RUS	2532825.2	JPN	7685097.7	JPN	7759635.2	BEL	7783986.3

4.3.3 中国、美国、德国农业贸易地位变化比较

表 4.6 报告了主要年份农业贸易地位排名前 10 位国家分布情况。从中可以发现，与服务业及制造业贸易地位前 10 位的国家分布不同，1996 年在全球农业增加值贸易网络中，排名前 10 的国家除德国、美国、法国、荷兰和比利时等制造业和服务业贸易地位前 10 的国家外，还包括加拿大、沙特阿拉伯、俄罗斯以及澳大利亚等国家，说明加拿大、沙特阿拉伯、俄罗斯和澳大利亚在农业贸易网络中的地位不容忽视，而中国农业的贸易地位依旧不高。其后，中国由较低位置逐渐先升至 2006 的第 5，再在 2016 年首次取代美国跃居第 1 并维持稳定。期间，排名第 2 和第 3 的国家先是德国和加拿大，然后是美国和德国。其他国家如荷兰、澳大利亚和比利时分别由期初第 4、第 5 和第 8 波动降至期末第 6、第 7 和第 10，而俄罗斯则升至第 5，英国排名掉出前 10。马述忠等（2016）研究发现美国和德国等农业大国一直位于全球农产品贸易网络的核心地位，随着农业经济的快速发展，中国在全球农产品贸易网络中的地位日渐提升，逐步进入全球前列。总之，在农业贸易网络与制造业和服务业有所不同，除美国和德国等高贸

易地位国家外，加拿大和俄罗斯对全球农产品贸易网络的影响力不容忽视，英国的贸易地位逐渐式微，而中国对全球农业贸易网络以及其他国家的影响力和控制力提升较快。

4.4　中国增加值外贸地理重心轨迹演变

利用 ArcGIS 软件空间统计工具均值中心，绘制了 1996 年、1998 年、2001 年、2009 年、2014 年和 2018 年等代表性年份中国增加值贸易地理重心的演化轨迹①。从中可以发现，随着时间的推移，中国与全球各国之间增加值贸易的地理重心基本呈现缓慢"东进"转移迹象，方向先由西北跳跃至南部再稳定向东南推进。与之相应的是，图中椭圆左侧逐渐偏离美国西部、墨西哥西部以及加拿大东部，椭圆右侧逐渐日本东部转向中部和俄罗斯西部，椭圆右下部基本稳定在柬埔寨、马来西亚和印度尼西亚等国家内部，这说明中国与世界各国的增加值贸易伙伴范围发生一定变化，增加值贸易集聚区域存在时变特征。分阶段看，1996～2008 年，中国增加值贸易地理重心主要落在希腊，其后逐渐转向埃及，不同年度偏移轨迹距离较短，说明该时期中国增加值贸易地理重心比较稳定，伙伴国主要稳定集聚在美洲和欧洲区域。2009 年金融危机发生后初期，该重心跳跃至利比亚，中国增加值贸易地理重心和伙伴国集聚区域向南偏移，这主要是由于金融危机后中国加强了与东盟国家的贸易联系。其后，中国增加值贸易地理重心逐渐由埃及向以色列和约旦转移，特别是在 2013 年"一带一路"倡议提出后，相应蓝色椭圆有所缩小且左侧开始偏离美国和加拿大，表明该时期中国贸易地理中心向东挺进，更多集中在欧洲和亚太地区。

不同时期中国增加值贸易地理重心的"东进"特征蕴含其外贸政策的动态战略导向。随着 GVC 分工及增加值贸易的区域化与短链化，中国与伙伴国 GVC 贸易布局逐渐向东调整，伙伴国聚集区域向亚太和东盟地区缓慢

———————————

① 地图略去，笔者留存备索。

转移，更多加强与"一带一路"沿线区域间贸易联系。中国增加值贸易地理重心的"东进"态势既影响全球贸易网络格局的分布变化，也会对全球经济秩序重构产生影响。从战略层面看，中国增加值贸易重心战略导向将加速冲击经贸规则重构。一方面，中国外贸战略重心波动"东进"特征与近年来加强与"一带一路"沿线区域国家贸易联系密切相关，中国与这些国家间贸易联系的增强是驱动中国外贸地理中心轨迹东进的重要因素。另一方面，中国外贸战略重心"波动东进"特征会对欧亚地区局部次中心地位国家产生贸易利益上的竞争与博弈，甚至会冲击其他次中心国家。贸易利益上的分配博弈会对区域中心国影响力产生冲击，甚至直接给区域中心国带来经贸规则话语权上的挑战，进而对全球经济秩序产生影响。事实上，"一带一路"沿线国家多为中小国家，其对主权非常敏感，对外常采取平衡中西方国家的政策，从而对中国影响力的持续扩大形成制衡（门洪华，2018）。

4.5　Top3 等级增加值贸易支撑网络结构演变及主要国家支撑情况比较

4.5.1　Top3 等级增加值贸易支撑网络结构演变

为直观揭示全球增加值贸易网络中比较最重要的相互依赖关系与支撑格局，比较主要国家对全球及不同区域的贸易支撑情况，本书绘制了 1996 年和 2018 年全球 Top3 等级增加值贸易支撑网络，如图 4.4 所示。从中可以看出，(a) 子图 1996 年 Top3 等级增加值贸易网络存在德国、美国、法国、荷兰、意大利、新加坡和日本 7 个颜色较深且辐射范围较大的节点，其他国家辐射范围较小且主要围绕这些发达国家开展增加值贸易，这说明少数发达国家支撑了多数发展中国家和欠发达国家贸易的发展。特别地，中国的辐射范围主要分布在德国、日本、韩国、缅甸、泰国等少数欧洲和

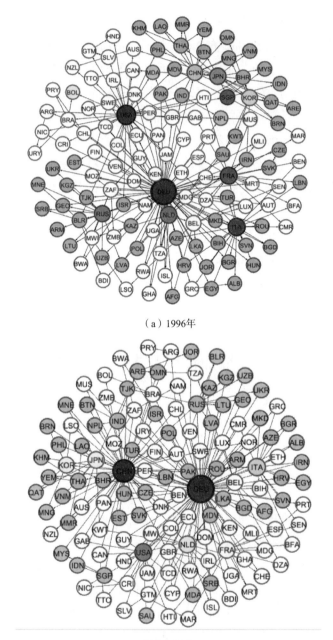

（a）1996年

（b）2018年

图4.4　首尾年份全球 Top3 等级增加值贸易网络

注：图中浅色节点为"一带一路"沿线国家，深黑色节点代表主要国家。

多数东南亚国家，中国成为这些国家相对重要的支撑国。（b）子图 2018
年 Top3 等级网络结构发生明显变动，德国、美国和中国成为最主要的辐射
主要国家，荷兰、意大利、法国和日本成为次要的辐射国，中国辐射范围
由 2003 年少数国家扩展到荷兰、意大利、法国、英国、日本、印度、俄罗
斯、菲律宾、新加坡、以色列、泰国、缅甸等 53 个国家，中国在这些国家
贸易发展中起到重要的支撑作用。

4.5.2　Top3 等级增加值贸易网络内部结构演变

尽管从拓扑图角度开展分析能揭示不同国家在顶级增加值贸易网络中
的支撑情况及其变化特征，但不足以准确反映该网络内部连边紧密情况、
集团化程度等结构变动情况。为此，利用式（3.10）~式（3.12），本书进
一步测算了 1996 ~ 2018 年 Top3 等级增加值贸易支撑网络的网络密度、聚
类系数、平均路径长度和网络直径，结果如表 4.7 所示。从中可以看出，
1996 ~ 2018 年，Top3 等级增加值贸易网络的平均聚类系数整体呈现缓慢波
动下降趋势，基本稳定在 0.4 水平，从 0.44 先降至 2003 年 0.372，2004
年跳跃至 0.74，其后大体趋于上升，从 2005 年 0.346 波动升至期末
0.413，说明全球 Top3 等级增加值贸易支撑网络中国家间 GVC 分工与增加
值贸易存在集团化迹象，且此种聚集程度在不同阶段展现差异化特点。实
际上，平均聚类系数的增加并保持基本稳定意味着全球 Top3 增加值贸易网
络存在一种等级结构，多数国家围绕少数有影响力的国家开展价值链分工
与增加值贸易，并且这种路径依赖具有内在稳定性。具体而言，2004 年之
前，各国间增加值贸易集团化程度逐渐下降，其后趋于上升。

表 4.7　　　　　1996 ~ 2018 年 Top3 等级增加值贸易网络结构变化

年份	平均聚类系数	平均路径长度	网络直径	年份	平均聚类系数	平均路径长度	网络直径
1996	0.44	2.041	5	2008	0.372	2.744	7
1997	0.5	1.921	4	2009	0.368	2.513	6

年份	平均聚类系数	平均路径长度	网络直径	年份	平均聚类系数	平均路径长度	网络直径
1998	0.408	2.059	5	2010	0.373	2.531	6
1999	0.413	2.046	5	2011	0.354	2.333	6
2000	0.398	2.055	5	2012	0.358	2.334	6
2001	0.39	2.07	5	2013	0.335	2.337	6
2002	0.388	2.067	5	2014	0.346	2.323	6
2003	0.372	2.216	5	2015	0.367	2.07	5
2004	0.74	1.89	3	2016	0.364	1.943	4
2005	0.346	2.479	6	2017	0.405	2.014	5
2006	0.375	2.449	6	2018	0.413	2.001	4
2007	0.363	2.447	6	算术平均	0.401	2.003	5.2

注：表中结果用 R4.0 计算，经笔者整理得到。年度聚类系数取各国算术平均得到。

平均路径长度和网络直径大体趋于下降，二者分别从期初2.041、5 先降至2004年的1.89、3，其后在2008年金融危机期间出现短暂上升，最后分别降至期末的2.001、4，前者代表任何一国只需通过约2个国家即可与另一国家开展增加值贸易，并且途径的第三国数逐渐减少。平均路径长度以及网络直径的下降一方面说明 GVC 分工越来越趋于区域化或集团内部化，分工链条逐渐缩短，另一方面也表明国家间增加值贸易范围的扩大实际上拉近了国家间的贸易距离。约翰逊（Johnson，2014）和蒂默等（Timmer et al.，2014）强调了类似观点。总之，全球 Top3 等级增加值贸易支撑网络各国仍维持比较稳定的增加值贸易依赖结构，此种依赖结构先从期初少数发达国家为主导转向以德国、中国和美国为核心，不同国家间增加值贸易集团化程度逐渐下降、融合程度逐步加深、分工链条趋于缩短。

4.5.3 Top3 等级增加值贸易主要国家支撑面比较

进一步地，考虑到2013年"一带一路"倡议旨在通过构建全方位、多层次和复合型互联互通网络,实现各国多元、自主、平衡和可持续发展。因此,分析德国、美国和中国对"一带一路"沿线国家支撑程度差异对于推进沿线区域贸易畅通与经贸合作具有重要意义。为此,本书分别在图 4.5(a)~(c)和(d)~(f)子图分别绘制了 1996 年和 2018 年 Top3 等级增加值贸易网络德国、美国和中国对包括沿线国家在内的全球贸易伙伴国的支撑辐射图。从中可以看出,1996 年,德国对全球各国贸易支撑范围最广,高达 71 个,占比约为 54%,其中既包括荷兰、美国、意大利和法国等传统主要国家,也包括"一带一路"沿线 33 个国家。换言之,全球 71 个国家将德国视为最重要的贸易伙伴国,德国支撑了全球过半数国家增加值贸易的发展。其次是美国,其对全球各国贸易的支撑范围相对次之,约为 36 个,占比约为 27%,其中沿线国家只有白俄罗斯、以色列、印度、新加坡、马尔代夫、菲律宾和摩尔多瓦 7 个国家。相比之下,由于期初中国增加值贸易地位相对不高,其对全球各国贸易支撑范围较小,只有德国、日本、韩国、泰国、巴基斯坦、也门、缅甸、老挝、柬埔寨、阿曼、蒙古国和越南 12 个国家,该时期中国的支撑范围主要体现在亚太地区。其中,"一带一路"沿线国家仅 9 个,中国尚未对"一带一路"沿线区域形成较强影响力和辐射力。2018 年,全球顶级关系贸易支撑网络发生明显变化,德国支撑国家范围扩大至 89 个,其中沿线国家扩大到 35 个;美国支撑国家下降至 18 个,其中沿线国家仅为阿联酋 1 个,而中国支撑国家增加至 54 个,其中沿线国家 26 个(分别为马来西亚、新加坡、印度尼西亚、尼泊尔、也门、老挝、不丹、柬埔寨、巴基斯坦、黎巴嫩、土耳其、菲律宾、泰国、阿曼、缅甸、黑山、印度、捷克、斯洛伐克、波兰、爱沙尼亚、匈牙利、塔吉克、俄罗斯、以色列和蒙古国)。

通过比较不同时期德国、美国与中国对全球增加值贸易网络支撑国家范围变动,本书可以得出结论:德国和中国对全球贸易网络国家支撑范围在扩大,其中中国对沿线国家贸易支撑范围虽小于德国但大于美国,而美国对全球及沿线区域支撑范围均明显缩小。此外,值得注意的是,中国与德国和美国对全球及"一带一路"沿线区域的支撑国存在重叠,这说明三个主要国家在全球及区域层面存在贸易竞争关系。庞珣和何晴倩(2021)

指出中国的迅速崛起和德国的稳固领先凸显了美国霸权的持续衰落。"一带一路"沿线国家对德国和中国增加值贸易依赖程度相对更高，中国和德国在这些国家中起到的支撑作用相对更强，而美国则对非"一带一路"沿线国家支撑作用较强。中国与德国和美国对全球及"一带一路"沿线区域的支撑面变化趋势差异以及重叠性凸显主要国家存在不同层面的贸易竞争与互补关系。

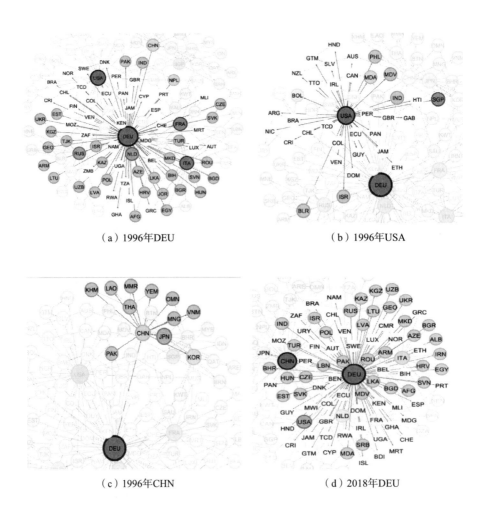

（a）1996年DEU （b）1996年USA

（c）1996年CHN （d）2018年DEU

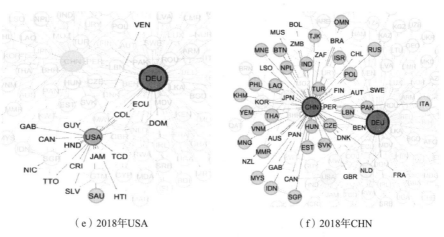

（e）2018年USA　　　　　　　　　（f）2018年CHN

图 4.5　首尾年份全球 Top3 等级增加值贸易网络主要国家支撑辐射图

4.6　经济含义讨论

4.6.1　全球多边治理格局

　　全球增加值贸易网络结构演变蕴含全球多边治理格局的变动。全球增加值贸易网络从 G7 国家为主转向"多极化"态势折射出全球经贸治理体系由欧美中心主义转向更为均衡的多元化。2008 年金融危机前，全球贸易网络以欧美发达国家为主导，发展中和欠发达国家居于边缘位置，前者主导了 GVC 分工与贸易格局的演进趋势。该时期全球治理体系表现为欧美中心主义的贸易体制，发展中及欠发达国家在其中的制度性话语权较弱。随着 2008 年日内瓦谈判的最后失败、金融危机的冲击、叠加多边区域主义的兴起，新兴经济体和少数如中国等发展中国家贸易地位显著提升，并逐渐演变为中心国，全球大国力量对比发生根本性变化，这就动摇了前期以欧美为中心的传统全球经贸格局和国际经济秩序。事实上，生产力的革命是促成国际力量深刻调整的根本因素，而近年来单边主义、保护主义和霸权主义的兴起，叠加金融危机的冲击，少数欧美发达国家特别是美国在提供全球公共产品方面稍显无力，是促成全球经贸格局"多极化"和"去中心化"的另一重要因素。即新兴经济体贸易角色快速转换在一定程度上削弱了欧美等国的贸易中心地位，驱动不同经济体贸易利益分配朝着更为均衡的方向发展，全球治理主体更趋多元化和去中心化。

全球贸易格局变动亟须国际经贸规则的重构。国际经贸规则是全球贸易网络格局的制度表现，国际经贸规则应与全球贸易网络格局的变动相适应。国际贸易格局与国际经贸规则归根结底由国际产业结构动态调整和各国产品（服务）国际竞争力决定。GVC 改变了全球生产范式，促使各国间贸易投资关系更趋复杂，各国国内政策与贸易政策边界变得模糊，从而产生国际政策合作与贸易规则制定的现实需要。随着 GVC 分工转向以产业链为基础的生产要素分工，以中国为代表的新兴经济体国际竞争力的显著提升，促使其参与和主导国际经贸规则话语权的意愿和能力越来越强，新兴经济体未来会欧美发达国家在未来形成竞争态势。发达国家会转而谋求规则重构路径的多元化，侧重推动自贸协定、诸边协议等经贸规则制定新平台，从而争抢规则制定先机。而新兴经济体亟须在贸易地位提升过程中通过与欧美国家展开多方博弈与竞争合作，从而建立更为均衡的全球治理格局，在规制制定中获得平等地位以及更多的制度性话语权。然而，国际经贸规则重构也会给新兴与发展中国家带来压力和挑战。一是宽范围、高标准规则重构超越了经济发展程度和市场经济完善程度相对不高的发展中经济体的发展水平，会对其国内制度规范和经济改革产生巨大外部压力。二是多数新兴和发展中经济体尚不具备重构全球经贸规则的能力和影响力。因此，如何在国际经贸规则重构中避免被边缘化、增强全球贸易治理制度性话语权是新兴和发展中经济体面临的重大挑战。

国际经贸规则的重构呼吁中国担当。积极参与并引领全球经贸规则治理是完善多边治理体系、维护自身利益、承担国际责任，推动新一轮经贸规则重构的现实需要。作为全球经贸治理变革的重要构成，国际经贸规则的确立、完善、实施与改革等取决于世界各国经济、政治实力对比，经贸大国及重要区域组织在其中发挥关键甚至决定性作用。中国在全球贸易网络中的主要国家角色应与其全球经济治理的角色相适应。中国扮演全球贸易的中心国角色意味着世界离不开中国，其他国家对中国的贸易依赖较强，中国的国际经贸利益已延伸到全球各地。通过制定经贸规则、完善多边贸易体系，从而维护自身利益既是中国发展的现实需要，也是承担国际责任的具体表现。中国的贸易核心地位必然要求其在全球经贸规则重构中居于领导地位。中国应发挥其世界贸易大国影响力，在国际经贸规则制定中主动寻求和发挥与自身角色相称的建设性作用，推动全球经贸治理体系向着更加公正、合理和包容的方向发展，最终实现角色、利益和责任三重协调发展。

4.6.2　贸易地位与 GVC 分工利益

全球增加值贸易网络已形成以德国、美国和中国等国家为核心的"多极化"分布格局，多数发展中国家居于边缘地位，贸易地位明显偏低，这种非匀质分布格局不会在短期内发生根本性转变。因此，多数发展中国家迫切需要在非对称、不平等价值交换中提升贸易地位。各国贸易地位并不平等，表明各国并非平等地融入全球贸易体系。研究表明发达国家间已形成"富人俱乐部"，这可能会阻碍发展中国家贸易地位提升。一国贸易地位取决于其与多少国家建立增加值贸易联系及其贸易规模大小。发展中国家应当通过建立新贸易伙伴提升自身贸易地位。因为从网络角度看，建立新贸易联系似乎比那些通过现有贸易渠道增加流量的国家受益更多。然而，建立新贸易联系比进入旧贸易联系市场更为困难。因此，各国政府可以采取行动，改变它们在国际贸易网络中相对地位。例如，中国、爱尔兰、韩国和新加坡都制定了一些类似的政策，旨在增加贸易，鼓励出口，提高国内产业的创新和竞争力。

国际贸易关系存在不平等交换可能会侵蚀发展中国家的贸易利益。在一定程度上，增加值是在跨国协作和交换关系中的"增益"，关系着参与全球化的利害得失，其创造、流动和分配密切关联于全球贸易网络格局与各国贸易利益。全球增加值贸易网络中各国地位"幂律"分布特征表明全球资源被少数国家占据与控制，多数国家资源控制能力较差，国际贸易利益获取存在不平等。随着全球经贸格局的演化，国际贸易利益的持续不平等意味着少数国家获取更多贸易利得的同时，会造成对多数发展中国家的"纵向压榨"，甚至会严重损害这些国家的贸易利得。这不利于全球可持续、包容性发展目标的实现。因此，相对于发达国家，多数发展中国家更加迫切需要通过提升贸易地位以改变此种不平等贸易关系。

4.6.3　"一带一路"沿线区域价值链

中国不仅在全球增加值贸易网络扮演主要国家角色，在沿线区域发挥贸易大国作用，对沿线国家的影响力、控制力和重要性不言而喻。本书研究表明中国是除德国外对沿线区域非常重要的贸易支撑国，沿线近半数国家对中国的贸易依赖程度较高，这构成沿线区域价值链构建的外部需要。中国制造业门类齐全，产能跃居世界第一，具有世界上最广阔的市场空间，中国具备构建安全包容性沿线区域价值链的现实基础。沿线区域推动互利合作的现实需要与中国具备构建沿线区域价值链现实条件，共同促成推动沿线区域贸易畅通和区域价值链构建的重要条件。中国应以"一带一路"倡议为契机，遵循互利共赢原则与"命运共同体"理念，通过加快推进与沿线各国发展战略对接，推动经贸政策协调，加强协同治理，强化利益共享机制建设，平衡好各国间贸易利得；通过强化不同分工环节协作，加快构建能承受外部冲击的包容性沿线区域价值链和供应链，逐渐打破以美国、日本和德国为主的不均衡的 GVC 分工格局，由单一、被动型嵌入向多链条合作、区域主导型转变。

4.7　本章小结

本章 4.1 节从整体拓扑结构的角度分析了代表性年份全球增加值有向贸易拓扑网络结构动态演变特征，并阐述了其背后的经济含义。全球已形成以德国、中国和美国为核心，法国、荷兰、比利时和意大利为次中心的"多极化"分布格局，其中中国的贸易地位提升较快，日趋成为主导全球增加值贸易网络体系演进方向的举足轻重的国家。上述结论背后与全球"三链"正在发生深刻调整，逐渐向着亚洲、欧洲和北美区域集团的方向发展，其中较为显著的是新兴经济体在全球贸易网络体系中角色转变以及多数发展中国家和欠发达国家贸易地位的较低，后者反映出不同国家在GVC 分工中贸易利益获取的非对称性。通过分析各国贸易地位和密度分布及变化规律发现，各国贸易地位整体分布并不均等，而是呈现"幂律"特征，随着时间推移此种分布规律没有发生根本改变，这意味着全球增加值贸易网络的"核心—边缘"结构具有其内在的稳定性。

4.2 节首先比较了"一带一路"沿线国家与非"一带一路"沿线国家贸易地位的相对大小及变动趋势，并从亚洲、北美和欧洲三大地区层面比较了中国、德国和美国在总体、出口、进口贸易地位演变情况。研究发现，"一带一路"沿线国家增加值贸易地位明显偏低，但上升态势良好，其对全球资源的控制力和影响力与非"一带一路"沿线国家相比明显缩小。从中国、美国和德国贸易地位分布分析发现，德国、中国和美国贸易地位基本处于全球前 3，但不同年度相对位置略有变化，其中最重要的特征是中国由 1996 年前 10 以外跃居 2018 年的世界第 2，与此同时，其他国家排名变化明显，其中荷兰、日本、法国、英国以及意大利等国家贸易地位仅次于德国、中国和美国。出口贸易地位分布大体与总体贸易地位相近，但进口贸易地位差别较大。1996 年德国、荷兰、比利时和法国进口贸易地位排名较高，而中国地位较低，随着时间推移，进口贸易地位排名靠前的国家基本不变，中国排名上升至第 6 位，但排名依旧不高，落后于比利时、意大利和法国等国家。

4.3 节分别从制造业、服务业和农业角度比较了中国、德国和美国贸易地位的相对分布变动特征。4.4 节分析了中国增加值外贸地理重心的演变趋势，主要呈现"东进"态势，蕴含着一定的外贸战略导向。4.5 节从顶级贸易关系的角度分析了全球贸易格局的整体结构变动、比较了中国、德国和美国对全球和不同区域贸易格局的支撑面的相对大小，并从平均聚类系数、平均路径长度和网络直径等指标上分析了顶级支撑贸易网络内部结构变动规律，其背后蕴含的经济含义主要包括全球贸易网络集团化程度逐渐下降、融合程度在加深但分工链条趋于缩短。4.6 节从全球多边治理格局、增加值贸易地位与 GVC 分工利益、"一带一路"区域价值链等多个角度进一步讨论了本章主要特征事实背后的经济含义。

第5章 贸易地位的影响因素
与理论模型

由于本书增加值贸易地位主要是从复杂网络这一交叉学科方法角度界定的概念，与传统刻画指标有所不同，因而已有相关文献对于增加值贸易地位的影响因素及作用机制分析比较缺乏，多数研究侧重分析各类因素如何影响双边贸易，如何影响二元边际，鲜有专门分析这些因素对增加值贸易地位的影响机制，通过建立理论模型在统一的分析框架下分析贸易地位的决定因素的更是少见。为此，本章首先从理论上分析要素禀赋、制度质量、物理基础设施和贸易自由化因素对双边贸易的影响，然后从贸易网络角度进一步阐释各因素对贸易地位的影响机制。基于一般均衡框架首先分析双边市场达到均衡情况，然后构建包含三国情形的国际贸易网络地位理论模型，再对各国间贸易进行增加值分解，从而得到基于三国增加值贸易网络的贸易地位理论模型，并提出研究假设。最后是本章小结。

5.1 贸易地位影响因素

5.1.1 要素禀赋与贸易地位

总体而言，在垂直生产分割特性决定不同产品和服务全球化生产模式下，要素禀赋决定了一国参与 GVC 所处的分工环节与分工位置（Hausmann et al.，2005；Backer et al.，2013），不同分工位置差异就产生了价值增值能力的不同和技术水平的差异，因此要素禀赋可通过上述途径间接影响贸易地位。发展中国家能通过参与国际分工不断积累熟练劳动力，为本国技术升级和贸易地位提升奠定基础（邱斌等，2012）。蔡昉（2018）指出发展中国家能否将资源禀赋和人口红利转变为出口商品比较优势会影响 GVC 分工地位。各国间要素禀赋差异有利于促进国际分工优势互补，从而促进双边贸易（Baskaran et al.，2011；Thushyanthan et al.，2011；杜运苏和彭冬冬，2018；洪俊杰和商辉，2019）。

从国际贸易网络角度看，一国要素禀赋直接影响到其出口产品规模及其竞争力，其伙伴国要素禀赋的作用与此类似，然而在此种双边贸易过程中，与双边国家均开展国际贸易的第三国要素禀赋既会影响自身在 GVC 中的分工位置，也会间接影响其与双边国家之间的增加值贸易。此外，从分工环节的次序角度看，贸易网络中的三国位于不同生产次序及生产环节，不同环节之间的次序性也会促使三国之间的增加值流动存在关联，即一国与伙伴国间的增加值贸易可能取决于第三国生产环节的完成与中间品贸易的正常开展，也可能决定了第三国与其他国家之间的生产环节的具体分配。因此，无论从贸易网络角度看，还是从生产环节角度看，贸易网络中各国之间的增加值贸易关系存在相关性，这也就意味着各国要素禀赋既会对其自身分工位置产生影响，也会对第三国之间贸易规模产生作用，从而影响各国增加值贸易地位。若贸易网络中的各国要素禀赋如人均资本均出现提升，则会对其各自分工位置和国家间增加值贸易产生交叠影响，当此种影响达到均衡时，各国间贸易规模可能会随之扩大，但不同国家的贸易地位会出现升降并存现象。通常认为，对于一国而言，人均资本提升有利于贸易规模和种类扩张，因而会促进贸易地位提升。因此，在贸易网络中，各国贸易地位的升降情况取决于各国人均资本上升速度，若一国人均资本较快则会显著促进其贸易地位攀升，相比而言其他国家贸易地位则提升较慢，就会出现"相对下降"趋势。总之，要素禀赋既会通过自身分工位置影响双边贸易，也会在贸易网络中发挥空间关联作用间接影响各国贸

易地位，而后者取决于各国要素禀赋变动的相对快慢。

5.1.2 制度质量与贸易地位

制度质量既会通过降低跨境交易与协调成本、减少贸易风险、矫正制度性扭曲以及提供透明稳定可预期制度环境等各国自身属性因素影响贸易，也可能会通过国家间分工机会和分工环节产生空间溢出，间接影响各国贸易地位。制度质量大体可从话语权和问责制、政府效率、政治稳定和非暴力、腐败控制和监管质量等维度加以刻画。从一国自身属性角度看，（1）话语权和问责制反映其民主政治发展程度，体现公民参与选举政府的参与权利和参与程度，以及公民在言论、集会和媒体等方面的自由程度（De Groot et al.，2003；王永钦等，2014）。较高的民主政治发展程度有利于防止政府行为决策的任意性，维持和巩固政府政策的公信力，实现社会良好治理。通常，高民主自由度国家的贸易政策更为开放，能在全球范围内中接触更多的贸易机会，与更多国家建立和加强贸易关系，从而维持和提升贸易地位。（2）政府效率反映政府的品质、独立性、提供公共服务质量以及政府政策公信力。品质和独立性分别指政策制定、执行质量，以及独立于利益集团的程度。高效率政府更有能力制定政策并确保其得到良好实施。比如高效率政府一方面能为国内企业开展国际贸易提供有效便捷公共服务，甚至为出口提供政策优惠以及为较低国际竞争力的产品贸易提供制度补偿，另一方面能为外国企业提供较好政策支持，减少其在本国的诸多限制和政治压力，从而增强其在本国的竞争力，两方面因素均能促进一国贸易地位攀升。（3）政治稳定和非暴力反映政府动荡或被违宪或被暴力行为推翻的可能性，能从侧面反映一国政府能在多大程度上保证政策的连续性以及为市场参与者提供持续安全稳定的市场环境。政策连续性较差或市场环境缺乏稳定性会直接影响到经济主体经济生产运营活动，影响其开展国际贸易活动，增加合法产权及收益的不确定性，因而不利于贸易地位提升。反之则反是。（4）腐败控制揭示政府公权力被用以谋取私利的程度，即公私交往中各种"不公平"行为的程度，主要包括各类形式腐败和政府被精英和私人利益所操纵的程度。腐败控制是监管质量和政府效率的补充指标。腐败控制较好的国家的企业不需要花费大笔资金贿赂政府官员，从而降低成本和提高利润，有利于国际贸易的顺利开展；腐败控制较好的国家的政府官员比较清廉，能够降低在规管企业管理层过程中索贿的可能性，因而能够更好保护企业利益；腐败控制较好的国家能通过提升市场预期、降低投资不确定性等方式更多吸引外资进入，从而间接加强国家间贸易联系。（5）监管质量反映政府制定及执行促进私人部门发展的政策和规制的能力，主要包括抑制市场机制的政策、对外贸易和商业发展的监管，因此监管质量能通过降低政策干预导致的交易成本和加强产权保护间接影响贸易地位。健全政府监管能为国内企业生产运营及股东权益提供良好的保护，更好保护市场主体权益；能减少市场信息的非对称性，降低贸易风险，增强贸易利益的可预期性。因此，制度质量提升有利于双边贸易规模的扩张，促进双边贸易地位提升。

从贸易网络角度看，各国制度质量提升会对其参与 GVC 分工机会以及分工深度产生影响，如果贸易网络中的各国制度质量均出现提升但幅度不等，就会对各国分工地位和价值增值能力产生影响，各国间影响相互作用，最终会影响各国贸易地位。由于制度质量与贸易地位之间通常呈现正相关，因此，各国在贸易网络中的地位高低实际上与各国制度质量提升的相对速度有关，一国制度质量越高，提升速度越快，越有利于其与伙伴国开展 GVC 分工与增加值贸易，从而更快促进其贸易地位攀升。总之，制度质量改善有利于贸易地位提升。

5.1.3 物理基础设施与贸易地位

从双边角度看，物理基础设施改善可通过降低运输成本、减少货运损耗和减少运输风险等途径（Feenstra & Ma，2014；葛纯宝和于津平，2020），为增加值贸易跨境流动提供"硬环境"，同时也能加速技术国际外溢和扩散，发挥产出创造作用，进而带动贸易扩张，促进自身及双边贸易地位提升。在此过程中，技术外溢与扩散能刺激一国通过学习、模仿和消化吸收以及"干中学"方式提升出口产品技术含量,从而促进出口规模与种类扩张(Dennis & Shepherd,2011),带动出口贸易地位的提升。特别是随着本国更多进口高质量中间品(祝树金等,2018),这种效应会体现得更为明显。因此,一国物理基础设施会促进双边贸易扩张,促进双边贸易地位提升。而从贸易网络角度看,如果各国物理基础设施均出现改善,则其对各国贸易地位的积极影响可能会被抵消。以三国贸易网络为例,双边国家物理基础设施的改善会促进双边贸易规模扩张,因而会促进其贸易地位提升。而当第三物理基础设施的改善同样会加强该国与双边国家之间的贸易联系,此种贸易的增加既可能对双边国家间贸易产生"挤出",也可能会产生"挤入"效应,这取决于第三国与双边国家之间的贸易结构的相近程度。如果贸易网络中各国贸易结构相近程度较高,则一国国家物理基础改善所带来的贸易扩张效应可能会与其他国家间贸易形成"挤出",从而抵消其贸易地位增强效应,致使物理基础设施的积极作用不明显。反之,则可能会形成"挤入"效应,从而增强物理基础设施的贸易地位攀升效应。总之,物理基础设施是影响贸易地位的重要因素,但其对贸易网络中各国贸易地位的影响方向受其他因素影响。

5.1.4　贸易自由化与贸易地位

以进口关税削减为核心的贸易自由化能降低进口贸易成本(田巍和余淼杰,2013;王孝松等,2017)、降低出口门槛、抑制企业退出、延长出口持续时间(毛其淋和盛斌,2013)、提升出口技术含量以及促进生产率提升(余淼杰,2010),促进出口扩展与集约边际(Kee et al.,2016;盛斌和毛其淋,2017),推动贸易规模和种类扩张,因而有利于贸易地位提升。此外,盛斌和毛其淋(2017)发现中间品关税减让会提高企业出口产品技术含量,增强产品国际竞争力,从而间接促进贸易地位攀升。而从贸易网络角度看,各国进口关税率的削减会通过贸易转移或贸易创造影响各国贸易地位的相对高低。对于贸易网络中的特定国家而言,其自身关税降低固然有利于贸易地位提升,而其他国家如果也降低关税,会产生贸易转移还是贸易创造效应，从而间接影响该国的贸易地位，因而难以从理论上加以确定。但从各国现实情况看，随着 GVC 分工的深化，各国进口关税率总体趋于下降，而各国贸易地位也并非一成不变，而是呈现动态变动，且主要国家通常是那些进口关税率较低的国家，部分发展中国家通过降低关税也大幅提升了其在全球中的贸易地位和影响力。因此，本书认为贸易自由化有利于促进贸易地位提升。

5.2　增加值贸易地位理论模型

5.2.1　基础假设

考虑一个由三个地区构成的贸易网络经济系统，各地区均由农业 A 和制造业 M 两部门组成①，要素市场包括非熟练劳动力 L 和企业家 E 两种，其中 L 仅在部门间流动，E 可在制造业和地区间流动，各地区劳动力相同 $L_1 = L_2 = L_3 = L/3$，技术和消费者偏好可识别。A 部门生产同质农产品，每生产 1 单位农产品需要 L 单位劳动力，具有完全竞争和规模报酬不变特征。为简化分析，本书以 A 部门产品作为计价基准。当短期均衡时，农产品价格 p_A 等于单位劳动力工资 w，$p_A = w = 1$。M 部门生产 N 种差异化产品，具有垄断竞争和规模报酬递增特征，不存在范围经济。各制造业企业技术与固定成本和企业家相关，可变成本为生产 1 单位差异化产品所需要的 n 单位劳动力。给定消费者产品多样化偏好和规模报酬递增，各生产者总是生产不同于其他生产者的差异化产品。由于一个制造业企业需要一个企业家，因此各地区生产的产品种类数等于总企业家的数量 $E = N$，r 地区企业家比例 λ_r 与企业家和产品种类 n_r 关系为 $n_r = \lambda_r N = \lambda_r E$。不同地区间因贸

① 需要说明的是，考虑到理论模型的简化计，本章主要考虑 3 国 2 部门贸易网络，未将服务业纳入分析。当然，如果将纳入考虑，模型最终结论不会有根本变化。

易成本存在而被分割，贸易成本取决于自然地理、国家边界、语言和文化差异以及能够直接影响贸易的其他因素。此处假定贸易成本包含进口关税和上述因素导致的贸易便利化两大类，且地区内部无贸易成本，即 $T_{11/22/33} = 0$。不失一般性，假定地区间贸易成本满足即 $T_{12} < T_{13} < T_{23} = T$。

1. 消费者

特定地区代表性消费者效用函数取决于对 A 部门农产品和 M 部门制成品的消费，参考梅里兹和奥塔维亚诺（Melitz & Ottaviano，2008），其函数服从拟线性形式，

$$U = c_A + \alpha \sum_{i=1}^{N} c_i - \frac{\beta}{2} \left(\sum_{i=1}^{N} c_i \right)^2 \tag{5.1}$$

其中，c_A、c_i 分别为农产品和第 i 种制成品消费，α、β（均大于 0）为对制成品消费偏好参数。

预算约束条件：

$$\sum_{i=1}^{N} p_i c_i + c_A = y \tag{5.2}$$

其中，p_i 为包含贸易成本的制成品价格。

由式（5.1）~式（5.2）得消费函数：

$$p_i = \alpha - \beta c_i - \beta \sum_{j=1}^{N} c_j \quad (j = 1, 2, \cdots, N; j \neq i) \tag{5.3}$$

联立上述消费函数方程组，求解得：

$$c_i = \frac{N\alpha}{\beta} - N \sum_{j \neq i}^{N} c_j - \frac{\sum_{j \neq i}^{N} p_j}{\beta} - \frac{p_i}{\beta} \tag{5.4}$$

当 $c_i = 0$ 时，保留价格 $\widehat{p_l} = N\alpha - N\beta \sum_{j \neq i}^{N} c_j - \sum_{j \neq i}^{N} p_j$

因此，需求函数 $c_i = \max \left(0, \frac{N\alpha}{\beta} - N \sum_{j \neq i}^{N} c_j - \frac{\sum_{j \neq i}^{N} p_j}{\beta} - \frac{p_i}{\beta} \right)$

2. 生产者

$s(=1, 2, 3)$ 地区消费者对于 $r(=1, 2, 3)$ 地区产品消费需求①，

$$c_{rs} = \max\left(0, \frac{N\alpha}{\beta} - \frac{p_{rs}}{\beta} - N\sum_{j\neq i}^{N} c_{js} - \frac{\sum_{j\neq i}^{N} p_{js}}{\beta}\right) \tag{5.5}$$

p_{rs} 为 r 地区生产 s 地区消费的产品的价格。参考巴斯利等（Basile et al., 2018），假定 p_{rs} 是不同企业家简单加权关系的综合，即：

$$\sum_{j\neq i}^{N} p_{js} = P_S = \sum_{k=1}^{3} p_{ks} = \sum_{k=1}^{3} n_k p_{ks} = \sum_{k=1}^{3} \lambda_k E p_{ks} \tag{5.6}$$

因此，对于 r 地区代表性企业，利润函数为：

$$\pi_r = \sum_{s=1}^{3} (p_{rs} - n - T_{rs}) q_{rs} \left(\frac{L}{3} + \lambda_s E\right)$$

3. 市场均衡

短期均衡时，$s(=1, 2, 3)$ 地区子市场需求等于供给，$c_{rs} = q_{rs}$，于是，

$$q_{rs} = \frac{N\alpha}{\beta} - \frac{p_{rs}}{\beta} - N\sum_{j\neq i}^{N} c_{js} - \frac{\sum_{j\neq i}^{N} p_{js}}{\beta}$$

$$\frac{\partial \pi_r}{\partial p_{rs}} = \left(\frac{L}{3} + \lambda_s E\right)\left[q_{rs} + (p_{rs} - n - T_{rs})\frac{\partial q_{rs}}{\partial p_{rs}}\right]$$

$$= \left(\frac{L}{3} + \lambda_s E\right)\left[\frac{N\alpha}{\beta} - \frac{p_{rs}}{\beta} - N\sum_{j\neq i}^{N} c_{js} - \frac{\sum_{j\neq i}^{N} p_{js}}{\beta} - (p_{rs} - n - T_{rs})\frac{1}{\beta}\right]$$

$$= 0$$

即：

$$p_{rs} = \frac{N\alpha - \sum_{j\neq i}^{N} p_{js} - n + T_{rs}}{2} = \frac{N\alpha - P_s - n}{2} + \frac{T_{rs}}{2}$$

---

① 为便于分析，下文主要分析 r，s 地区间贸易，将 m 地区视为第三方。

当 $T_{rs} < p_{rs} - n$，$p_{rs} = \dfrac{N\alpha - P_s - n}{2} + \dfrac{T_{rs}}{2}$

当 $T_{rs} > p_{rs} - n$，$p_{rs} = \widehat{p_s}$，r 地区产品只在本地市场出售，

$$p_{rr} = \frac{N\alpha - P_s - n}{2} \tag{5.7}$$

综上，

$$p_{rs} = \begin{cases} \dfrac{N\alpha - P_s - n}{2} + \dfrac{T_{rs}}{2}, & T_{rs} < p_{rs} - n \\[2mm] \widehat{p_s}, & T_{rs} \geqslant p_{rs} - n \end{cases} \tag{5.8}$$

对应均衡产出：

$$q_{rs} = \frac{N\alpha}{\beta} - \frac{p_{rs}}{\beta} - N\sum_{j \neq i}^{N} c_{js} - \frac{P_s}{\beta} = \frac{N\alpha - P_s + n - T_{rs} - 2\beta N \sum\limits_{j \neq i}^{N} c_{js}}{2\beta}$$

当 $T_{rs} > p_{rs} - n$ 时，$q_{rs} = 0$，

$$q_{rr} = \frac{N\alpha - P_s + n - 2\beta N \sum\limits_{j \neq i}^{N} c_{js}}{2\beta} \tag{5.9}$$

$$q_{rs} = \begin{cases} \dfrac{N\alpha - P_s + n - T_{rs} - 2\beta N \sum\limits_{j \neq i}^{N} c_{js}}{2\beta}, & T_{rs} < p_{rs} - n \\[4mm] 0, & T_{rs} > p_{rs} - n \end{cases} \tag{5.10}$$

5.2.2　三国情形贸易网络

传统的理论分析大多假定一国出口仅与双边有关，不受其他国家影响。相比之下，本节认为双边贸易既与双边因素有关，也离不开对第三国的分析，这是因为双边贸易会受第三国间贸易成本的影响，后者会通过贸易转移或贸易创造发挥作用。因此，在上节微观均衡理论基础上，本节通过构建三国情形的贸易网络体系，在统一框架内系统考察一国贸易地位会受哪些因素影响并分析其背后的理论机制。在 r、s 和 m 三国情形下，当贸

易网络系统均衡时,

$$q_{rs} = \frac{N\alpha - P_s + n - T_{rs} - 2\beta N \sum\limits_{j \neq i}^{N} c_{js}}{2\beta} \tag{5.11}$$

$$q_{sr} = \frac{N\alpha - P_r + n - T_{sr} - 2\beta N \sum\limits_{j \neq i}^{N} c_{jr}}{2\beta} \tag{5.12}$$

$$q_{rm} = \frac{N\alpha - P_m + n - T_{rm} - 2\beta N \sum\limits_{j \neq i}^{N} c_{jm}}{2\beta} \tag{5.13}$$

$$q_{mr} = \frac{N\alpha - P_r + n - T_{mr} - 2\beta N \sum\limits_{j \neq i}^{N} c_{jr}}{2\beta} \tag{5.14}$$

5.2.3 贸易地位的增加值分解

以上是从总量贸易层面进行的分析,因而由式（5.11）～式（5.14）得到贸易均衡条件都是建立在总量贸易规模层面上的分析,其中所包含的中间品进口成分会导致其指标测度存在偏误。为此,本节进一步通过增加值出口分解测算各国间增加值贸易,从而得到基于增加值测算的贸易地位指标。具体如下:

对于由 r、s 和 m 国组成的国际投入产出与贸易网络,有:

$$\begin{bmatrix} \sum\limits_{r}^{3} X_{1r} \\ \sum\limits_{r}^{3} X_{2r} \\ \sum\limits_{r}^{3} X_{3r} \end{bmatrix} = \begin{bmatrix} A_{11} & A_{12} & A_{13} \\ A_{21} & A_{22} & A_{23} \\ A_{31} & A_{32} & A_{33} \end{bmatrix} \begin{bmatrix} \sum\limits_{r}^{3} Y_{1r} \\ \sum\limits_{r}^{3} Y_{2r} \\ \sum\limits_{r}^{3} Y_{3r} \end{bmatrix} \tag{5.15}$$

其中, $X_{sr}(s=1, 2, 3)$ 为 $N \times 1$ 维向量,代表 s 国总产出被 r 国吸收; Y_{sr} 为 $N \times 1$ 维向量,代表 s 国生产最终品被 r 国吸收,即为式（5.11）～式

（5.14）中 q_{rs}、q_{rm}、q_{sr} 和 q_{mr}；A_{sr} 为 $N \times N$ 维跨国投入需求与产出系数矩阵，反映 s 国生产在多大程度上被 r 国吸收。各国均满足如下平衡条件：

$$x = (I - A)^{-1} y = B \times y \tag{5.16}$$

其中，x 为三国 $G \times G$ 维总产出矩阵，y 为最终需求矩阵，A 为投入产出技术系数矩阵，反映生产一单位总产出所需的中间投入。B 为里昂惕夫逆矩阵。

利用式（5.15）建立与式（5.16）中的技术系数矩阵联系，通过关联一国各部门中间投入和总产出，推算该国各部门消耗系数 A_{sr}，并建立跨区域技术系数联系，

$$A_{sr} = T'_{sr} X_s \tag{5.17}$$

其中，X_s 为 s 国总产出维矩阵。据此得到三国部门增加值份额矩阵：

$$V_3 = I_{3\times3} - diag\left(\sum_{s=1}^{3} A_{s1} \cdots \sum_{s=1}^{3} A_{s,3} \right) = \begin{bmatrix} v_1 & 0 & 0 \\ 0 & v_2 & 0 \\ 0 & 0 & v_3 \end{bmatrix} \tag{5.18}$$

其中，v_s 为 s 国增加值份额。将其与 B 和出口矩阵 E 相乘，就可提取出各国部门出口增加值成分，即：

$$F = \begin{bmatrix} v_1 & 0 & 0 \\ 0 & v_2 & 0 \\ 0 & 0 & v_3 \end{bmatrix} \begin{bmatrix} B_{11} & B_{12} & B_{13} \\ B_{21} & B_{22} & B_{23} \\ B_{31} & B_{32} & B_{33} \end{bmatrix} \begin{bmatrix} v_1 & 0 & 0 \\ 0 & v_2 & 0 \\ 0 & 0 & v_3 \end{bmatrix} = \begin{bmatrix} F_{11} & F_{12} & F_{13} \\ F_{21} & F_{22} & F_{23} \\ F_{31} & F_{32} & F_{33} \end{bmatrix} \tag{5.19}$$

其中，F 为反映各国部门出口中的增加值如何产生并在各国间分配情况。

由于总量层面 r 国贸易网络度数中心度由该国与 s 和 m 国之间的进、出口贸易决定，

$$D_r = q_{rs} + q_{rm} + q_{sr} + q_{mr}$$

$$= \frac{4N\alpha - P_s - P_m - 2P_r + 4n - T_{rs} - T_{sr} - T_{rm} - T_{mr} - 2\beta N \sum_{j \neq i}^{N} c_{js} - 2\beta N \sum_{j \neq i}^{N} c_{jm} - 4\beta N \sum_{j \neq i}^{N} c_{jr}}{2\beta} \tag{5.20}$$

假定双边贸易成本具有对称性，$T_{vw} = T_{wv}(w, v = r, s, m; w \neq v)$，式（5.20）可简化为：

$$D_r = \frac{2N\alpha + 2n}{\beta} - \frac{2P_r + P_s + P_m + 4\beta N \sum\limits_{j \neq i}^{N} c_{jr} + 2\beta N \sum\limits_{j \neq i}^{N} c_{js}}{2\beta} - \frac{T_{rs} + T_{rm}}{\beta}$$

$$= \frac{2N\alpha + 2n}{\beta} - \frac{2P_r + 4\beta N \sum\limits_{j \neq i}^{N} c_{jr}}{2\beta} - \frac{T_{rs} + T_{rm}}{\beta} - \frac{P_s + P_m + 2\beta N \sum\limits_{j \neq i}^{N} c_{js}}{2\beta}$$

$$= f(rca_r, \tau_{rs}, \tau_{rm}, tech_r, \gamma) \tag{5.21}$$

其中，$rca_r = -\dfrac{2P_r + 4\beta N \sum\limits_{j \neq i}^{N} c_{jr}}{2\beta}$，$\tau_{rs} = -\dfrac{T_{rs}}{\beta}$，$\tau_{rm} = -\dfrac{T_{rm}}{\beta}$，$\gamma_{s,m} = $

$-\dfrac{P_s + P_m + 2\beta N \sum\limits_{j \neq i}^{N} c_{js}}{2\beta}$，$tech = \dfrac{2N\alpha + 2n}{\beta}$。根据式（5.21），在三国贸易网

络体系中，r 国贸易地位是由 rca_r，τ_{rs}，τ_{rm}，$\gamma_{s,m}$ 和 $tech$ 多种因素决定。

式（5.19）是根据贸易网络总量贸易通过分解得到，理论与上与出口中的增加值含量成一定比例，因而 r 国贸易网络度数中心度也与式（5.21）中的因素有关，假设两者呈一定比例关系。可得基于增加值测度的中心度指标：

$$DEGREE_r = \left(\sum_{s=1}^{3} F_{rs}^- + \sum_{s=1}^{3} F_{rs}^+ \right) \propto f(rca_r, \tau_{rs}, \tau_{rm}, tech_r, \gamma) \tag{5.22}$$

其中，F_{rs}^- 和 F_{rs}^+ 分别代表除 r 国以外的其他国家对其增加值出口（入度中心度）和 r 国对这些国家的增加值出口（出度中心度），前者代表进口增加值贸易地位，后者代表出口增加值贸易地位。式（5.22）中的变量满足

如下比例条件：$rca_r \propto -\dfrac{2P_r + 4\beta N \sum\limits_{j \neq i}^{N} c_{jr}}{2\beta}$，$\tau_{rs} \propto -\dfrac{T_{rs}}{\beta}$，$\tau_{rm} \propto -\dfrac{T_{rm}}{\beta}$，$\gamma_{s,m} \propto$

$-\dfrac{P_s + P_m + 2\beta N \sum\limits_{j \neq i}^{N} c_{js}}{2\beta}$，$tech \propto \dfrac{2N\alpha + 2n}{\beta}$。根据式（5.22），在三国增加值

贸易网络体系中，r 国增加值贸易地位与 rca_r，τ_{rs}，τ_{rm}，$\gamma_{s,m}$ 和 $tech$ 多种因素成比例。

5.2.4 增加值贸易地位研究假设

由式（5.21）可知，$\dfrac{\partial DEGREE_r}{\partial P_r}<0$，其中 P_r 代表其他 s 和 m 两国产品出口到 r 国的加权价格，而该价格越高，能够说明伙伴国出口产品越不具有要素禀赋优势，相比之下，r 国在产品出口中越具有比较优势。要素禀赋如人均资本是决定比较优势的重要基础，人均资本越高，能间接说明一国价格在国际市场具备竞争力，因为这意味着一国主要依靠资本或技术投入生产并开展国际贸易。因此，可以间接推理得到：人均资本与增加值贸易地位呈现正相关关系。因而，本书认为人均资本越高越有利于增加值贸易地位提升。根据上述分析，本书提出：

假设 5.1：人均资本与增加值贸易地位呈现正相关。

由于式（5.21）贸易成本 τ_{rs} 和 τ_{rm} 不再是狭义层面关税成本 $tariff$，而是广义贸易成本，因此还包括制度质量 $institution$ 和物理基础设施 pi 等软、硬环境等贸易便利化 tf 因素。进口关税率越高，贸易便利化水平越低，贸易成本越高，越不利于贸易规模扩张，因而贸易自由化、制度质量和物理基础设施等贸易便利化因素均会通过贸易成本间接影响增加值贸易地位。不妨假设贸易成本与进口关税率和贸易便利化水平分别负相关，τ_{rs} 服从如下函数关系：$\dfrac{\partial \tau}{\partial tariff}>0$，$\dfrac{\partial \tau}{\partial tf}<0$。于是，$\dfrac{\partial D_r}{\partial pi_r}=\dfrac{\partial D_r}{\partial \tau_{r,sm}}\dfrac{\partial \tau_{r,sm}}{\partial pi_r}<0$，$\dfrac{\partial D_r}{\partial tariff_r}=\dfrac{\partial D_r}{\partial \tau_{r,sm}}\dfrac{\partial \tau_{r,sm}}{\partial tariff_r}<0$。

根据上述分析，本书提出：

假设 5.2：制度质量改善会促进增加值贸易地位提升。

假设 5.3：物理基础设施改善有利于增加值贸易地位提升。

假设 5.4：进口关税率与增加值贸易地位负相关。

5.3 本章小结

本章5.1节分别主要厘清要素禀赋、制度质量、物理基础设施、贸易自由化因素与贸易地位之间的理论关系，每个因素均是先从双边角度开展分析，然后考虑贸易网络，进而分析各因素变动对贸易地位的可能影响。以要素禀赋为例，要素禀赋主要通过影响GVC分工位置，比如，分工环节次序，并通过第三国间接影响整个国际分工的生产环节分配，从而影响各国间贸易情况，当贸易网络中所有要素变动产生的影响达到均衡时，要素禀赋最终会促进增加值贸易地位提升。当然，一国要素禀赋提升的相对速度会影响到其贸易地位的攀升速度，致使其可能出现"相对下降"迹象。制度质量可通过降低跨境交易与协调成本、减少贸易风险、矫正制度性扭曲以及提供透明稳定和可预期的制度环境等因素影响双边贸易，也会通过国际生产分工机会和分工环节产生空间溢出，从而影响各国增加值贸易地位。制度环境本身可从话语权和问责制、政府效率、政治稳定和非暴力、腐败控制以及监管质量等因素展开分析。物理基础设施能通过降低运输成本、较少货运损耗和减少运输风险等途径，为增加值跨境流动提供"硬环境"，同时也可通过加速技术国际外溢和扩散，通过国际分工发挥产出带动作用并传导至网络中其他国家。比如，跨国铁路的修建与通车既能降低本国运输成本也有利于将技术扩散至伙伴国，此过程通常伴随国际贸易网络的价值流动。贸易自由化主要通过降低进口贸易成本、降低出口门槛、抑制企业退出甚至延长出口持续时间，提升出口技术含量等促进二元边际扩张，从而促进双边贸易地位提升。在贸易网络中，贸易自由化同时也会产生贸易转移或贸易创造间接影响双边贸易，从而影响各国贸易地位。

5.2节构建三国贸易网络理论模型，分析增加值贸易地位与哪些因素有关。本节首先提出基础假设，然后分析消费者、生产者和市场均衡时的贸易公式，其中的核心在于通过国家间贸易成本得到国际需求价格和产量均衡条件。在此技术上，分析各国贸易需求方程组条件，采用基于三国的增加值分解方法对总量贸易需求进行分析，并基于三国情形贸易网络并结合度数中心度指标建立贸易地位决定因素模型。其次，依据总量层面中心度与增加值层面中心度指标存在比例关系且前者主要与要素禀赋、制度质量、物理基础设施和进口关税率等因素相关，间接推出增加值贸易地位与这些因素之间的研究假设。需要说明的是，本节中一个基本假定是贸易成本分为关税率和贸易便利化两大类，而物理基础设施能在一定程度上反映贸易便利化水平。最后，本节假设人均资本与增加值贸易地位正相关，制度质量改善会促进增加值贸易地位提升，物理基础设施改善有利于增加值贸易地位提升，进口关税率与增加值贸易地位负相关。

第6章 全球增加值贸易网络地位的影响因素研究

在第5章厘清贸易地位理论机制并提出研究假设的基础上，本章通过构建计量模型对研究假设进行实证检验。本章6.1节构建实证模型、介绍模型的估计方法，6.2节为变量选取和数据来源。6.3节对总体回归结果进行分析，并从出口贸易地位和进口贸易地位两个方面进行回归分析，6.4节从不同国家、不同区域、不同时段、不同贸易地位分位点以及不同部门等多个角度进行异质性分析。6.5节为稳健性检验。从被解释变量的测度偏差、不同抽样算法和先验信息设定、观测样本贸易地位的相关性以及内生性问题等角度进行测试。6.6节进行扩展分析，采用Shapley法识别出主要因素对增加值贸易地位的边际贡献并开展异质性分析。6.7节是本章小结。

6.1 模型设定与估计方法

6.1.1 模型设定

前文理论分析发现，人均资本、制度质量、物理基础设施和进口关税率等均是影响一国贸易地位的重要因素，不同因素的作用方向存在差异。其中，本书贸易地位指标主要采用复杂网络分析方法中的度数中心度表示。其合理性在于贸易地位是一个全局性概念，应当从全球网络的国别视角出发，揭示一国对其他国家影响力的大小和对资源的控制能力强弱。该指标的优势在于从网络整体全局角度刻画节点贸易地位，充分考虑了各国间关系的关联性，因而相比于传统局部贸易地位指标更为科学[①]。结合现有研究，除上述因素外，一国贸易地位还可能与经济规模、技术水平、外商直接投资等多个因素相关，因此本书设定计量模型如下：

$$\ln DEGREE_{it} = \alpha + \beta_1 \ln k_{it} + \beta_2 institution_{it} + \beta_3 pi_{it} + \beta_4 tariff_{it} + \beta Z_{it} + \zeta_i + \varphi_t + \varepsilon_{it}$$

(6.1)

其中，$\ln DEGREE_{it}$ 为 i（ = 1，2，…，132）国家 t（ = 2003，2004，…，2018）年对数化的度数中心度，$\ln k$、$institution$、pi 和 $tariff$ 分别为人均资本、制度质量、物理基础设施、进口关税率。Z 为控制变量，包括各国国内生产总值（$\ln gdp$）、外商直接投资（$\ln fdi$）、技术水平（tfp）、加权签署区域贸易协定（fta）和与多少国家拥有共同语言关系（$language$）。ζ_i、φ_t 分别为国家和时间固定效应，ε 为随机误差项。

6.1.2　估计方法

在式（6.1）中，本书主要参阅相关研究选取控制变量，各控制变量的重要性与否仍存在不确定性。因为对于特定控制变量，一些研究将其纳入考虑，而另一些则相反。那么该控制变量是否应纳入考虑，不同研究在选取上往往存在不同程度主观性。即使均将某一变量纳入模型，不同研究也有可能得到不同的估计结果，因为其选取的特定模型可能不同。总之，不同研究对控制变量选取缺乏统一标准，造成不同模型估计结果不尽相

---

① 传统贸易地位指标如出口产品与世界出口产品平均价格之差、RCA 指数、贸易竞争力指数、可比净出口指数等（施炳展，2010）以及出口贸易指数（邱斌等，2012）均是从局部角度间接反映贸易地位；出口技术复杂度（Lall et al.，2005；马述忠等，2017）、出口产品种类均是从技术水平角度间接反映贸易地位，因为其背后的理论强调技术水平能够决定一国竞争优势，从而影响贸易地位；垂直专业化指数（Hummels et al.，2001；Johnson，2012）、出口国内增加值率、国外增加值率以及 GVC 分工地位指数（Koopman et al.，2010；马述忠等，2017）是从价值链分工位置和增值能力角度刻画分工地位而非贸易地位，且也是从局部角度加以分析。

同。为克服控制变量选取主观性可能引致的模型不确定性问题，本书采用贝叶斯模型平均法（BMA）（Leamer，1978）估计上述模型。BMA 法根据先验信息将变量赋予一定先验概率（通常假定为均匀分布 g = UIP），然后在所有变量排列组合而成的模型空间中根据贝叶斯准则计算各潜在变量的后验包含概率（PIP），据此判断各变量的相对重要性程度，最后分别将各变量系数按各子模型 PIP 予以加权平均，得到各变量后验系数均值 EV 和后验标准差 SD[①]。相比于传统单一模型，该法优势主要有三：一是不同学者采用的特定模型对控制变量的选取存在一定主观性，有学者将某一变量纳入模型，也有学者未将其纳入，这就会造成模型估计偏差，甚至得到完全相反的结论。BMA 法则是在统一框架下，统一考虑该变量纳入的子模型与未纳入的子模型的情况，根据数据特征将不同子模型赋予不同权重从而确定该变量的重要性程度。如果该变量在不同子模型中均不重要，则所有子模型加权后 PIP 也较低，反之则较高。因此，BMA 法相当于考虑模型不确定情形的传统单一模型的扩展。二是单一模型拟合数据存在遗漏有用信息的风险，因为特定模型拟合结果可能不显著，但当加入一些变量后，又可能得到显著的结果，因此单一模型拟合得到的显著结果可能并非真正的显著，这里面会存在数据窥视偏差问题[②]。BMA 法是将所有变量组合而成的子模型集合都纳入考虑，减少信息损失风险，能够有效解决上述问题。三是 BMA 法提供了一种保障机制，将所有变量排列组合得到的模型集都加以考虑，实际上避免了选择很差模型情况的出现。即 BMA 法避免了把鸡蛋都放在同一个篮子里。

不失一般性，对于模型[③]，

$$y = \alpha + \beta_1 x + \beta Z + \varepsilon \tag{6.2}$$

令 M_1，M_2，$\cdots$，M_k 分别为由不同控制变量组合所构成的不同子模型

---

① 详尽理论推导参见凯思和拉夫特里（Kass & Raftery，1995）。

② 数据窥视指对于给定数据，进行多次或多种模型拟合，偶然得到一个或几个统计显著结果。该显著性并非真正显著性，因为即使变某一变量真实效应为 0，只要通过不同模型拟合，最终很有可能得到至少一个模型其系数显著，该过程没有将许多不显著的实证结果考虑在内，存在不正确数据窥视偏差（洪永淼和汪寿阳，2020）。

③ 为便于表述，下文方法描述略去下标 i、s 和 t。

（共 8192 个）①。首先假定真实模型和控制变量系数概率均未知，设定先验模型和参数概率分布，然后基于数据驱动，计算各子模型及其变量的后验包含概率（PIP）：

$$p(M_k \mid D) = \frac{p(D \mid M_k)p(M_k)}{\sum_{l=1}^{K} p(D \mid M_l)p(M_l)} = \frac{p(D \mid M_k)p(M_k)}{p(D)} \tag{6.3}$$

$$p(D \mid M_k) = \int p(D \mid \theta_k, M_k)p(\theta_k \mid M_k)d\theta_k \tag{6.4}$$

其中，$p(M_k)$ 为模型先验密度或分布概率，$p(\theta_k \mid M_k)$ 为 M_k 下 θ_k 先验密度，$p(D \mid \theta_k, M_k)$ 是似然因子，θ_k 为 M_k 参数向量。D 为观测数据。$p(D \mid M_k)$ 为模型 M_k 的综合似然值，采用高维积分计算得到，也是上述计算的难点所在。最后，再将变量按照各子模型估计系数和子模型 PIP 进行加权，从而得到模型空间中各变量的 PIP、后验系数 μ 和后验标准差 σ②。即：

$$\mu = E(\beta_k \mid D) = \sum_{k=0}^{K} \hat{\beta}_k p(M_k \mid D) \tag{6.5}$$

$$\sigma^2 = Var(\beta_k \mid D) = \sum_{k=0}^{K} \left[Var(\beta_k \mid D, M_k) + \beta_k^2 \right] \times p(M_k \mid D) - E(\beta_k \mid D)^2 \tag{6.6}$$

其中，$p(\beta_r \mid D, M_k)$ 为子模型变量的后验概率。

由上述分析可知，BMA 法是以各变量 PIP 作为在不确定条件下各变量重要性的概率证明的衡量标准，实际上反映的是观测数据对包含各变量的青睐程度，PIP 越大说明观测数据对变量间关系的拟合程度越好，因而 BMA 法能够克服变量选取的主观性和模型不确定性问题。根据凯思和拉夫特里（Kass & Raftery，1995），若变量 PIP < 50% 则不重要，50% < PIP < 95% 较重要，95% < PIP < 99% 很重要，PIP > 99% 非常重要。本书以 50% 为界作为各变量重要性的判断标准。需要说明的是，BMA 法与传统 p 值检

---

① 模型包含 13 个自变量，不同变量排列组合的子模型数 $= C_{13}^0 + C_{13}^1 \cdots + C_{13}^{13} = 2^{13} = 8192$ 个。

② 各变量 PIP 是所有包含该变量的模型的后验概率加总，$p(\beta_k \neq 0 \mid D) = \sum_{r \in M} p(M_k \mid D)$，若 M_i 中不包含某一控制变量，则视该变量系数为 0。

验法存在明显区别，但也有联系。大体来看，PIP > 80% 对应 p 值法 5% 显著水平，EV/SD > 1.3 近似等价于 10% 显著水平。在算法方面，由于模型空间包含 8192 个子模型，给式（6.4）带来很大的计算难度，本书参考马丁等（Sala‑i‑Martin et al.，2004），主要采用马尔科夫链蒙特卡罗法（MC^3），利用"生存死亡法"（bd）抽样（Madigan & York，1995）50000 次，迭代 100000 次进行估计。在变量及模型参数先验分布上，本书参考艾彻等（Eicher et al.，2012），采用均匀分布（$g = UIP$）作为基准①。此外，考虑到估计结果对先验分布及计算方法的敏感性，本书也在后文采用不同抽样方法和不同先验分布进行稳健性检验。

6.2　变量选取与数据来源

6.2.1　被解释变量

本书被解释变量为各国增加值贸易地位，主要用对数化的度数中心度 $\ln DEGREE$ 表示，其数据来源与测算方法已在前文说明，此处不再赘述。由于 $\ln DEGREE$ 主要从增加值进出口总和的角度反映各国贸易地位，没有区分增加值进口还是出口贸易地位高低。为此，考虑到被解释变量可能存在的测度偏差及进口、出口贸易地位代表不同的经济含义，本书在异质性中分别采用对数化的增加值出口贸易地位 $\ln ODEGREE$ 和进口贸易地位 $\ln IDEGREE$ 指标测度被解释变量，以及在后文用基于 Google 搜索排名算法（$PageRank$）中心度作为替代指标进行稳健性检验。该指标计算公式为：

$$PageRank_p(v_i) = \alpha \sum_{j=1}^{n} A_{j,i} \frac{PageRank_p(v_j)}{ODEGREE(v_j)} + \frac{1-\alpha}{n}$$

① 对应于 $p(M_i) = \prod_{j=1}^{p} p_i^{\delta_{ij}}(1-p_j)^{\delta_{ij}}$，$p_j$ 为回归模型中 $\beta_j \neq 0$ 的先验概率，δ_{ij} 为 M_i 模型中是否包含 j 的指标，包含则取 1。$p_j = 0.5$ 时，$p(M_k) = \frac{1}{K}$。

其中，$PageRank_p(v_i)$、$PageRank_p(v_J)$ 表示国家 v_i、v_j 的 PageRank，即表示各国在全球增加值贸易网络中的中心度；$ODEGREE(v_j)$ 表示 v_j 国家出口目的国的数量；$A_{j,i}$ 为邻接矩阵（N×N），表示各国间的增加值贸易联系，此处本书将各国国家间增加值贸易作为联系比重；α 为阻尼系数，取经验值 0.85。$\sum_{j=1}^{n} Centrality(v_i) = 1$。一国 $PageRank_p$ 值越高，表明该国在全球增加值贸易网络中越趋于枢纽位置，其在整个增加值贸易网络中资源获取与控制能力越强，因而相比于低中心度国家，高中心度国家对增加值贸易网络主导能力越强，越可能成为网络中的主导者与引领者。

6.2.2　解释变量

1. 人均资本

人均资本用各国资本形成总额存量与总人口之间的比重并取对数（$\ln k$）表示。由于不同国家资本形成总额计算基期存在差异，本书采用世界银行做法，以 1971 年为基期，利用永续盘存法将各年资本形成额流量叠加得到，其中折旧率取 10%。人均资本可通过影响 GVC 分工及其空间关联效应间接影响贸易地位。首先，不同要素禀赋条件决定了各自嵌入位置和价值增值能力，价值增值能力和层次差异就决定了各国贸易规模和种类的差异，因而要素禀赋会通过 GVC 分工间接影响一国贸易规模。比较而言，发展中国家主要依靠劳动力和自然资源等要素嵌入生产、加工和组装等中低端环节，处于"微笑曲线"的中间，其价值增值率相对不高，而发达国家主要利用知识和技术等高端要素嵌入高端环节，占据"微笑曲线"的两端，价值增值率相对较高。其次，人均资本对贸易规模的影响会通过分工环节发挥作用，从而间接影响贸易地位。在贸易网络中，各国贸易地位的升降情况取决于各国人均资本上升速度，若一国人均资本较快则会显著促进其贸易地位攀升，相比而言其他国家贸易地位则提升较慢，就会出现"相对下降"趋势。在此过程中，各国人均资本的相对变化会影响到其在国际分工中的位置和比较优势，通过全球生产网络中分工环节相互影响，从而影响各国与伙伴国间的贸易规模与贸易种类，最终影响贸易地位。最后，要素禀赋对贸易网络中一国贸易地位的影响实际上取决于各国要素禀赋变动的相对快慢以及分工环节本身特征。

2. 制度质量

制度质量（institution）用全球治理指数中的话语权和问责制（voice）、政府效率（goveff）、政治稳定和非暴力（politics）、监管质量（reguquality）四分项指数和腐败指数（corrupt）衡量。需要说明的是，前四项指数均为正向指标，第五项为负向指标。制度质量是维持并提升贸易地位的重要保障，既能通过降低交易与跨境协调成本、降低贸易风险、矫正制度性扭曲以及提供透明稳定可预期制度环境等属性因素影响进出口贸易，也可能会通过国家间分工机会和分工环节产生空间溢出，间接影响各国贸易地位。因为从贸易网络角度看，各国制度质量提升会对其参与 GVC 分工机会以及分工深度产生影响，如果贸易网络中的各国制度质量均出现提升但幅度不等，就会对各国分工地位和价值增值能力产生差异化影响，各国间影响彼此互为影响，最终会影响各国贸易地位。尽管如此，但由于制度质量与贸易地位之间通常呈现正相关，各国在贸易网络中的地位高低实际上与各国制度质量提升的相对速度有关，一国制度质量越高，提升速度越快，越有利于其与伙伴国开展 GVC 分工与增加值贸易，从而更快促进其贸易地位攀升。因此，总体而言，制度质量改善有利于贸易地位提升。

3. 物理基础设施

物理基础设施参考大月等（Otsuki et al.，2003），用全球竞争力报告中各国物理基础设施总指数 pi 表示，该指数口径具体包括公路、铁路、港口和航空四个方面。从双边贸易角度看，物理基础设施质量改善既能通过降低运输成本（盛丹和包群，2011）、减少货运损耗（葛纯宝和于津平，2020）和减少运输风险等途径（Feenstra & Ma，2014），为增加值贸易跨境流动提供便捷的"硬环境"。同时也有利于促进技术国际外溢和扩散，发挥产出创造作用，从而间接带动一国贸易规模和种类扩张。其中，技术外溢与扩散能刺激一国通过学习、模仿和消化吸收以及"干中学"方式提升出口产品技术含量，从而增强其国际竞争力，促进出口规模与种类扩张（Dennis & Shepherd，2011），带动出口贸易地位提升。因此，一国物理基础设施改善会促进双边贸易扩张。从贸易网络角度看，如果各国物理基础设施均出现改善，则其对各国贸易地位的积极影响可能会被抵消。以三国贸易网络为例，双边国家贸物理基础设施改善会促进双边贸易规模扩张，因而会促进其贸易地位提升。而第三国物理基础设施的改善同样会加强该国与双边国家之间的贸易联系，此种贸易的增加既可能对双边国家间贸易产生"挤出"，也可能会产生"挤入"效应，这取决于第三国与双边国家之间的贸易结构的相近程度。如果贸易网络中各国贸易结构相近程度较高，则一国国家物理基础改善所带来的贸易扩张效应可能会与其他国家间贸易形成"挤出"，从而抵消其贸易地位增强效应，致使物理基础设施的积极作用不明显。反之，则可能会形成"挤入"效应，从而增强物理基础设施的贸易地位攀升效应。总之，在贸易网络中，物理基础设施对贸易地位的影响与贸易结构有关。

4. 进口关税率

进口关税率用所有产品简单平均进口最惠国关税率（tariff）表示。从双边贸易角度看，以进口关税削减为核心的贸易自由化能降低进口贸易成本（田巍和余淼杰，2013）、降低出口门槛、抑制企业退出、延长出口持续时间（毛其淋和盛斌，2013）、提升出口技术含量以及促进生产率提升（余淼杰，2010）等多种途径，促进出口扩展与集约边际（Kee et al.，2016；盛斌和毛其淋，2017），推动贸易规模和种类扩张，因而有利于贸易地位提升。从贸易网络角度看，各国进口关税率的削减会通过贸易转移或贸易创造影响各国贸易地位的相对高低。从各国现实情况看，随着 GVC 分工的深化，各国进口关税率总体趋于下降，而各国贸易地位也并非一成不变，而是呈现动态变动，且主要国家通常是那些进口关税率较低的国家。因此，可以认为贸易自由化有利于促进贸易地位提升。

5. 控制变量 Z

主要包括经济规模（lngdp）、外商直接投资（lnfdi）、加权区域贸易协定（fta）以及与多少国家拥有共同语言关系（language）。

（1）经济规模。以现价美元计的国内生产总值并取对数（lngdp）表示。GDP 是决定一国贸易地位的基础因素。GDP 能反映一国对贸易伙伴国的市场需求能力和为其提供贸易品的供给能力（Garlaschelli & Loffredo，2004）。GDP 较高的国家既能为各种资金、技术和创新投入提供充足空间，或保证生产要素投入，进而间接促进贸易扩张，两者均会积极影响一国贸易地位。经济规模越大，一国越倾向于在全球范围内开展 GVC 贸易，从而利用全球劳动、知识和技术等要素，获取更多贸易利得（Kali & Reyes，2007）。从贸易网络角度看，无论是哪个国家经济规模扩大，均意味着这些国家在全球贸易网络中的市场需求和供给能力在提升，因而有利于加强其与伙伴国之间的增加值贸易。因此，经济规模扩大有利于贸易地位提升。

（2）技术水平。用各国全要素生产率（tfp）表示。技术水平直接决定 GVC 分工的嵌入位置、价值增值能力以及出口技术含量，因而会通过 GVC 分工位置、生产率和贸易结构影响贸易地位。在由不同技术层级组成的 GVC 技术阶梯中，不同分工位置对应不同的技术水平，低技术环节价值增值率较低，高技术环节则相反，价值增值率差异直接影响到各国增加值进出口，从而影响贸易地位高低。发展中国家可通过技术引进和技术合作推动生产率提升（林毅夫，2002），采用"连续收敛法""阶梯式爬升法""跳跃式爬升法"等方式进行技术赶超（Stehrer & Worz，2003），带动其分工地位向中高端攀升，从而增加与伙伴国贸易额（Johnson，2014），这有利于贸易地位提升。技术进步在促使贸易地位发生变化的同时，也会引致一国更多增加知识和技术投入比重（杜运苏和彭冬冬，2018），从而占据新分工位置与生产环节，创造新的竞争优势（Anderson & Ejermo，2006；Marquez et al.，2010），促进贸易扩张。从贸易网络角度看，如果网络中各国技术水平均出现提升，这将会在一方面通过贸易网络产生技术溢出，那么一国贸易扩张的程度就与技术水平和提升速度有关，相比于其他伙伴国，若一国技术水平较高则其在贸易网络中占据有利位置，其贸易地位相对提升较快。在此过程中网络中其他国家贸易规模也可能会随之扩张带动贸易地位提升，不同国家间贸易规模相对大小就决定了各国贸易地位的提升速度。而从现实看，国际贸易网络中贸易地位较高的国家其技术水平相对前沿或提升加快，反之那些贸易地位较低的国家的技术水平长期处于缓慢进步状态。因而可以认为技术水平与贸易地位之间正相关。

（3）外商直接投资。用外国直接投资净流入存量并取对数（lnfdi）表示。作为实现全球产业布局的主要方式，FDI 已成为跨国公司塑造 GVC 分工与价值链贸易格局的重要途径，各国参与国际分工与贸易的机会和程度取决于其吸引的 FDI 规模、其经济效应以及跨国公司与本土企业的互动情况。在参与国际分工过程中，FDI 对贸易地位的影响既一国参与国际分工程度和嵌入位置相关，也与 FDI 产生的全要素生产率、技术溢出、示范效应和竞争效应有关（沈坤荣和耿强，2001；魏后凯，2002；赖明勇等，2005）。一国吸引的 FDI 技术含量越高，嵌入位置越居于高端，FDI 产生的技术溢出及示范效应越高，越有利于其价值增值能力和出口产品技术含量的提升，从而促进贸易扩张。但与此同时，FDI 也可能会给本国企业出口形成竞争，甚至构成部分替代，这可能会在一定程度上挤出本国企业国内增加值出口，但这并不必然会促进一国贸易地位提升。因为，在此过程中，FDI 对本国企业国内增加值出口产生挤出作用的同时，也不可避免地会对本国企业出口中的国外增加值产生抑制作用。总之，FDI 对一国贸易地位的影响既与其自身的效应有关，也与东道国企业出口的价值构成有关。

（4）加权区域贸易协定。加权区域贸易协定（fta）是以一国与伙伴国是否签署自由贸易协定、关税同盟、共同市场、经济一体化和政治经济一体化协定等形式中的任何一种为基础，然后用该国与签署协定的伙伴国增加值贸易额占该国与所有伙伴国增加值贸易额的比重作为权重，最后进行加权得到。这是因为，一方面，对于特定国家而言，签署区域贸易协定有利于加强其与伙伴国贸易联系，但如果签署的伙伴国为贸易规模较小的国家，那么即使签署协定可能不会对其贸易地位产生明显影响。因此，简单用一国与伙伴国是否签署区域贸易协定难以准确反映协定的经济效应。另一方面，相比于贸易小国而言，如果特定国家的伙伴国为贸易大国，那么其与该大国签署区域贸易协定，则会在原来较高的贸易规模上起到加强作用，这会对该国贸易地位产生明显促进作用。因此，本书用一国与伙伴国增加值贸易占该国与所有伙伴国增加值贸易额的比重作为权重，构建加权区域贸易协定，综合反映其对贸易地位的影响。就双边贸易而言，区域贸易协定主要通过削减关税与非关税贸易壁垒、降低贸易成本以及贸易转移或创造效应间接影响贸易地位。一是区域贸易协定能通过削减关税与非关税壁垒（马淑琴等，2020），也能降低贸易政策不确定性促进贸易扩张（Baier & Bergstrand，2007；Limao，2016；Feng et al.，2017）。不同的区域贸易协定下，贸易政策不确定性的下降会给企业进入退出产生差异化作用，比如可能会降低出口价格，提高产品质量，并促进产品创新（Handley & Limao，2013；Barigozzi et al.，2011；佟家栋和李胜旗，2015），以及促进出口（Pierce & Schott，2012），因而有利于贸易地位的提升。此外，区域贸易协定如 RTA 中的关税减让条款，有助于降低关税波动的范围和可能性，从而降低双边贸易可能遭受的利益损失（钱学锋和龚联梅，2017）。二是与伙伴国签署区域贸易协定也可能会带来贸易转移效应，即区域贸易协定在刺激协定成员国贸易的同时，也会导致一国进口由最有效生产国转向协定成员国，或减少成员国与非成员国间的贸易（Xu et al.，2021），形成贸易转移（Freund，2011），并增加其向成员国以外的第三国出口的可能性（Lee et al.，2019）。卢卡和露西娅（Luca & Lucia，2011）发现多边或区域贸易协定对不同国家贸易地位的影响差异明显，虽有利于中心国但不利于辐条国。

（5）与多少国家拥有共同语言。用各国与世界各国多少个国家拥有共同语言（language）表示。其中是否有共同语言关系的判断标准取自 CEPII 数据库中国家间说共同语言的人口占比是否超过 9%。拥有共同语言关系可降低国家间沟通成本、交易风险和交流障碍，增进相互信任（王永进和盛丹，2010；Melitz & Toubal，2014），从而提升更多贸易机会减少商业纠纷，比如降低企业间商业风险与交易成本，并识别出国外市场的商业机会，更便于处理和解决交易过程中的摩擦和纠纷；也可利于消除两国间民众偏见，增加民心相通，促进两国间市场信息和人文交流与融合（潘镇，2006；Feng et al.，2019；姚星等，2019），从而间接促进双边贸易扩张。反之，国家间语言等文化差异会增加双边贸易成本，降低彼此信任，阻碍双边贸易（Ellis，2007；Guiso et al.，2009），不利于贸易地位提升。因此，对于拥有共同语言关系的网络而言，一国在其中拥有的语言关系越多，能说明其与这些国家的文化交流越通畅、文化距离越近，因而有利于其与伙伴国贸易扩张，这会促进贸易地位提升。以上各变量数据主要来自 UNCTAD – Eora 数据库、《营商环境报告》、《全球竞争力报告》、IMF、WTO、WITS 数据库、World Bank、透明国际、CEPII 数据库、佩恩表 PWT 数据库和 Google Earth。各变量描述统计结果如表 6.1 所示。

表 6.1　　　　　　　　　　　　变量描述统计

变量	均值	标准差	最小值	最大值	观测值
ln*DEGREE*	15.226	2.599	7.692	21.155	3036
ln*ODEGREE*	14.561	2.609	5.765	20.601	3036
ln*IDEGREE*	14.286	2.742	7.286	20.700	3036
PageRank	0.008	0.016	0.001	0.151	3036
ln*k*	4.604	2.100	−0.706	10.449	3036
voice	0.028	0.939	−2.233	1.801	3036
goveff	0.147	0.944	−2.244	2.437	3036
politics	−0.041	0.926	−2.993	1.760	3036
reguquality	0.171	0.910	−2.364	2.261	3036
corrupt	0.053	1.022	−1.722	2.469	3036
pi	0.437	0.217	−0.0001	1	3036
tariff	9.706	6.704	0	105.132	3036
ln*gdp*	24.580	2.048	19.531	30.657	3036
tfp	785.782	747.636	0	4135.22	3036
ln*fdi*	23.230	2.353	15.030	29.514	3036
fta	0.278	0.197	0	0.818	3036
language	10.939	11.482	0	43	3036

注：各变量结果由作者整理得到。

6.3　基准结果分析

在对估计结果进行分析前，本书首先分析 BMA 法对子模型的拟合情况，据此说明 BMA 法的优势。图 6.1 绘制了基于 BMA 法的各子模型后验变量规模分布情况。从中可以看出，在假设不同子模型先验概率服从均匀分布（$p = 0.5$）情况下，变量规模（虚线）服从以 6 或 7 为中心的高斯分布曲线，而根据数据进行拟合后，变量规模的后验概率分布（实线）则呈现明显左偏尖峰分布形状，对应后验均值约为 9，这说明在全部解释变量中，并非所有解释变量都对被解释变量有同等重要性，大约只有 9 个变量

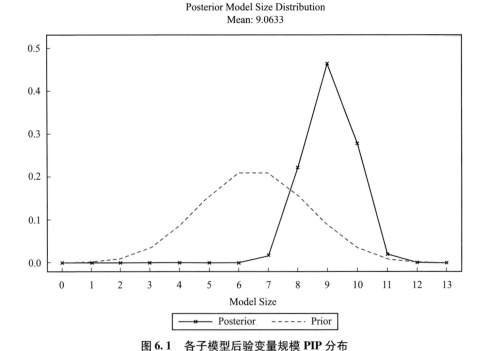

图 6.1　各子模型后验变量规模 PIP 分布

注：虚线表示变量个数服从先验均匀分布，实线表示变量后验分布。

发挥了重要作用，其余变量的影响相对较小。不同变量组合而成的子模型对应的变量系数存在较大差异，考虑模型不确定问题能够更为全面揭示不同变量组合而成的不同模型中各变量发挥的差异化作用，采用 BMA 法估计模型具有其内在优势。

为说明考虑模型不确定性的重要性以及 BMA 法的优势，本书分别报告了 BMA 估计结果、PMP 较高的前 2 个子模型估计结果以及单一模型估计结果，分别如表 6.2 列（2）~ 列（3）、列（4）~ 列（7）和列（8）~ 列（9）所示。从中可见，在 8192 个子模型中变量 PMP 经加权后，列（2）~ 列（3）基准估计结果大约有 7 个变量 PMP 接近 100%，相应后验系数除 *voice*、*regu-quality*、*tariff* 和 *pi* 外均显著。而在列（4）~ 列（7）中，第 1 ~ 2 个子模型 PMP 分别为 70.4% 和 11.9%，其余 8190 个子模型累计概率为 17.7%，平均概率仅为 0.002%；2 个子模型变量显著性与列（3）基本一致，上述结果说明前两个模型能在很大程度上代表 8192 个子模型的加权估计结果。相比之下，基于固定效应 FE 和 OLS 估计结果与基准结果大体一致，但也有一定差异。例如 FE 列 *pi* 系数显著，这表明仅考虑单一模型忽视模型不确定性会对估计结果带来一定偏差。因此，无论从模型不确定性角度，还是估计结果角度，BMA 考虑更为全面，估计结果更为可靠，采用单一模型拟合数据存在遗漏有用信息的风险。综上，本书下述分析主要基于列（2）~ 列（3）。

表 6.2　　　　　　　　　　基于 MC^3 的 BMA 与单一模型估计结果

解释变量	g = UIP						FE	OLS
	PIP（%）	EV/SD	PIP（%）	EV/SD	PIP（%）	EV/SD	EV/SD	EV/SD
ln*k*	99.8	0.082 *** (0.018)	100	0.085 ***	100	0.081 ***	0.072 *** (0.023)	0.084 *** (0.022)
voice	65.5	−0.051 (0.042)	100	−0.087	100	−0.076	−0.075 (0.052)	−0.016 (0.025)
goveff	100	0.761 *** (0.056)	100	0.774 ***	100	0.750 ***	0.746 *** (0.064)	0.765 *** (0.065)

续表

解释变量	g = UIP						FE	OLS
	PIP (%)	EV/SD	PIP (%)	EV/SD	PIP (%)	EV/SD	EV/SD	EV/SD
politics	93.9	0.490 *** (0.042)	100	0.826 ***	100	0.765 ***	0.083 *** (0.023)	0.076 *** (0.024)
reguquality	5.5	-0.004 (0.019)					-0.074 (0.046)	-0.044 (0.046)
corrupt	100	-0.311 *** (0.049)	100	-0.289 ***	100	-0.323 ***	-0.318 *** (0.042)	-0.324 *** (0.042)
pi	5.3	0.007 (0.037)					0.169 ** (0.079)	0.087 (0.081)
tariff	2.1	-0.0001 (0.0003)					-0.002 (0.002)	-0.0003 (0.002)
tfp	64.2	0.0007 *** (0.0001)			100	0.0001 ***	0.0001 *** (0.000)	0.0001 *** (0.000)
ln*gdp*	100	0.784 *** (0.024)	100	0.791 ***	100	0.786 ***	0.769 *** (0.032)	0.779 *** (0.031)
ln*fdi*	100	0.150 *** (0.015)	100	0.147 ***	100	0.148 ***	0.188 *** (0.018)	0.152 *** (0.017)
fta	100	0.002 *** (0.0002)	100	0.002	100	0.002	0.003 *** (0.0002)	0.002 *** (0.0002)
language	100	0.119 *** (0.001)	100	0.116 ***	100	0.117 ***	0.111 *** (0.001)	0.167 *** (0.001)
模型空间	16384		1		1		1	1
收敛因子	0.999		0.989		0.991			
PMP	0.999		0.704		0.243			

续表

解释变量	g = UIP						FE	OLS
	PIP（%）	EV/SD	PIP（%）	EV/SD	PIP（%）	EV/SD	EV/SD	EV/SD
R^2							0.921	0.918
观测值	3036		3036		3036		3036	3036

注：系数括号内为后验标准差或聚类稳健标准差。g 为模型先验信息参数，表征研究者对解释变量系数为 0 的确定性程度，UIP 对应 g = N；PIP 为后验包含概率，根据所有包含某一变量的模型的后验概率相加而得，其大小反映变量对因变量变化的重要性，大于 50% 则认为有效；EV 和 SD 分别为后验系数均值和标准差。列（3）~ 列（8）为前 3 个子模型对应参数，100 和 0 分别表示模型是否加入该变量。PMP 为所有子模型平均及 top2 模型对应后验概率，各列均通过 MCMC 模拟，以 bd 法抽样 50000 次，迭代 100000 次，利用 R4.0 软件实现。* 、** 和 *** 分别为 10%、5% 和 1% 显著水平。表中 BMA 估计结果均控制了时间 – 国家固定效应，FE 列为时间 – 国家固定效应结果。下同。

　　从表 6.2 中可以看出，ln$k$ 后验概率超过 90%，后验系数显著为正，说明人均资本提升对增加值贸易地位攀升起到明显促进作用，这与前文假设 1 一致。在全球贸易网络中，尽管各国贸易地位有升有降，且人均资本总体趋于提升，但人均资本对贸易地位发挥了明显积极作用。人均资本提升有利于一国更深融入国际分工，积累熟练技能劳动力，为本国技术升级和贸易地位提升奠定基础（邱斌等，2012）；也有利于促进双边分工与贸易优势互补，促进贸易规模扩张，更可能通过影响贸易网络各国的 GVC 分工位置，积极影响国家间分工环节的次序关联，从而促进贸易地位的总体攀升。各国要素禀赋如人均资本均出现提升，则会对其各自分工位置和国家间增加值贸易产生交叠影响，当此种影响达到均衡时，各国间贸易规模就会随之扩大，从而促进贸易地位的攀升。*goveff*、*politics* 和 *corrupt* 后验概率均接近 100%，后验系数分别为 0.761、0.490 和 - 0.311，说明政府效率、政治稳定以及腐败控制对增加值贸易地位的解释能力较强，这些制度质量分项指标提升对增加值贸易地位提升产生明显积极影响。较高的政府效率一方面能为国内企业开展国际贸易提供有效便捷公共服务，甚至为出口提供政策优惠以及为较低国际竞争力的产品贸易提供制度补偿，另一方面能为外国企业提供较好政策支持，减少其在本国的诸多限制和政治压力，从而增强其在本国的竞争力，两方面因素均能促进一国贸易地位的攀升。政治稳定低的国家社会稳定性较差，难以为国内外市场主体运营和开展国际贸易提供持续稳定可预期的制度环境，因而不利于贸易地位的稳固与提升。反之则反是。腐败控制揭示政府公权力被用以谋取私利的程度，包括各类形式腐败和政府被精英和私人利益所操纵程度。腐败控制较好的国家的企业不需要花费大笔资金贿赂政府官员，从而降低成本和提高利润，这有利于国际贸易的顺利开展。腐败控制较好的国家的政府官员比较清廉，能够降低在规管企业管理层过程中索贿的可能性，因而能够更好保护企业利益。腐败控制较好的国家能通过提升市场预期、降低投资不确定性等方式更多吸引外资进入，从而间接加强国家间贸易联系。从贸易网络角度看，各国制度质量提升会对其参与 GVC 分工机会以及分工深度产生影响，如果贸易网络中的各国制度质量均出现提升但幅度不等，就会对各国分工地位和价值增值能力产生影响，各国间影响彼此互为影响，最终会影响各国贸易地位。由于制度质量与贸易地位之间通常呈现正相关，因此，各国在贸易网络中的地位高低实际上与各国制度质量提升的相对速度有关，一国制度质量越高，提升速度越快，越有利于其与伙伴国开展 GVC 分工与增加值贸易，从而更快促进其贸易地位攀升。

voice 和 *reguquality* 系数均不显著，说明话语权和问责制以及监管质量并未发挥明显积极作用。这可能是因为当一国民主自由度提升时，既可能会形成更为开放的贸易政策从而加强该国与世界的贸易联系，也有可能增加其贸易风险，致使其对贸易地位的影响不显著。可能是因为尽管监管质量提升有助于改善监管政策的透明度，为国内企业生产运营及股东权益提供良好的保护，更好保护市场主体权益，但该效应仅对国内企业产生明显影响，而对出口企业的影响有限。*pi* 和 *tariff* 的后验概率均低于 50%，两者后验系数一正一负，但均不显著，说明进口关税率的降低和物理基础设施便利化对贸易地位的积极作用不明显。前者可能是因为随着 GVC 分工的深化，国家间增加值贸易除受跨境进口关税率影响外，更多受边境内多种因素作用，而且关税率的下降空间逐渐探底，其影响不再明显。物理基础设施便利化虽能够通过降低运输成本、减少货运损耗和减少运输风险等途

径为增加值贸易跨境流动提供"硬环境"，同时也能加速技术国际外溢和扩散，发挥产出创造作用，进而带动贸易扩张。但从实际来看，各国物理基础设施变化相对缓慢，其对贸易地位的影响相对有限。这是因为，在全球增加值贸易网络中，各国间贸易结构既存在竞争也有互补，各国物理基础设施改善对本国贸易地位的提升效应会受其他国家间贸易的影响。全球贸易网络中存在一些国家，其贸易结构较为相近，即使其物理基础设施改善也会受其他国家贸易竞争所产生的"挤出"效应的作用，致使物理基础设施的作用不明显。物理基础设施对贸易地位的积极影响并未充分显现也从侧面说明各国优化贸易结构、避免过度竞争抑制，从而构建互利共赢包容发展的重要性和必要性。

对于中国而言，上述结论也具有较强的现实启示。从现实看，一方面，随着中国贸易地位的提升，人均资本水平也在逐渐上升，两者之间的相同变动趋势与本书研究相一致。人均资本的提升为中国贸易地位的巩固和进一步提升提供物质基础。在全球增加值贸易网络中，一国人均资本的提升有利于其更深融入国际分工，积累熟练技能劳动力，从而为本国技术升级和贸易地位提升奠定基础。而其他国家人均资本提升同样具有相似效果，在此情形下，人均资本对中国贸易地位的促进作用既取决于中国自身人均资本的提升速度，也与其他国家人均资本的变动有关。事实上，各国人均资本变动的相对快慢直接决定了其在 GVC 分工中的分工位置和价值创造能力的相对变动，而人均资本提升加快的国家通常是那些快速攀升国际分工地位和贸易地位的国家。中国人均资本的快速提升逐渐从低收入国家发展成为跨越中等收入陷阱的国家与上述结论相契合。另一方面，制度质量对中国贸易地位提升的作用不可或缺。无论是政府效率、还是政治稳定，抑或是腐败控制均是制度质量的组成部分，其对中国贸易地位的积极作用比较明显。中国应当进一步优化制度环境、提升制度质量国际竞争优势，通过简化行政手续、提升政府效率、加大反腐力度、强化制度控制，系统性构建国际一流制度环境。比如，简化进出口贸易手续，降低通关时间，减少通关时滞成本，促进贸易便捷流动；推进"放管服"改革，优化外资投资运营成本，降低行政诸多限制和壁垒，营造国际化、法治化、便利化及公平化的制度环境，为提升政府效率释放制度活力，最终从体制层面消除寻租腐败利益痼疾，为市场秩序和国际贸易活动有序开展提供有效制度供给。只有如此，才能为提升全球贸易地位提供有力制度保障，才能在扩大开放中吸引更多高质量外资，才能使制度质量优势转化为国际竞争优势，加快推动构建开放型经济体制。

控制变量后验系数与预期基本一致。tfp 后验系数显著为正，说明技术进步是促进贸易地位提升的重要因素。技术水平主要通过影响 GVC 分工位置和价值链生产效率影响增加值创造能力，从而间接影响贸易地位。从贸易网络角度看，各国技术水平的提升会促进其生产效率的提升，间接推动增加值出口规模和出口种类的扩张，从而加强与伙伴国之间的贸易联系，这有利于贸易地位的提升。从 GVC 分工角度看，技术水平的提升意味着一国增加值创造能力的增强和生产能力的扩大，这有利于促使其向着更高端的分工环节迈进，从而发挥其自身价值增值能力，这也有利于贸易地位的扩张。$\ln gdp$、$\ln fdi$、fta 和 $language$ 后验系数分别为 0.784、0.150、0.002 和 0.119，四者均显著，说明经济规模越大、外商直接投资净流入越多、与相对贸易规模较大的伙伴国签署区域贸易协定以及用共同语言，越有利于增加值贸易地位提升。GDP 较高的国家既能为各种资金、技术和创新投入提供充足空间，促进产品与贸易扩张，也能保证一国实现生产要素投入价值和增加值贸易扩张，两者均会积极影响一国贸易地位。FDI 对可通过影响一国参与国际分工程度以及全要素生产率、技术溢出、示范和竞争效应间接促进贸易地位提升。从贸易网络角度看，FDI 流入的增多有利于加强母国与东道国之间的贸易联系，也会通过国际技术外溢等效应积极影响第三国与伙伴国之间的贸易，从而促进第三国加强与本国之间的增加值贸易，因而 FDI 对贸易地位会产生积极作用。与多国签署区域贸易协定可通过相互关税减让和非关税贸易壁垒的降低，促进贸易成本下降，降低贸易不确定性，从而积极影响增加值贸易地位。从贸易网络角度看，区域贸易协定尽管存在第三国效应，即第三国之间签署区域贸易协定可能会对本国与伙伴国之间的贸易产生一定贸易转移，但从总体来看，此种贸易转移效应小于贸易创造。即区域贸易协定的"意大利面碗"效应总体上会促进各国贸易的扩大，因而签署区域贸易协定或签署深度区域贸易协定有利于贸易地位提升。具有相似文化，如共同语言、共同宗教信仰有利于减少沟通障碍与沟通成本、增加相互信任、增加商业机会以及提升文化认同，从而促进双边贸易，带动贸易地位提升。两国间拥有共同语言能降低沟通成本及障碍，增加相互信任，并推动文化交流传播，从而加强贸易联系。共同语言对贸易的促进作用在贸易网络层面也成立，即与更多国家拥有共同语言关系，加强文化交流与沟通，能促进贸易地位的攀升。

6.4　异质性分析

6.4.1　进、出口贸易地位异质性

从总体贸易地位角度分析表明人均资本和制度质量发挥了积极正向作用，但并未区分是通过进口还是出口促进增加值贸易地位的整体提升。因为从总体角度看，即使人均资本和制度质量对贸易地位产生了明显积极影响，但并未探究此两类因素是通过出口贸易地位还是进口贸易地位途径发挥影响。比如，通常而言，政治环境的稳定可能会更有利于吸引更多国外进口，从而促进进口贸易地位提升，而对出口未必会形成明显积极作用。实际上，有研究表明当一国政治稳定性较差时，本国企业更倾向于选择出口而非内销。考虑于此，本书接下来进一步将贸易地位进行区分，分别用出度中心度和入度中心度代表各国出口贸易地位和进口贸易地位[①]，然后分别进行回归，从而比较分析人均资本和制度质量细分指标的差异化影响，表 6.3 报告了相应的估计结果。从中可以看出，在出度中心度和入度中心度两列估计结果中，$\ln k$ 的 PIP 分别为 29.3% 和 99.9%，后验系数分

---

① 需要说明的是，由于监管质量的影响不显著以及简化计，后文异质性分析与稳健性检验在估计中均将其放入模型且均使用度数中心度作为被解释变量，出度中心度、入度中心度结果不再报告，监管质量的系数也不再报告，作者留存备索。

别为 0.015 和 0.105，仅后者显著，这说明人均资本更多通过影响一国进口从而间接促进其贸易地位整体提升。当一国人均资本水平提升时，其产出出口的国际竞争优势会逐渐减弱，更多需要从国外进口更多种类和更高质量中间品，通过技术外溢促进本国生产并扩大出口，因此人均资本主要通过进口贸易间接影响整体贸易地位。*voice* 的 PIP 分别为 79.9% 和 33.4%，后验系数分别为 −0.014 和 0.029，两者均不显著，这与基准估计结果一致。*goveff* 后验系数分别为 0.645 和 1.005，说明政府效率提升既能通过促进本国增加值出口，也能通过刺激本国增加值进口扩张，从而促进贸易地位整体攀升。即政府效率的改善具有出口促进和进口刺激的双边作用。*corrupt* 后验系数分别为 −0.333 和 −0.428，说明腐败程度越浅越有利于贸易地位提升，这与基准结果一致。与上述分析同理，物理基础设施和关税率的作用不明显。总之，通过上述比较分析，本书可以得出结论：人均资本、政府效率和腐败控制对进口贸易地位的积极作用相对强于出口贸易地位，而政治稳定和关税削减对出口贸易地位的正向作用相对较强。即人均资本提升、政府效率提升以及腐败控制的加强，能通过促进更多进口，推动增加值贸易地位的整体提升，而政治环境稳定性提高以及进口关税削减更有利于促进出口扩张，从而带动增加值贸易地位的整体攀升。

表6.3　　　　进口、出口贸易地位的 BMA 及单一模型估计结果

解释变量	出度中心度			入度中心度		
	BMA	FE	OLS	BMA	FE	OLS
	PIP（%）	EV/SD	EV/SD	PIP（%）	EV/SD	EV/SD
ln*k*	29.3	0.015 (0.025)	0.039 * (0.023)	0.050 ** (0.022)	99.9	0.105 *** (0.021)	0.104 *** (0.029)	0.107 *** (0.028)
voice	79.9	−0.114 (0.321)	−0.115 (0.252)	−0.106 (0.250)	33.4	0.029 (0.045)	0.065 ** (0.031)	0.084 ** (0.033)
goveff	100	0.645 *** (0.061)	0.634 *** (0.075)	0.647 *** (0.075)	100	1.005 *** (0.076)	0.971 *** (0.077)	0.993 *** (0.081)

续表

解释变量	出度中心度				入度中心度			
	BMA		FE	OLS	BMA		FE	OLS
	PIP（%）	EV/SD	EV/SD	EV/SD	PIP（%）	EV/SD	EV/SD	EV/SD
politics	3.5	0.001 (0.007)	0.371 *** (0.028)	0.312 *** (0.027)	86	0.089 ** (0.045)	0.102 *** (0.028)	0.095 *** (0.029)
corrupt	100	−0.333 *** (0.052)	−0.332 *** (0.049)	−0.331 *** (0.049)	100	−0.428 *** (0.057)	−0.432 *** (0.053)	−0.442 *** (0.055)
pi	2.1	0.001 (0.017)	0.115 (0.103)	0.062 (0.101)	2.2	0.002 (0.021)	0.217 ** (0.105)	0.111 (0.106)
tariff	55.7	−0.004 (0.004)	0.006 *** (0.002)	0.007 *** (0.002)	3.7	−0.000 (0.001)	−0.005 * (0.003)	−0003 (0.002)
模型空间	16384		1		16384		1	
收敛因子	0.9995				0.999			
PMP	0.999				0.999			
R^2			0.894				0.899	
观测值	3036		3036		3036		3036	

注：各列均纳入控制变量，表中未报告，备索。*、** 和 *** 分别为 10%、5% 和 1% 显著水平。

6.4.2　区域异质性

第 4 章研究发现：整体而言，"一带一路"沿线区域贸易地位整体低于非"一带一路"，但前者上升较快致使其与后者之间的差距逐渐收窄。某一区域贸易地位的高低不仅反映其在全球贸易网络中的整体地位高低，还能从侧面揭示其内部各国之间贸易的联系疏密情况。据此，本书推测一国是否加入"一带一路"倡议可能会对其贸易地位产生影响，因为"一带一路"倡议旨在通过互联互通，推动沿线区域贸易畅通和深度融合，这也就意味着在"一带一路"倡议下，沿线国家可在此框架下更为便利高效开展增加值贸易。为此，将样本划分为"一带一路"和非"一带一路"沿线国家后，本书在模型中加入虚拟变量 *dumybr*（若属于沿线国家则取 1，否则取 0），然后进行重新估计，结果如表 6.4 列（2）~ 列（3）所示。不难看出，主要变量的后验概率、后验系数及其显著性与基准估计结果比较接近，且 *dumybr* 后验系数也显著，这说明"一带一路"倡议的提出有助于沿线区域贸易地位的提升。"一带一路"倡议的提出推动了沿线区域各国间的经贸畅通，加强了各国间的经贸联系，从而起到了显著提升中国及沿线国家贸易地位的作用。据统计，2013~2018 年，中国与沿线国家货物贸易进出口总额超过 6 万亿美元（龚新蜀等，2020），占中国货物贸易总额比重约为 27.4%（推进"一带一路"建设工作领导小组办公室，2019）。世界银行研究组分析发现"一带一路"倡议促使参与国之间贸易往来增加 4.1%（Baniya et al.，2020）。中国自提出"一带一路"倡议后，就先后与不同沿线国家加强了经贸往来，推动了"五通"进程，这既巩固和促进了中国的贸易地位，也间接提升了沿线小国的贸易地位。

表 6.4   **不同区域、国家和时段 BMA 估计结果**

解释变量	不同区域		不同收入组		1996~1998 年		1999~2008 年		2009~2018 年	
	PIP（%）	EV/SD	PIP（%）	EV/SD	PIP（%）	EV/SD	PIP（%）	EV/SD	PIP（%）	EV/SD
ln*k*	97.8	0.067 *** (0.020)	99.5	0.073 *** (0.018)	98.9	0.179 *** (0.051)	4.0	0.0008 (0.007)	3.3	0.0007 (0.006)
voice	79.7	0.076 (0.047)	70	−0.054 (0.041)	8.9	0.007 (0.033)	56.5	−0.056 (0.057)	11.2	−0.008 (0.027)
goveff	100	0.583 *** (0.067)	100	0.722 *** (0.058)	28.9	0.078 (0.142)	100	0.744 *** (0.083)	100	1.062 *** (0.097)
politics	99.9	0.112 *** (0.024)	13.5	0.069 *** (0.019)	84.8	0.173 (0.096)	34.5	0.029 (0.046)	13.7	0.009 (0.028)
corrupt	100	−0.243 *** (0.045)	100	−0.295 *** (0.044)	52.9	0.118 (0.128)	99.9	−0.339 *** (0.071)	100	−0.397 *** (0.072)
pi	8.6	0.014 (0.054)	4.1	0.005 (0.031)	54.9	0.0240 (0.252)	4.7	0.006 (0.038)	10.3	0.037 (0.128)

解释变量	不同区域		不同收入组		1996～1998 年		1999～2008 年		2009～2018 年	
	PIP (%)	EV/SD	PIP (%)	EV/SD	PIP (%)	EV/SD	PIP (%)	EV/SD	PIP (%)	EV/SD
tariff	3.3	0.0001 (0.001)	2.1	0.0001 (0.001)	6.9	0.0002 (0.001)	6.1	−0.0002 (0.001)	20.1	−0.0029 (0.006)
dumybr	100	0.524*** (0.035)								
dumyincom			100	0.301*** (0.044)						
模型空间	16384		16384		8192		8192		8192	
收敛因子	0.9997		0.9997		0.9974		0.9992		0.9992	
观测值	3036		3036		396		1320		1320	

注：标准变量 PMP 低于 50% 的未报告，各列估计均纳入控制变量，未列出，备索。下同。
*** 为 1% 显著水平。

6.4.3　国家异质性

前文研究发现，多数贸易地位较高的主要国家之间的贸易联系强于贸易地位较低的非主要国家之间的贸易联系，并且主要国家多为人均收入水平较高的国家。那么，本书提出如下推测：主要国家之间的"富人俱乐部"现象可能 GVC 分工程度差异与嵌入位置有关。这是因为多数高贸易地位国家在 GVC 分工中通常居于核心位置，其价值增值能力较强，因而对整个 GVC 的控制能力相对更强，并且这些国家之间可能更易于形成紧密的国际分工与贸易关系。相比而言，由于要素禀赋和核心竞争能力差异，发达和发展中国家在不同价值生产环节、地位以及价值增值能力方面存在很大差异，发达国家依靠跨国公司在价值链分工及贸易中垄断优势、定价权以及组织控制能力，占据全球价值链中高端位置；发展中国家由于市场、技术和规则制约，通常位于加工、组装等低端环节，通过承接产业转移嵌入全球价值链，处于市场和技术等多重"低端锁定"的中低端位置。因此，收入水平差异可能是影响各国贸易地位的重要因素。基于上述逻辑，本书根据世界银行 2010 年标准①，在模型中纳入收入分组虚拟变量 *dumy-incom*（如果属于高或中等偏上收入国家则取 1，否则取 0），然后进行重新估计，结果如列（4）~ 列（5）所示。从中可以发现，各主要变量的后验概率和后验系数与基准结果保持一致，且 *dumyincom* 后验系数显著为正，说明不同收入差异是影响各国贸易地位的重要因素，高收入国家间相对紧密的贸易联系对其贸易地位的积极作用强于中低收入国家。即收入水平越高的国家，其贸易地位相对越高，反之则越低。从经济含义看，中高收入组国家间相对紧密的国际分工既反映出增加值贸易存在的"富人俱乐部"现象，也从反面说明低收入组国家之间增加值贸易联系程度较低，实际上这些低贸易地位国家中缺乏价值链分工主要国家，促使低贸易地位国家只能围绕少数高贸易地位国家开展增加值贸易。高贸易地位国家贸易地位"富人俱乐部"效应以及低贸易地位国家间松散的贸易联系也从侧面揭示了全球增加值贸易网络"核心—边缘"结构的内在原因。

6.4.4 时段异质性

由前文可知，考察期间全球增加值贸易网络并非一成不变，而是呈现阶段性动态演化，不同阶段各国的贸易地位相对高低也呈现"升降并存"的动态变动迹象。为进一步分析人均资本、制度质量、物理基础设施和贸易自由化等主要因素在各国增加值贸易地位演变中的作用差异，本书分别以 1998 年金融危机、2008 年金融危机作为分界点，将全部样本进行划分，然后分别进行重新估计，1996 ~ 1998 年、1999 ~ 2008 年和 2009 ~ 2018 年

---

① 世界银行 2010 年不同收入组划分标准如下：人均收入 $PI \leqslant 1005$ 美元，低收入国家；1006 美元 $\leqslant PI \leqslant 3975$ 美元，中低收入国家；3976 美元 $\leqslant PI \leqslant 12275$ 美元，中高收入国家；12275 美元 < PI，高收入国家。根据上述标准，本书样本中高收入国家包括 ARG、AUS、AUT、BHR、BEL、BWA、BRN、CAN、CHL、CRI、HRV、CYP、CZE、DNK、EST、FIN、FRA、GAB、DEU、GRC、HUN、ISL、IRL、ISR、ITA、JPN、KWT、LVA、LBN、LTU、LUX、MYS、MUS、NLD、NZL、NOR、OMN、PAN、POL、PRT、QAT、KOR、SAU、SGP、SVK、SVN、ESP、SWE、CHE、TTO、ARE、GBR、USA、URY 和 VEN 等 55 个国家，其余 77 个国家为中低收入国家。

的估计结果如列（6）~列（11）所示。从中本书可以得出主要结论：人均资本在各阶段的正向影响基本不变，而话语权和问责制、政府效率、政治稳定和腐败控制等制度质量的积极影响总体趋于增强，物理基础设施的积极作用逐渐凸显。以 *goveff* 为例，其后验系数先由 1996 ~ 1998 年的 0.078 增至 1999 ~ 2008 年的 0.744，其后再增至 2009 ~ 2018 年的 1.062，这说明在不同阶段，制度质量的影响并非一成不变，而是逐渐增强。可能的原因是：1998 年金融危机以及 2008 年金融危机严重冲击了 GVC 分工，甚至造成部分国家间贸易往来的中断，降低了各国间增加贸易关系形成的概率，而且促使各国在开展贸易时更加注重边境后制度风险等因素所产生的巨大冲击，因此在后金融危机时期，各国在开展国际贸易活动中更为重视伙伴国制度质量的高低，伙伴国制度质量越高越有利于一国与其开展价值链贸易，因而制度质量改进会促进贸易地位攀升。随着 GVC 分工的深化与国际竞争的加剧，各国在价值链分工中的位置和价值创造能力日趋成为摆脱低端锁定占据全球高端市场的重要议题，发展中国家要素资源禀赋的丧失促使其更为重视技术因素在国际贸易地位中的作用，因为单纯依靠成本优势已不足以在国际市场中保持和提升竞争优势，技术水平逐渐成为决定一国竞争优势和贸易地位的决定因素，其对国际贸易地位的积极作用得以强化。

6.4.5 贸易地位异质性

前文虽从总体、出口、进口以及时段、国家等多个角度考察了人均资本、制度质量、物理基础设施以及关税的差异化作用，但主要是在平均意义上开展的分析，实际上忽视了这些因素在不同贸易地位国家中的差异化作用。为此，本书采用分位数回归法，重新进行了估计，从而考察不同贸易地位分位点下上述因素的动态效应。分位数回归结果如表 6.5 所示。从中可以看出，随着分位点由 q10 转向 q50 以及 q75 和 q99，核心变量的后验系数及其显著性发生了明显变化。具体而言，人均资本的系数逐渐由负向不显著转为正向显著且正向系数在逐渐增强，政府效率和政治稳定系数均一直为正且逐渐增加，腐败控制系数绝对值出现倒"U"型迹象，而话

全球增加值贸易网络演变及影响因素研究

语权和问责制以及关税的系数不显著，物理基础设施仅在低分位点显著。这说明，随着贸易地位的提升，人均资本的积极作用在逐渐增强，政府效率和政治稳定的积极影响也在逐渐扩大，腐败控制对贸易地位的影响并非线性，而物理基础设施的作用在低贸易地位国家的作用相对更为明显。总之，相比于低贸易地位国家而言，要素禀赋、政府效率以及政治稳定对增加值贸易地位提升的积极作用更强，腐败控制与贸易地位高低之间可能并非简单的线性关系；相比于高贸易地位国家而言，物理基础设施的改善更能大幅提升增加值贸易地位。

表6.5 不同分位点 BMA 估计结果

	q10	q25	q50	q75	q95	q99
ln*k*	− 0.002 (0.013)	− 0.043 (0.038)	− 0.099 *** (0.023)	0.098 *** (0.023)	0.077 *** (0.018)	0.081 *** (0.018)
voice	0.006 (0.028)	0.127 * (0.094)	0.010 (0.027)	0.0004 (0.005)	− 0.028 (0.039)	− 0.057 (0.044)
goveff	0.129 (0.147)	0.131 (0.172)	0.266 *** (0.051)	0.495 *** (0.060)	0.764 *** (0.057)	0.766 *** (0.057)
politics	0.029 (0.058)	0.111 ** (0.059)	0.001 (0.006)	0.096 *** (0.034)	0.046 (0.042)	0.559 *** (0.042)
corrupt	− 1.926 *** (0.142)	− 0.086 (0.117)	− 0.007 (0.028)	− 0.213 *** (0.053)	− 0.339 *** (0.050)	− 0.318 *** (0.049)
pi	0.703 *** (0.167)	0.597 *** (0.144)	0.006 (0.038)	0.010 (0.047)	0.008 (0.039)	0.006 (0.035)
tariff	− 0.0001 (0.003)	− 0.009 (0.007)	0.0002 (0.001)	0.000 (0.001)	− 0.0001 (0.001)	− 0.0001 (0.001)
模型空间	8192	8192	8192	8192	8192	8192
观测值	3036	3036	3036	3036	3036	3036

注：* 、** 和 *** 分别为10%、5%和1%显著水平。

146

6.4.6　部门异质性

前文主要从总体、不同区域、不同时段以及不同分位点角度分析人均资本、制度质量、物理基础设施和贸易自由化对贸易地位的差异化影响，实际上忽视了不同部门的异质性。在 GVC 分工背景下，制造业具有生产阶段可分离等技术特性，许多产品生产环节分布于全球各地，其价值链环节相对较广，农、矿等初级品价值链环节较短，且主要经本国生产进而简单加工然后出口，而如金融中介、运输等服务部门由于开放程度差异，产业链许多环节都位于国内，且需要提供者与消费者直接接触才能发生，难以进行生产阶段划分，不同部门生产分割特性及其分工的国际配置可能会造成不同因素形成差异化影响。为此，本书接下来从制造业、服务业和农业增加值贸易网络等产业层面分别考察主要因素对全球增加值贸易地位的异质性影响。制造业、服务业和农业分部门增加值贸易地位估计结果如表6.6 所示。通过比较可以发现，相比于服务业和农业部门，人均资本对制造业部门贸易地位提升的积极作用较强。相较于农业部门，政府效率、政治稳定和腐败控制等制度质量对制造业和服务业部门贸易地位提升的促进作用更大。其余核心变量的影响不明显。这是因为相比于制造业部门和服务业部门，农业部门产品主要在本国取得，其在全球价值链中的参与程度相对不高，价值链环节较短，一国两制制度质量改进和物理基础设施便利化对农业增加值出口的影响比较有限。而制造业部门具有生产阶段可分离等技术特性，许多产品生产环节分布于全球，一国两制制度质量改进和物理基础设施便利化能够显著促进增加值出口，因而有利于贸易地位的攀升。

表 6.6　　　　　　　　　　**分部门 BMA 估计结果**

解释变量	制造业		服务业		农业	
	PIP（%）	EV/SD	PIP（%）	EV/SD	PIP（%）	EV/SD
ln$k$	41.8	0.025 (0.032)	2.9	0.0005 (0.005)	24.4	0.014 (0.027)

解释变量	制造业		服务业		农业	
	PIP(%)	EV/SD	PIP(%)	EV/SD	PIP(%)	EV/SD
voice	13.7	-0.008 (0.025)	100	-0.021 (0.035)	100	-0.022 (0.037)
goveff	100	0.731*** (0.073)	100	0.693*** (0.097)	97.3	0.234*** (0.076)
politics	93.1	0.104*** (0.041)	94.1	0.109*** (0.041)	37.9	0.034 (0.048)
corrupt	100	-0.342*** (0.057)	36.3	-0.053 (0.078)	8.2	-0.008 (0.034)
pi	15.1	0.036 (0097)	6.2	0.012 (0.054)	82.2	0.348 (0.199)
tariff	2.3	-0.0001 (0.001)	52.4	-0.0045 (0.005)	2.1	-0.0001 (0.001)
模型空间	8192		8192		8192	
收敛因子	0.9997		0.9997		0.9997	
观测值	3036		3036		3036	

注：*** 为 1% 显著水平。

6.5　稳健性检验

6.5.1　增加值贸易地位指标测度

被解释变量测度偏差是影响估计结果可靠性的重要因素。因为增加值贸易地位指标的测度偏差直接关系到各国在全球增加值贸易网络中地位的相对大小，此种相对大小会直接影响到核心变量的方向及其显著性。为克服上述问题，本书用 PageRank 中心度（Brin & Page，1998）作为增加值贸易地位的替代指标进行重新估计，结果如表6.7列（2）所示。从中可以发现，在进行重新估计后，各主要变量后验系数及显著性与基准结果一致，主要变量的后验系数大小与基准结果存在一定差异但系数符号与基准结果一致，其中物理基础设施和进口关税率系数开始变得显著，这说明了前文主要结果的稳健性。

6.5.2　不同抽样算法与先验设定

不同抽样算法和先验信息设定均可能会对估计结果产生影响。一方面，在基准估计结果中，本书主要采用 bd 法进行抽样，以决定各解释变量组合而成的不同子模型的后验概率是否与当前存在的模型具有相同的协变量，若不是则放弃该变量，如此重复抽样，最终得到8192个子模型后验包含概率。在此过程中，各变量选取概率仅有0或1两种情况。显然，此种抽样算法对解释变量是否进入下一个子模型假设较强，因为此种假设强调解释变量是否应纳入子模型只有应该和不应该两种情况。为克服该缺陷，本书将每次解释变量的选取与否都赋予50%概率，然后再进行重新抽样（rev-jump）[1]，以确定各子模型变量组成，估计结果如列（3）所示。从中可以发现，主要变量后验系数符号及显著性与基准结果比较接近，说明前文估计结果对抽样算法并不敏感。另一方面，参数先验分布设定也是可能影响基准结果重要因素，因为它会影响到综合似然，而后者是后验模型权重的关键组成（Eicher et al.，2012）。对此，本书分别采用 RIC（Foster & George，1994）[2] 和 HQ（Fernandez et al.，2001）[3] 两种先验分布，重新进行估计，结果分别如列（4）～列（5）所示。从中不难看出，无论是哪种先验参数设定，主要变量后验系数符号及显著性均与基准结果大体一致。因此，不同先验分布对基准结果不敏感，前文估计结果比较稳健。

---

[1]　即以50%的概率通过 bd 法抽出一个候选模型，在50%的概率下，候选模型随机放弃一个与 M_k 有关的协变量，并从模型 M_k 中未包含的潜在协变量中随机增加一个随机变量。

[2]　$g = K^2$。

[3]　$g = \ln N^3$。

6.5.3 观测样本间相关性

核心观测样本间的相关性可能会影响到系数的标准差及显著性，从而给模型估计带来偏差。观测样本之间的相关性主要是由贸易地位指标测度引起。因为在整个全球增加值贸易网络中，对一国增加值贸易地位的测算是以与其具有贸易的国家为基础通过加权得到，而另一国也是基于相同计算方法，这就会导致不同国家贸易地位的高低因为同一进、出口贸易存在一定程度关联。如果观测样本之间存在关联，就违背了模型估计的无关性假设，其估计结果会存在有偏。为此，本书主要采用两种做法解决上述问题。一是先将各国贸易地位指标进行中心化处理①，尽可能缓解观测样本之间的相关性，然后再进行估计，结果如表 6.8 列（2）所示。然而，如果经中心化处理后，观测样本之间仍存在微弱程度关联，也会影响到估计结果的准确性。为此，本书参考贝罗尼等（Belloni et al.，2011），二是采用 Lasso 回归方法，通过设置变量系数大小的惩罚参数对变量进行调整，最终得到接近真实值的无偏估计量，结果如列（3）所示。从中不难看出，列（3）基于逐一增加变量进行估计，本书得到的最优 Lambda 调整参数为3.308，相应模型最小标准误为 0.023，各变量系数符号与基准结果基本一致。列（2）估计结果中主要变量的后验概率及其系数均与基准结果一致。上述分析表明在解决核心变量间共线性问题后，前文主要结论稳健。

表 6.7　　　　　　　　　　　　　稳健性检验 I

解释变量	PageRank	mcmc = rev. jump	g = RIC	g = HQ
ln*k*	0.003 *** (0.0004)	0.082 *** (0.018)	0.081 *** (0.018)	0.082 *** (0.017)

---

① $stlnDEGREE = \dfrac{lnDEGREE - \min\{lnDEGREE\}}{\max\{lnDEGREE\} - \min\{lnDEGREE\}}$，其中 $\max\{lnDEGREE\}$ 和 $\min\{lnDE\text{-}GREE\}$ 分别为 2003 年各国中心度最大值和最小值。

续表

解释变量	*PageRank*	*mcmc = rev. jump*	*g = RIC*	*g = HQ*
voice	0.000 (0.0001)	−0.050 (0.043)	−0.059 (0.038)	−0.059 (0.040)
goveff	0.433 *** (0.027)	0.761 *** (0.056)	0.584 *** (0.071)	0.757 *** (0.057)
politics	0.068 *** (0.007)	0.492 *** (0.042)	0.065 * (0.035)	0.061 (0.037)
corrupt	−0.024 *** (0.004)	−0.312 *** (0.050)	−0.316 *** (0.049)	−0.315 *** (0.049)
pi	0.011 *** (0.002)	0.006 (0.035)	0.017 (0.055)	0.012 (0.048)
tariff	−0.0001 *** (0.000)	0.000 (0.0003)	0.000 (0.0001)	0.000 (0.0001)
模型空间	8192	8192	8192	8192
收敛因子	0.9995	0.9997	0.9941	0.9978
观测值	3036	3036	3036	3036

注：表中变量 PIP 未报告，备索。* 、*** 分别为 10% 、1% 显著水平。

6.5.4　内生性问题

潜在内生性问题是影响基准结果的重要因素。就本书而言，内生性偏误主要源于反向因果关系。即高贸易地位国家可通过加强与伙伴国间 GVC 的分工与增加值贸易促进自身贸易地位攀升，反过来，贸易地位提升又会促使其进一步强化彼此之间的贸易联系，如签署或升级区域贸易协定，降低关税以及加强直接投资等。因此，贸易地位与诸如经济规模、区域贸易协定等因素之间的反向因果关系均可能存在内生性，这会造成模型结果不可靠。为此，本书将经济规模和加权区域贸易协定滞后项作为工具变量，进行 2SLS 估计，结果如列（4）所示。可见，2SLS 中 Anderson LM 和 C–D Wald F 统计量分别为 2775.6 和 158.3，均超过 13.91 临界值，说明工具变量不存在弱识别问题，满足相关性；Sargan 检验 p 值为 0.198，表明工具变量通过过度识别检验，满足外生性。主要变量系数符号及显著性与基准结果一致。若基准结果不存在内生性问题，则使用非工具变量得到的估计结果应与基准结果一致。因此，本书进一步分别采用能克服自相关和异方差的 FGLS 法以及有限信息极大似然（LIML）法重新估计模型[①]，结果分别如列（5）～列（6）所示。从中可见，多数核心变量系数及符号与基准结果一致。上述三种估计结果从正反两个角度说明了前文估计结果稳健。

表 6.8   稳健性检验 II

解释变量	st ln*DEGREE*	*Lasso Estimation*	2*SLS*	*LIML*	*FGLS*	*noDEUMDA*
ln*k*	0.006 *** (0.001)	0.084 ***	0.079 *** (0.018)	0.084 *** (0.017)	0.253 ** (0.041)	0.079 *** (0.017)
voice	−0.003 (0.003)	−0.059	−0.060 (0.278)	−0.060 ** (0.026)	0.070 (0.047)	−0.012 (0.026)
goveff	0.057 *** (0.004)	0.746 ***	0.816 *** (0.065)	0.765 *** (0.063)	0.071 *** (0.005)	0.728 *** (0.053)
politics	0.004 (0.003)	0.737 ***	0.074 *** (0.025)	0.076 *** (0.024)	0.016 (0.025)	0.492 *** (0.040)
corrupt	−0.023 *** (0.004)	−0.312 ***	−0.349 *** (0.047)	−0.324 *** (0.045)	−0.005 *** (0.002)	−0.332 *** (0.047)
pi	0.0001 (0.003)	0.091	0.050 (0.097)	0.087 (0.092)	−0.004 (0.073)	0.005 (0.029)
tariff	−0.000 (0.0001)		−0.001 (0.002)	−0.0002 (0.002)	−0.0006 (0.002)	−0.0001 (0.003)
Lambda		3.308 (0.023)				
Anderson LM 检验			2775.6			
C–D Wald F 检验			158.3 (13.91)			
Sargan 检验			0.198			

---

① FGLS 法主要通过对随机误差矩阵进行转换，利用残差对其滞后项回归得到的自相关系数对残差进行转换，然后利用转换后的残差估计模型。此处转换方法主要是 Prais – Winsten 方法。

解释变量	st lnDEGREE	Lasso Estimation	2SLS	LIML	FGLS	noDEUMDA
模型空间	8192	1	1	1	1	8192
收敛因子	0.9996					0.9995
观测值	3036	3036	3036	3036	3036	2990

注：Lambda 为 the lambda that minimizes MSPE，括号内为标准误。** 、 *** 分别为5% 、1%
显著水平。

6.5.5　剔除极端样本

本书样本中，增加值贸易地位最高的德国（DEU）和最低的摩尔多瓦
（MDA）等极端样本的存在可能会对估计结果产生一定影响。这是因为贸
易地位较高或较低样本变量方差较大，在估计中会对系数造成放大或缩小
的作用，致使其估计系数偏离均值程度较大。那么在估计核心变量后验系
数过程中，就可能产生偏离原先均值较多的情形，这会影响到核心变量的
精确程度。为检验本书研究结论是否受极端样本的影响，本书先将德国和
摩尔多瓦进行剔除然后重新估计，结果如列（7）所示。从中可以看出，
主要变量后验系数依旧显著且符号方向也与基准结果一致，因而估计结果
不受极端样本影响，本书结论稳健。

6.6　全球增加值贸易地位决定因素的扩展分析

前文虽研究发现各国在全球增加值贸易网络中的地位是由多种因素决
定且各因素的重要性有所差异，但并未测度出这些因素特别是主要因素的
相对贡献大小，测度各因素的相对贡献强弱对于提升众多发展中国家贸易
与分工地位，增强其全球资源的控制力和影响力具有重要意义。为此，本
章在前文"特征事实—理论分析—实证检验"的总体研究思路的基础上，
进行扩展分析，识别出主要因素对增加值贸易地位的边际贡献强弱。本章

先从一般原理的角度，介绍 Shapley 法（Israeli，2007）如何测度不同解释变量对被解释变量的边际贡献及其内在逻辑然后采用 Shapley 法对不同解释变量的边际贡献进行测度与比较，重点分析主要因素的相对贡献大小，并对其经济含义进行简要解释，从侧面佐证本书的主要研究结论。此外，考虑贸易地位可能的时间趋势所引发的问题，本节也逐年考察了 1996～2018 年各解释变量的边际贡献的动态变化情况。

6.6.1 边际贡献测度方法

根据伊瑟里（Israeli，2007），Shapley 法的核心思想在于：被解释变量的方差越大，说明其包含的数据信息越丰富，在模型总体变量数和 R^2 既定的情况下，解释变量的有无对模型总体 R^2 的影响越大，说明解释变量对揭示被解释变量中的数据信息越重要，被解释变量越能由解释变量进行有效解释。然而，考虑到模型中通常不止一个解释变量，本书可以采用加权组合的方式计算各解释变量对被解释变量的贡献。该法具体原理如下：

对于本书模型，本书将其改写为简约式：

$$\ln tp = \alpha + \sum_{s=1}^{14} \beta_s x_s + e \qquad (6.7)$$

假定式（6.7）进行 OLS 回归得到的总平方和 TSS 可以分解为回归平方和 RSS 和残差平方和 ESS，即：

$$Var(\ln tp) = TSS = Var(\widehat{\ln tp}) + Var(e) = RSS + ESS \qquad (6.8)$$

其中，$\widehat{\ln tp}$ 为被解释变量的预测值。模型总拟合优度：

$$R^2 = \frac{RSS}{TSS} = \frac{Var(\widehat{\ln tp})}{Var(\ln tp)} = 1 - \frac{Var(e)}{Var(\ln tp)} \qquad (6.9)$$

根据菲尔茨（Fields，2003）和穆德等（Mood et al.，1974）定理，被解释变量的方差可以分解为所有解释变量的贡献和残差两大部分，

$$Var(\ln tp) = \sum_{s=1}^{14} Cov(b_s x_s, \ln tp) + Cov(e, y) \qquad (6.10)$$

将上式两边同时除以 $Var(\ln tp)$，即可得到被解释变量的拟合优度 R^2：

$$R^2(\ln tp) = \frac{\sum_{s=1}^{14} b_s Cov(x_s,\ \ln tp)}{Var(\ln tp)} = 1 - \frac{Cov(e,\ y)}{Var(\ln tp)} \qquad (6.11)$$

由于回归分析假定解释变量和残差项无关，因此 $Cov(e,\ y) = Var(e)$。

利用式（6.11），本书可以将各因素的影响按重要性排序。根据 Shapley 分解思想，解释变量对被解释变量的贡献等于它的边际效应，而边际效应的计算可以通过如下两种方式得到。一是在模型总体 R^2 既定的情形下，先将该变量剔除然后计算得到新的 R^2，二是将该变量纳入模型计算得到 R^2。而该变量实际的边际贡献等于两种方式的简单算术平均。以 $\ln gdp_{it}$ 为例，其对被解释变量的边际贡献为[①]，

$$C_1(\ln gdp) = \frac{1}{2}\big[R^2(\alpha + \beta_1 \ln gdp_{it} + \beta\overline{\ln gdp_{it}} + u_{it}) - R_1^2(\delta + \gamma\overline{\ln gdp_{it}} +$$

$$\mu_{it}) + R_2^2(\vartheta + \theta_1 \ln gdp_{it} + \varphi_{it}) \big] \qquad (6.12)$$

其中，$\overline{\ln gdp_{it}}$ 是指除 $\ln gdp_{it}$ 之外的其他自变量，等号右边括号内 R^2 为纳入全部变量的总拟合优度，R_1^2 为去除该变量后重新估计的拟合优度，R_2^2 为只含该变量对应的拟合优度。

不难看出，Shapley 法计算自变量的边际贡献，实际上是采用逐步剔除法，然后再将不同模型得到的拟合优度进行简单算术平均实现。$\ln gdp_{it}$ 对因变量的边际贡献，实际上等于计算其对模型 R^2 的贡献，在总体 R^2 既定情况下，将剔除不含该变量对应的 R^2 以及只含该变量对应的 R^2 取加权平均，即可得到该变量的边际贡献。此外，需要说明的是，模型中解释变量越多，各解释变量的贡献计算过程越复杂。

6.6.2　边际贡献总体分解结果

根据 Shapley 法，本书将全部解释变量纳入模型，对其进行总体回归，然后采用式（6.12）逐一计算解释变量的相对贡献率，结果如表 6.9 所

① 式（6.12）理论推导详见伊瑟里（Israeli，2007）。

示。从中可见，式（6.7）$R^2 = 0.919$，说明各解释变量对被解释变量的拟合程度较好，各解释变量能在很大程度上解释全球增加值贸易地位的变化情况。分因素看，lngdp、lnfdi 对贸易地位变动的贡献率相对较高，分别高达 32.39% 和 24.7%，其次是 $voice$、$politics$、$goveff$、$reguquality$ 和 $corrupt$ 五分项制度质量因素，累计贡献率为 19.29%，而 tfp、pi 和 ln$k$ 贡献率相对较低，分别为 7.17%、4.71% 和 4.48%，但仍高于其他控制变量。

表 6.9　　　　　　1996～2018 年国际贸易地位 Shapley 分解结果

因素	Shapley 值	贡献率	排序
lngdp	0.297	32.39%	1
$voice$	0.028	3.08%	9
$politics$	0.018	1.92%	10
$goveff$	0.028	4.24%	3
$reguquality$	0.048	5.27%	5
$corrupt$	0.044	4.78%	6
lnfdi	0.227	24.7%	2
tfp	0.066	7.17%	4
fta	0.005	0.53%	14
$tariff$	0.008	0.9%	12
ln$dist$	0.013	1.44%	11
$language$	0.006	0.65%	13
ln$k$	0.041	4.48%	9
pi	0.043	4.71%	7
总计	0.919	100%	—

注：表中结果根据笔者整理得到。

总体而言，ln$k$、$voice$、$politics$、$goveff$、$reguquality$、$corrupt$、pi 以及 $tariff$ 等核心变量指标的贡献率总计为 29.38%，虽然低于 lngdp 贡献但高于 lnfdi。上述分解结果从侧面说明人均资本和制度质量分项指标是影响贸易地位的重要因素。核心变量中贡献率相对较高的是 $reguquality$、$corrupt$

和 *pi*，而 *politics* 和 *tariff* 相对较低，这与基准结果显著情况存在出入，从侧面说明解释变量对被解释变量的影响显著与否实际上与其贡献率高低并不存在必然关系。值得注意的是，*pi* 的贡献率已经超过 *tariff*，说明物理基础设施便利化对贸易地位的边际贡献实际上高于贸易自由化。

6.6.3　边际贡献分年度分解结果

前文虽分析了各因素对贸易地位相对贡献率大小，但仅在平均意义上开展的分解，不足以详尽分析各因素在不同时段的异质性贡献率大小及其变化情况。实际上，由于不同年度各国贸易地位是在不断动态演化，而不同因素的作用也并非完全维持不变，因此从各个年度逐一考察各因素的相对贡献率大小，对于深度认识贸易地位演化规律，揭示其背后的成因，进而提出贸易地位提升对策意义重大。

为此，本书采用 Shapley 法分别对 1996～2018 年各年度贸易地位进行分解，表 6.10 列出了不同年度分解结果。从中可以看出，在不同年度，经济规模、外商直接投资和制度质量等因素对增加值贸易地位的贡献率都位居前 3，但程度大小并非固定，而是呈现微小波动。例如，ln*gdp* 贡献率在各年度内贡献率均位居第一，但在 2003 年为 30.58%，而 2005 年降至29.4%，其后出现波动上升，2014 年升至 31.17%，2018 年维持在31.13% 水平；与之相应地，ln*fdi* 在各年度贡献率位居第 2，且有微小波动，先由 1996 年 24.99% 增至 2008 年 26.07%，其后出现持续微幅下降，2018 年降至 23.49%。其他因素贡献率在不同年度也有差异，但大体维持在相对稳定的水平上。例如，*pi* 贡献率排名在期初为第 9，其后出现上升，逐渐升至 2011 年第 6，最后稳定在第 5。上述分解结果一方面说明经济规模和外商直接投资对增加值贸易地位的贡献率因时而异，不同阶段不同因素发挥的作用此起彼伏，但总体而言，决定一国贸易地位变动的主要因素仍是经济规模、外商直接投资和制度质量，其他如技术水平、进口关税率、物理基础设施等因素的作用较弱。另一方面也意味着前文总体分解结果不受时间趋势的影响，本书主要结论稳健。

表6.10 分年度国际贸易地位 Shapley 分解结果

变量	1996年 贡献率	1996年 排序	1997年 贡献率	1997年 排序	1998年 贡献率	1998年 排序	1999年 贡献率	1999年 排序	2000年 贡献率	2000年 排序	2001年 贡献率	2001年 排序	2002年 贡献率	2002年 排序
lngdp	30.58	1	29.8	1	29.4	1	31.37	1	34.04	1	31.99	1	31.93	1
voice	4.5	7	5.43	7	4.84	7	3.41	8	2.47	9	2.81	9	3.05	9
politics	2.09	10	2.19	10	2.39	10	2.19	9	1.65	10	1.77	10	1.69	10
goveff	8.02	3	8.33	3	8.01	3	8.63	3	6.89	3	7.25	3	7.81	3
reguquality	6.16	5	6.36	5	7.01	3	6.41	5	5.29	5	5.77	5	5.38	5
corrupt	5.47	6	5.63	6	5.47	6	5.46	6	4.5	7	4.7	7	4.79	6
lnfdi	24.99	2	24.79	2	24.81	2	25.88	2	26.43	2	26.07	2	25.55	2
tfp	6.54	4	6.39	4	6.14	5	6.83	4	6.52	4	7	4	7.14	4
fta	0.47	14	0.49	14	0.44	14	0.47	14	0.69	13	0.54	14	0.54	14
tariff	0.68	13	0.8	12	1.08	12	1.02	12	0.81	12	1.04	12	0.93	12
lndist	1.78	11	1.88	11	1.65	11	1.56	11	1.13	11	1.39	11	1.39	11
language	0.77	12	079	13	0.67	13	0.7	13	0.32	14	0.61	13	0.68	13
lnk	4.2	8	4.11	8	3.99	9	4.26	7	4.44	8	4.12	8	4.4	8
pi	3.74	9	3.02	9	4.09	8	1.81	10	4.81	6	4.93	6	4.73	7
R^2	0.948		0.946		0.947		0.948		0.891		0.928		0.922	
总计	100%		100%		100%		100%		100%		100%		100%	

续表

变量	2003 年 贡献率	2003 年 排序	2004 年 贡献率	2004 年 排序	2005 年 贡献率	2005 年 排序	2006 年 贡献率	2006 年 排序	2007 年 贡献率	2007 年 排序	2008 年 贡献率	2008 年 排序	2009 年 贡献率	2009 年 排序
lngdp	30.58	1	29.8	1	29.4	1	31.37	1	34.04	1	31.99	1	31.93	1
voice	4.5	7	5.43	7	4.84	7	3.41	8	2.47	9	2.81	9	3.05	9
politics	2.09	10	2.19	10	2.39	10	2.19	9	1.65	10	1.77	10	1.69	10
goveff	8.02	3	8.33	3	8.01	3	8.63	3	6.89	3	7.25	3	7.81	3
rreguquality	6.16	5	6.36	5	7.01	3	6.41	5	5.29	5	5.77	5	5.38	5
corrupt	5.47	6	5.63	6	5.47	6	5.46	6	4.5	7	4.7	7	4.79	6
lnfdi	24.99	2	24.79	2	24.81	2	25.88	2	26.43	2	26.07	2	25.55	2
tfp	6.54	4	6.39	4	6.14	5	6.83	4	6.52	4	7	4	7.14	4
fta	0.47	14	0.49	14	0.44	14	0.47	14	0.69	13	0.54	14	0.54	14
tariff	0.68	13	0.8	12	1.08	12	1.02	12	0.81	12	1.04	12	0.93	12
lndist	1.78	11	1.88	11	1.65	11	1.56	11	1.13	11	1.39	11	1.39	11
language	0.77	12	079	13	0.67	13	0.7	13	0.32	14	0.61	13	0.68	13
lnk	4.2	8	4.11	8	3.99	9	4.26	7	4.44	8	4.12	8	4.4	8
pi	3.74	9	3.02	9	4.09	8	1.81	10	4.81	6	4.93	6	4.73	7
R^2	0.948		0.946		0.947		0.948		0.891		0.928		0.922	
总计	100%		100%		100%		100%		100%		100%		100%	

159

续表

变量	2011年 贡献率	2011年 排序	2012年 贡献率	2012年 排序	2013年 贡献率	2013年 排序	2014年 贡献率	2014年 排序	2015年 贡献率	2015年 排序	2016年 贡献率	2016年 排序	2017年 贡献率	2017年 排序	2018年 贡献率	2018年 排序
lngdp	32.37	1	31.98	1	31.63	1	31.17	1	30.68	1	30.69	1	31.4	1	31.13	1
voice	2.89	9	3.24	9	3.01	9	2.78	9	2.68	9	2.58	9	2.43	9	2.62	9
politics	1.89	10	1.88	10	2.02	10	2.07	10	2.04	10	2.11	10	2.04	10	2.19	10
goveff	7.18	4	7.8	3	7.78	3	9.1	3	9.08	3	8.67	3	8.11	3	8.38	3
reguquality	5.01	5	4.8	7	4.93	7	4.76	6	4.93	6	5.1	6	5.07	6	4.85	6
corrupt	4.55	8	4.82	6	4.76	6	4.6	8	4.71	8	4.74	7	4.48	8	4.53	8
lnfdii	25.64	2	24.94	2	24.6	2	24.1	2	23.62	2	23.59	2	23.79	2	23.49	2
tfp	7.39	3	7.39	4	7.38	4	7.63	4	7.7	4	7.35	4	7.46	4	7.41	4
fta	0.6	14	0.59	14	0.57	14	0.55	14	0.61	14	0.63	14	0.66	14	0.66	13
tariff	0.9	12	0.84	12	0.96	12	0.89	12	0.94	12	0.91	12	0.88	12	0.91	12
lndist	1.46	11	1.43	11	1.44	11	1.3	11	1.31	11	1.41	11	0.15	11	1.52	11
language	0.65	13	0.66	13	0.63	13	0.63	13	0.65	13	0.64	13	0.68	13	0.64	14
lnk	4.66	7	4.73	8	4.7	8	4.66	7	4.72	7	4.73	8	4.82	7	4.8	7
pi	4.82	6	4.9	5	5.59	5	5.78	5	6.31	5	6.86	5	6.68	5	6.86	5
R^2	0.919		0.922		0.921		0.924		0.918		0.915		0.914		0.919	
总计	100%		100%		100%		100%		100%		100%		100%		100%	

6.7　本章小结

本章 6.1 节设定全球增加值贸易地位与人均资本、制度质量、物理基础设施、关税率以及其他各因素之间的面板数据模型，考虑到模型不确定问题，本节还介绍用于估计模型参数的 BMA 方法及其基本原理。概而言之，BMA 法是根据先验信息将变量赋予一定先验概率，然后在所有变量排列组合而成的模型空间中根据贝叶斯准则计算各个变量的后验系数，同时计算各个子模型的后验概率，最后按照各个子模型后验概率以及各国变量的后验系数进行加权，综合得到利用所有观测数据信息的变量的后验系数与后验标准差。其后，本节介绍了判断变量重要性程度的判断标准以及 BMA 法的抽样方法和先验设定。

6.2 节对变量选取和数据来源进行了说明。被解释变量为增加值贸易地位，解释变量分别为人均资本、制度质量四分项指标、物理基础设施、进口关税率，控制变量包括经济规模、技术水平、外商直接投资、加权区域贸易协定、共同语言关系等。

6.3 节对基准结果进行分析，其中既包括总体贸易地位也包括出口贸易地位和进口贸易地位，得出的主要结论是人均资本提升促进了增加值贸易地位的提升，政府效率、政治稳定和腐败控制能促进增加值贸易地位攀升。话语权和监管质量等因素的作用不明显，物理基础设施和进口关税率的影响类似。贸易自由化便利化和物理基础设施的作用不明显，不同因素对出口贸易地位提升的影响相对强于进口贸易地位。

6.4 节从进口、出口贸易地位、不同区域、不同国家、不同时段、不同贸易地位分位点以及不同部门等多个角度进行异质性分析，得出主要结论：人均资本更多通过影响进口贸易地位作用于增加值贸易地位，政府效率既能通过进口贸易地位也能通过出口贸易地位影响增加值贸易地位。政治稳定及进口关税率削减更利于促进出口扩张。不同区域、不同国家和不同时段异质性检验结果发现，加入"一带一路"倡议能够显著提升增加值贸易地位，收入差异是影响各国增加值贸易地位的重要因素，主要因素的影响在高收入国家表现得更为明显，人均资本在各阶段的影响基本不变，制度质量各分项指标的积极作用趋于增强。不同贸易地位分位点下各因素检验结果表明，随着贸易地位的提升，人均资本的积极作用逐渐增强，政府效率和政治稳定的积极影响逐渐扩大，腐败控制的影响并非线性，而物理基础设施的作用在低贸易地位国家作用更为突出。各因素的作用对制造业部门贸易地位的作用强于服务业和农业。

6.5 节进行了稳健性检验，本节主要从被解释变量的测度偏差、不同抽样算法和先验信息设定、观测样本贸易地位的相关性以及内生性问题等角度展开分析，结果显示本书主要结论比较稳健。

6.6 节从边际贡献的角度，采用 Shapley 法识别出了要素禀赋、制度质量、物理基础设施和贸易自由化对增加值贸易地位的边际贡献强弱大小和时变趋势。

第7章 全球增加值贸易网络地位
演变的影响因素研究

前面各章主要考察了全球增加值贸易网络演变特征及各国贸易地位分布演化规律，以及在此过程中各因素对贸易网络地位的影响，并未分析各因素对贸易网络地位演变速度的作用。实际上，随着全球增加值贸易网络的逐渐演化，各国在其中的贸易地位也随之变化，这就意味着一些国家贸易地位会出现上升，而另一些国家则会下降。从一定程度上看，不同国家贸易地位升降的快慢直接关系到其对全球资源的控制能力的稳定性强弱。为此，本章7.1节介绍计量模型、变量选取和数据说明。7.2节进行基准结果实证分析和稳健性检验，并从进、出口贸易地位、不同区域、不同网络结构和贸易地位分布等方面进行异质性分析。7.3节是本章小结。

7.1 计量模型、变量选取与数据说明

7.1.1 计量模型

参考加拉斯等（Garas et al.，2010）、许和连等（2015）、冯小兵等（2011）、苏布拉马尼安和魏（Subramanian & Wei，2007）以及葛纯宝等（2022）的研究，并结合前文研究结论，本节选取研发强度、WTO成员方

资格、金融危机以及经济规模作为核心变量，建立全球增加值贸易网络地位变化的计量模型，具体如下：

$$\Delta \ln DEGREE_{it} = \psi + \omega_1 rd_{it} + \omega_2 wto_{it} + \omega_3 crisis_{it} + \omega_4 \ln gdp_{it} + \omega Z_{it} + \chi_i + \Psi_t + \upsilon_{it}$$

$$(7.1)$$

其中，$\Delta \ln DEGREE_{it} = \ln DEGREE_{it} - \ln DEGREE_{i,t-1}$ 表示 i 国第 t 年度数中心度的变化量，反映各国贸易地位演变速度的快慢。从经济学角度看，如果该指标为正且逐渐增加，说明一国相比于上年贸易地位演变速度在不断增加，其对全球资源的控制能力在提升。如果该指标有正有负，说明其对全球资源的控制能力呈现不稳定性。如果该指标保持不变，说明一国相比于上年贸易地位演变速度保持不变，为正则说明其对全球资源的控制能力匀速提升，为负则说明在稳步下降①。rd、wto、$crisis$ 和 $\ln gdp$ 分别为研发强度、WTO 成员方资格、金融危机虚拟变量以及经济规模（对数化），也是本模型的核心变量。控制变量 Z 包括：人均资本（$\ln k$）、制度质量（$institution$）、物理基础设施（pi）、关税率（$tariff$）以及加权区域贸易协定（fta）。χ_i 和 Ψ_t 分别代表个体和时间固定效应，υ_{it} 为随机误差项。式（7.1）估计方法与前面章节相同，主要采用 BMA 法。此外，考虑估计结果的稳健性，后文也分别用对数化的出口中心度变化量 $\Delta \ln DOUTDEGREE$ 和入度中心度的变化量 $\Delta \ln DINDEGREE$ 作为被解释变量替代指标进行回归分析。

7.1.2 变量选取与数据说明

1. 增加值贸易地位变化速度

增加值贸易地位变化速度用各国第 t 年度数中心度与第 $t-1$ 年度数中心度先取对数后作差 $\Delta \ln DEGREE_{it} = \ln DEGREE_{it} - \ln DEGREE_{it-1}$ 表示。该指标用于反映各国在全球增加值贸易网络中地位变动的速度快慢情况，能从

---

① 需要说明的是，贸易地位变化量与贸易地位存在明显区别，经济含义也有所不同。前文贸易地位是从绝对意义上反映各国在全球贸易网络中的影响力，贸易地位变化量度量各国在全球贸易网络中影响力的演变速度。

侧面揭示各国对全球资源控制能力的变动幅度。如果该指标为正，说明各国增加值贸易地位提升速度较快，其对全球资源控制能力在加快提升，为 0 说明此种控制能力保持不变，为负则说明此种控制能力在逐渐下降，其对全球资源控制能力的稳定性下降。原始数据来自 UNCTAD 数据库，并经 RAS 法和 KWW 法测算得到，具体过程已在前面章节说明。

2. 研发强度

研发强度用各国研究与开发支出占 GDP 比重（*rd*）表示。通过国际贸易，一国贸易地位的变动会受伙伴国中间品进口所带来的技术扩散的影响，各国间通过国际贸易组成一个互为影响的贸易网络，这就促使一国研发强度提升所产生的贸易地位促进效应会受到其他伙伴国的影响。因此，从整个贸易网络来看，研发强度对贸易网络地位演变的影响难以从理论上确定。许和连等（2015）认为研发投入增强有利于促进技术获取，对中上发展中国家技术获得的作用明显高于发达国家、中等发达国家和偏下发展中国家。因此，从技术获取的角度看，研发强度提升有利于加快中上发展中国家全要素生产率的提升，这会更快提升其在全球贸易网络中的地位。数据主要来自佩恩表，缺失数据根据世界银行数据库补齐。

3. WTO 成员方

WTO 成员方用一国是否属于世贸组织成员方（*wto*）表示，若是元素取 1，否则取 0。从双边角度看，WTO 为成员方提供关税减让、统一贸易争端解决机制等制度框架，因而可能会通过多边规则协调机制影响网络贸易关系。从贸易网络角度看，一国具备 WTO 成员方在通过关税减让、互惠协议以及贸易争端的解决加强与伙伴国贸易联系的同时，其伙伴国如果不具备 WTO 成员方资格，则该国贸易网络地位会提升，反之若其伙伴国也具备同样资格，则可能会产生贸易转移或贸易创造效应。苏布拉马尼安和魏（2007）认为具备 WTO 成员方资格能促使各国降低制度性交易成本和贸易不确定性，从而促进贸易扩张，但此种扩张程度在不同国家不平等。变量原始数据来自 WITS 数据库。

4. 金融危机

金融危机（*crisis*）用 1998 年和 2008 年为分界点设定时间变量表示。即 1996~1998 年该变量取值为 0，1999~2008 年该变量取值为 1，2009~2018 年该变量取值为 2。由于国家间贸易关系通常与国际信贷和国际资金流动紧密相连，以至于很难将国际贸易和国际金融区分开来（Glick & Rose，1999），因此金融危机会影响到国际贸易关系（Kali & Reyes，2010），从而间接影响各国贸易地位变化的相对快慢。从一定程度上看，金融危机主要通过国际贸易渠道对外传导（赵哲等，2016），进而影响到网络中其他国家的贸易地位变动。以美国次贷危机为例，其不仅从进口国经济受挫、货币贬值和跨国公司资产缩水等途径影响一国出口（仲伟周和蔺建武，2012），还会从出口二元边际及"出口转内销"（戴觅和茅锐，2015）影响出口，从而间接影响一国贸易地位。金融危机会通过网络扩散到其他国家，从而对各国贸易地位变动的快慢产生影响。

5. 经济规模

经济规模以现价美元计的国内生产总值并取对数（ln*gdp*）表示。GDP 能反映一国对贸易伙伴国的市场需求能力和为其提供贸易品的供给能力（Garlaschelli & Loffredo，2004）。经济规模越大，一国越倾向于在全球范围内开展 GVC 贸易，从而利用全球劳动、知识和技术等要素，获取更多贸易利得（Kali & Reyes，2007）。从贸易网络角度看，无论是哪个国家经济规模扩大，均意味着这些国家在全球贸易网络中的市场需求和供给能力在提升，因而有利于加强其与伙伴国之间的增加值贸易。因此，经济规模扩大有利于贸易地位演变。具体数据来源世界银行数据库，缺失数据用佩恩表补齐。

6. 控制变量

控制变量选择人均资本、制度质量、物理基础设施、进口关税率和加权区域贸易协定作为控制变量。各变量分别为：（1）人均资本。人均资本用各国资本形成总额存量与总人口之间的比重并取对数（ln$k$）表示。各国资本形成总额以 1971 年为基期，按照 10% 折旧率根据各年度固定资本形成流量经永续盘存法计算得到。垂直生产分割特性背景下各国人均资本水平直接决定了其参与 GVC 分工的机会大小以及所处的分工环节与位置（Hausmann et al. , 2005；Backer et al. , 2013），后者造成价值增值能力的不同和技术水平的差异，因此人均资本会通过分工位置和技术水平影响贸易网络地位（邱斌等，2012；Baskaran et al. , 2011；Thushyanthan et al. , 2011）。一国人均资本水平提升有利于其提升国际分工位置，向分工的高附加值环节和位置攀升，从而促进双边贸易扩张，而在此种过程中，如果第三国人均资本水平提升同样会产生相类似的效果，后者会通过贸易网络间接影响双边贸易网络地位变动的速度快慢。原始数据来自世界银行数据库。

（2）制度质量。制度质量用全球治理指数中的话语权和问责制（$voice$）、政府效率（$goveffk$）、政治稳定和非暴力（$politics$）、监管质量（$reguquality$）四分项指标表示。因为从贸易网络角度看，各国制度质量提升会对其参与 GVC 分工机会以及分工深度产生影响，如果贸易网络中的各国制度质量均出现提升但幅度不等，就会对各国分工地位和价值增值能力产生差异化影响，各国间影响彼此互为影响，最终会影响各国贸易地位。尽管如此，但由于制度质量与贸易地位之间通常呈现正相关，各国在贸易网络中的地位高低实际上与各国制度质量提升的相对速度有关，一国制度质量越高，提升速度越快，越有利于其与伙伴国开展 GVC 分工与增加值贸易，从而更快促进其贸易地位攀升。总体而言，制度质量改善有利于贸易地位演变。数据来源于透明国际。

（3）物理基础设施。物理基础设施用全球竞争力报告中各国物理基础设施总指数（pi）表示，该指数口径包括公路、铁路、港口和航空四个方面。物理基础设施质量改善既能通过降低运输成本（盛丹和包群，2011）、减少货运损耗（葛纯宝和于津平，2020）和减少运输风险等途径（Feenstra & Ma，2014），为增加值贸易跨境流动提供便捷的"硬环境"。同时也有利于促进技术国际外溢和扩散，发挥产出创造作用，从而间接带动一国贸易规模和种类扩张。其中，技术外溢与扩散能刺激一国通过学习、模仿和消化吸收以及"干中学"方式提升出口产品技术含量，从而增强其国际竞争力，促进出口规模与种类扩张（Dennis & Shepherd，2011），带动出口贸易地位提升。因此，一国物理基础设施改善会促进双边贸易扩张。从贸易网络角度看，如果各国物理基础设施均出现改善，则其对各国贸易地位的积极影响可能会被抵消。数据来自全球竞争力报告，缺失数据根据年均增速估算得到。

（4）进口关税率。进口关税率用所有产品简单平均进口最惠国关税率（*tariff*）表示。以进口关税削减为核心的贸易自由化能降低进口贸易成本（田巍和余淼杰，2013）、降低出口门槛、抑制企业退出、延长出口持续时间（毛其淋和盛斌，2013）、提升出口技术含量以及促进生产率提升（余淼杰，2010）等多种途径，促进出口扩展与集约边际（Kee et al.，2016；盛斌和毛其淋，2017），推动贸易规模和种类扩张，因而有利于贸易地位提升。从贸易网络角度看，各国进口关税率的削减会通过贸易转移或贸易创造影响各国贸易地位的相对高低。从各国现实情况看，随着 GVC 分工的深化，各国进口关税率总体趋于下降，而各国贸易地位也并非一成不变，而是呈现动态变动，且主要国家通常是那些进口关税率较低的国家。因此，可以认为贸易自由化有利于促进贸易地位提升。数据来自世界银行数据库。

（5）加权区域贸易协定。加权区域贸易协定（*fta*）是以一国与伙伴国是否签署自由贸易协定、关税同盟、共同市场、经济一体化和政治经济一体化协定等形式中的任何一种为基础，然后用该国与签署协定的伙伴国增加值贸易额占该国与所有伙伴国增加值贸易额的比重作为权重，最后进行加权得到。对于特定国家而言，签署区域贸易协定有利于加强其与伙伴国贸易联系，但如果签署的伙伴国为贸易规模较小的国家，那么即使签署协定也可能不会对其贸易地位产生明显影响。因此，简单用一国与伙伴国是否签署区域贸易协定难以准确反映协定的经济效应。另外，相比于贸易小国而言，如果特定国家的伙伴国为贸易大国，那么其与该大国签署区域贸易协定，则会在原来较高的贸易规模上起到加强作用，这会对该国贸易地位产生明显促进作用。因此，本书用一国与伙伴国增加值贸易占该国与所有伙伴国增加值贸易额的比重作为权重，构建加权区域贸易协定，综合反映其对贸易地位的影响。就双边贸易而言，区域贸易协定主要通过削减关税与非关税贸易壁垒、降低贸易成本以及贸易转移或创造效应间接影响贸易地位。一是区域贸易协定能通过削减关税与非关税壁垒（马淑琴等，2020），也能降低贸易政策不确定性促进贸易扩张（Baier & Bergstrand，2007；Limao，2016；Feng et al.，2017）。不同的区域贸易协定下，贸易政策不确定性的下降会给企业进入退出产生差异化作用，比如可能会降低出口价格，提高产品质量，并促进产品创新（Handley & Limao，2013；Barigozzi et al.，2011；佟家栋和李胜旗，2015），以及促进出口（Pierce & Schott，2012），因而有利于贸易地位的提升。此外，区域贸易协定如 RTA 中的关税减让条款，有助于降低关税波动的范围和可能性，从而降低双边贸易可能遭受的利益损失（钱学锋和龚联梅，2017）。二是与伙伴国签署区域贸易协定也可能会带来贸易转移效应，即区域贸易协定在刺激协定成员国贸易的同时，也会导致一国进口由最有效生产国转向协定成员国，或减少成员国与非成员国间的贸易（Xu et al.，2021），形成贸易转移（Freund，2011），并增加其向成员国以外的第三国出口的可能性（Lee et al.，2019）。卢卡和露西亚（Luca & Lucia，2011）发现多边或区域贸易协定对不同国家贸易地位的影响差异明显，虽有利于中心国但不利于辐条国。数据来源已在前面章节说明。

7.2　估计结果分析

7.2.1　基准结果分析

表 7.1 报告了全球增加值贸易地位演变的全样本估计结果。从中可以看出，*rd* 后验系数为 0.368 且显著，说明研发强度提升会加快各国贸易网

络地位演变。研发强度提升对贸易网络地位演变的影响既与其全要素生产率提升有关，也与国际贸易网络中技术扩散相关。研发投入强度提升有利于促进技术进步推动全要素生产率提升，增强一国在贸易网络中的贸易扩张能力，强化其与伙伴国之间的贸易联系。与此同时，通过国际贸易，一国贸易地位的变动会受伙伴国中间品进口所带来的技术扩散的影响，各国间通过国际贸易组成一个互为影响的贸易网络，这就促使一国研发强度提升所产生的贸易地位促进效应会受到其他伙伴国的影响。从整个贸易网络来看，研发强度提升有利于加快中上发展中国家全要素生产率提升，这会加快其在全球贸易网络中的地位演变。wto 后验系数为正且显著，说明加入 WTO 能够加快贸易地位提升速度。从贸易网络角度看，一国具备 WTO 成员方通过关税减让、互惠协议以及贸易争端的解决加强与伙伴国贸易联系的同时，其伙伴国如果不具备 WTO 成员方资格，则该国贸易网络地位会提升，反之若其伙伴国也具备同样资格，则可能会产生贸易创造效应，从而间接加快促进贸易地位演变。

crisis 后验系数为负且显著，说明金融危机冲击加快了各国贸易地位演变，降低了各国对资源控制能力的稳定性。发生金融危机的国家会直接加快其贸易地位的下降速度，金融危机的冲击也会通过贸易网络扩散到其他国家，从而间接加快其贸易地位的演变。由于国家间贸易关系通常与国际信贷和国际资金流动紧密相连，因此金融危机会影响到国际贸易关系（Kali & Reyes，2010），从而间接影响各国贸易地位变化的相对快慢。从一定程度上看，金融危机主要通过国际贸易渠道对外传导（赵哲等，2016），通过国际贸易网络影响各国贸易地位。在国际贸易网络中，金融危机会通过网络扩散到其他国家，从而对各国贸易地位变动的快慢产生影响。加拉斯等（Garas et al.，2010）基于 4000 个全球公司所有权网络和 86 个国家贸易网络分析发现，网络中心国家相对其他国家能更快地将危机扩散到世界其他地区，冯小兵等（2011）亚太贸易网络的拓扑结构在金融危机冲击下呈现出一定的稳定性，但网络节点的强度发生了变化。lngdp 后验系数为正且显著，表明经济规模的增加明显加快贸易地位的演变。一国经济规模的扩张能从供给角度加快为伙伴国提供贸易供给能力，也能增加对伙伴国的贸易需求，反之亦然。因此，两方面因素均能促其自身贸易地位演变。

控制变量后验概率及其系数与预期相一致。ln$k$ 后验概率为 86.8%，后验系数为 0.177 且在 1% 水平上显著，说明人均资本提升对增加值贸易地位的演变起到了明显促进作用。其中的原因如下：一是人均资本提升能够更快促进本国增加值贸易地位提升，从而增强其对全球资源的控制力和影响力。将该逻辑扩展到全球贸易网络，各国人均资本水平的提升会对其各自分工位置和国家间增加值贸易产生交叠影响，当此种影响达到均衡时，各国间贸易规模就会随之扩大，从而促进贸易地位的攀升。二是垂直生产分割特性背景下各国人均资本水平直接决定了其参与 GVC 分工的机会大小以及所处的分工环节与位置（Hausmann et al.，2005；Backer et al.，2013），后者造成价值增值能力的不同和技术水平的差异，因此人均资本会通过分工位置和技术水平影响贸易网络地位（邱斌等，2012；Baskaran et al.，2011；Thushyanthan et al.，2011）。一国人均资本水平提升有利于其提升国际分工位置，向分工的高附加值环节和位置攀升，从而促进双边贸易扩张，而在此种过程中，如果第三国人均资本水平提升同样会产生相类似的效果，后者会通过贸易网络间接影响双边贸易网络地位变动的速度快慢。三是从分工环节的次序角度看，一国人均资本的变动会改变贸易网络中不同国家间的分工次序以及在技术水平分布中的相对位置，从而各国之间的增加值流动关系不再独立，而是互为关联。如果一国人均资本提升较快，会加速各国间分工环节和技术水平的大幅变动，从而影响各国在 GVC 生产网络中的相对位置，最终影响到各国贸易网络地位变动的相对速度。当不同国家人均资本的影响达到均衡时，各国间贸易联系会逐渐加强其贸易地位提升会明显加速提升，但也会出现一些国家贸易地位会加速下降的现象。

goveff 和 *corrupt* 后验概率均超过 50%，后验系数分别为 0.327 和 −0.112，说明政府效率和腐败控制在增加值贸易地位变动过程中的解释能力较强，两者均产生了明显的积极影响。各国在贸易网络中的地位演变实际上与各国制度质量提升的相对速度有关，一国两制制度质量越高，提升速度越快，越有利于其与伙伴国开展 GVC 分工与增加值贸易，从而更快促

进其贸易地位攀升。政府效率的提升能为国内企业开展国际贸易提供有效便捷公共服务，甚至为出口提供政策优惠以及为较低国际竞争力的产品贸易提供制度补偿，甚至为外国企业提供较好政策支持，减少其在本国的诸多限制和政治压力，从而增强其在本国的竞争力，上述途径均能加快一国增加值贸易地位演变。腐败控制越好的国家，其外贸企业越不需要花费大笔资金贿赂政府官员，从而降低成本和提高利润，这有利于国际贸易的顺利开展。腐败控制较好的国家的政府官员比较清廉，能够降低在规管企业管理层过程中索贿的可能性，因而能够更好保护企业利益。因此，腐败控制能够加快影响增加值贸易地位的演变。*voice*、*politics* 和 *reguquality* 系数均不显著，说明话语权和问责制、政治稳定和监管质量并未对增加值贸易地位的演变发挥明显积极作用。这可能是因为当一国民主自由度提升时，既可能会形成更为开放的贸易政策从而加强该国与世界的贸易联系，也有可能增加其贸易风险，致使其对贸易地位变动的影响不显著。政治稳定性较高虽可通过为市场主体开展国际贸易提供持续稳定制度环境影响一国贸易地位，但其对贸易地位演变并未产生明显作用。尽管监管质量提升有助于改善监管政策的透明度，为国内企业生产运营及股东权益提供良好的保护，更好保护市场主体权益，但该效应仅对国内企业产生明显影响，而对出口企业的影响有限。

pi 和 *tariff* 的后验概率均低于 50%，两者后验系数一正一负，但均不显著，说明进口关税率的降低和物理基础设施便利化对增加值贸易地位变动的作用不明显。前者可能是因为随着 GVC 分工的深化，国家间增加值贸易除受跨境进口关税率影响外，更多受边境内多种因素作用，而且关税率的下降空间逐渐探底，其影响不再明显。全球贸易网络中一国自身关税的降低固然有利于贸易地位提升，而其他国家如果也降低关税，可能产生贸易转移，从而对贸易网络地位变动产生抵消作用，这可能促使关税对贸易地位变动作用不明显。

表 7.1　　　　　　　　　增加值贸易地位演变的全样本估计结果

解释变量	PIP(%)	EV/SD	PIP(%)	EV/SD	FE	OLS
rd	100	0.368 *** (0.039)	100	0.365 *** (0.039)	0.222 *** (0.031)	0.349 *** (0.040)
wto	99.9	0.014 *** (0.002)	75.2	0.057 *** (0.017)	0.028 *** (0.008)	0.087 (0.107)
crisis	100	− 0.472 *** (0.041)	100	− 0.472 *** (0.042)	− 0.353 *** (0.054)	− 0.501 *** (0.042)
rd	100	0.368 *** (0.039)	100	0.365 *** (0.039)	0.222 *** (0.031)	0.349 *** (0.040)
ln*gdp*	100	0.723 *** (0.042)	100	0.725 *** (0.041)	0.711 *** (0.046)	0.796 *** (0.055)
ln*k*	86.8	0.177 *** (0.012)	100	0.170 *** (0.011)	0.096 *** (0.034)	0.058 (0.039)
voice	41.1	− 0.061 (0.082)	48.2	− 0.073 (0.086)	− 0.091 * (0.049)	− 0.082 (0.058)
goveff	92.9	0.327 ** (0.146)	90.8	0.324 *** (0.150)	0.697 *** (0.118)	0.624 *** (0.153)
politics	4.4	0.003 (0.019)	4.7	0.003 (0.020)	0.186 *** (0.045)	0.118 ** (0.056)
reguquality	14.3	− 0.003 (0.098)	13.7	− 0.003 (0.095)	− 0.015 (0.092)	− 0.211 * (0.118)
corrupt	72.6	− 0.112 *** (0.052)	61.8	− 0.091 ** (0.047)	− 0.398 *** (0.085)	− 0.306 ** (0.112)
pi	6.4	0.021 (0.097)	6.0	0.019 (0.094)	0.203 (0.167)	0.149 (0.206)
tariff	37.1	− 0.005 (0.008)	36.7	− 0.006 (0.008)	0.001 (0.005)	− 0.029 *** (0.006)
fta	27.5	0.001 (0.212)			0.289 ** (0.139)	− 0.235 (0.168)
模型空间	8192		8192		1	
收敛因子	0.999		0.999			

解释变量	PIP(%)	EV/SD	PIP(%)	EV/SD	FE	OLS
PMP	0.999		0.998			
R^2					0.843	0.741
观测值	2904		2904		2904	

注：*、** 和 *** 分别代表在1%、5%和10%水平上显著。列（4）报告的是不含 fta 检验结果，本书也将其他变量逐一剔除，结果参见附录，此处未报告。

物理基础设施水平提升虽能够通过降低运输成本、减少货运损耗和减少运输风险等途径为增加值贸易跨境流动提供"硬环境"，同时也能加速技术国际外溢和扩散，发挥产出创造作用，进而带动贸易扩张。但从实际来看，各国物理基础设施变化相对缓慢，甚至存在部分国家物理基础设施水平下降的趋势，因而其对贸易地位演变的影响相对有限。在全球增加值贸易网络中，各国间贸易结构既存在竞争也有互补，各国物理基础设施改善对本国贸易地位的提升效应会受其他国家间贸易的影响。全球贸易网络中存在一些国家，其贸易结构较为相近，即使其物理基础设施改善也会受其他国家贸易竞争所产生的"挤出"效应的作用，致使物理基础设施的作用不明显。物理基础设施对贸易地位变动并未产生明显促进作用也从侧面说明各国优化贸易结构、避免过度竞争抑制，从而构建互利共赢包容发展的重要性和必要性。fta 后验系数不显著，说明一国签署区域贸易协定可通过关税减让、互惠条款等降低制度性交易成本，从而促进双边贸易地位提升。但全球贸易网络中不同国家之间签署协定的"意大利面碗"现象会通过贸易转移抵消双边贸易地位的提升速度，致使其对贸易地位演变不明显。

考虑到估计结果的敏感性，本书也在列（4）~ 列（5）报告了剔除部分变量的估计结果，通过比较分析可知，剔除部分变量后的估计结果并未发生明显改变，这说明前文基准结果比较稳健[1]。此外，为便于比较分析，

---

① 不同变量纳入模型的估计结果参见附录 C。

本书也分别在列（6）～列（7）分别汇报了基于固定效应 FE 和 OLS 估计结果。将两列系数符号、显著性与基准结果进行比较并进行分析可知，无论是人均资本、政府效率和腐败控制等制度质量的改进，还是研发强度提升、WTO 成员方资格以及金融危机的冲击，抑或是经济规模的增加，各类因素对贸易网络地位演变的影响方向与基准结果一致，这说明前文主要结论比较稳健。

7.2.2　异质性结果分析

1. 进、出口贸易网络地位变动的异质性

前文主要从总体增加值贸易地位变动角度识别出哪些因素发挥了明显作用，但这种分析并未区分这些因素特别是核心因素是通过影响进口贸易地位变动还是出口贸易地位变动，从而造成上述结果。从经济内涵看，在全球增加值贸易网络中，出口贸易地位变动和进口贸易地位变动背后代表的经济含义存在明显区别，前者主要反映一国对伙伴国贸易供给能力变动的稳定性强弱，后者则反映其对伙伴国需求能力的持续性强弱，如果两种指标均逐渐增强，则说明该国与伙伴国之间增加值贸易联系的持续强化。考虑于此，本书接下来分别用出度中心度变动和入度中心度变动分别代表各国出口贸易地位变化和进口贸易地位变化，然后分别进行回归，表 7.2 列（2）～列（3）分别报告了相应的估计结果。从中可以看出，无论是进口贸易地位变动还是出口贸易地位变动的提升，研发强度、金融危机和经济规模均产生了与基准结果相一致的影响，但部分因素表现出明显差异性。其中，研发强度提升和经济规模增加分别对进口贸易地位、出口贸易地位变动的促进作用强于出口贸易地位和进口贸易地位，而金融危机的影响则对进口贸易地位变动的影响程度更大。这说明研发强度和金融危机冲击的影响主要通过影响一国出口贸易地位变动从而作用于总体贸易地位变动，经济规模的作用则相反。

2. 区域异质性

从前文研究可知，整体而言，"一带一路"沿线区域贸易地位整体低于非"一带一路"沿线区域，但前者上升较快致使其与后者之间的差距逐渐收窄。"一带一路"沿线区域贸易地位较快的攀升态势既能说明区域内部成员之间增加值贸易联系程度的加强，也能反映出整个区域对全球资源控制能力稳定性的加强，因此"一带一路"沿线区域贸易存在较大的发展潜力。为此，本书推测，这可能与中国提出"一带一路"倡议后各国是否加入该倡议有关，因为"一带一路"倡议旨在通过互联互通，推动沿线区域贸易畅通和深度融合，这也就意味着在"一带一路"倡议下，沿线国家可在此框架下更为便利高效开展区域分工和增加值贸易。为此，本书将样本划分为"一带一路"和非"一带一路"沿线国家后，在模型中加入虚拟变量 dumybr（若属于沿线国家则取 1，否则取 0），然后进行重新估计，结果如列（4）所示。从中可以看出，dumybr 后验系数为 0.667 且显著，其他主要变量基本显著，符号也与基准结果相一致，这表明"一带一路"倡议的提出强化了沿线区域贸易地位提升的速度，促使其加快增强对全球资源的控制能力，进而逐渐缩小与非"一带一路"沿线国家之间的差距。上述结论也从侧面凸显出低贸易地位国家参与"一带一路"倡议，从而通过推动区域贸易畅通、加快提升自身贸易地位，进而增强对国际经贸规则话语权的必要性和重要性。

3. 网络结构异质性

全球增加值贸易网络"核心—边缘"等级结构可能会对各国贸易地位演变产生差异化作用。这是因为各国贸易地位在区域内变动相对容易，而突破区域限制向核心区域移动相对更难。首先，在边缘以及半边缘国家群体中，只有中国在过去的几十年里实现了从非核心位置向核心位置趋近的重大转变，而其他绝对大多国家只是在自身区域内发生缓慢变动，更为甚者，边缘区域的一些国家贸易地位维持不变，被长期锁定在整个全球贸易体系的不利位置。这说明相比于区域内贸易地位变动，跨越区域间壁垒，

成为核心国相对更为困难。其次，世界贸易网络在 1959 ~ 1996 年变得更加
紧密地联系在一起，并提出一组向上流动的经济体已经从"中间阶层"出
现（Kim & Shin，2002）。"中间阶层"群体相比于边缘国家，更易于转变
为主要国家。最后，根据世界经济体系理论，并根据前文研究可知，无论
是从总量贸易角度看，还是从增加值贸易角度看，全球贸易体系大体均可
划分为核心、半边缘和边缘三个等级集聚区域，并且主要国家之间贸易规
模较大，半边缘次之，边缘国家贸易地位最低，因而非核心区域也是整个
贸易网络中话语权最弱的群体。然而，结合经济增长理论可知，贸易开放
程度较低的国家通常经济规模不高，但后发经济发展落后的国家经济增速
一般较快。上述分析也就意味着核心区域与非核心区域国家贸易地位存在
明显差异，各自经济增长也有不同。因此，本书推测各类因素对主要国家
贸易地位演变的影响与非主要国家会存在明显差异。

表 7.2　　　　　　　　　　　　　　　异质性估计结果

解释变量	出度中心度	入度中心度	不同区域	核心国	非核心国
rd	0.260 *** （0.037）	0.449 *** （0.042）	0.391 *** （0.037）	0.361 *** （0.040）	0.360 *** （0.041）
wto	0.004 （0.014）	− 0.006 （0.036）	0.013 （0.052）	0.000 （0.017）	− 0.001 （0.017）
crisis	− 0.379 *** （0.038）	− 0.567 *** （0.046）	− 0.498 *** （0.041）	− 0.488 *** （0.042）	− 0.487 *** （0.042）
lngdp	0.841 *** （0.039）	0.621 *** （0.046）	0.718 *** （0.048）	0.758 *** （0.043）	0.757 *** （0.043）
dumybr			0.667 *** （0.069）		
Z	控制	控制	控制	控制	控制
观测值	2904	2904	2904	66	2838

注：*** 代表在 10% 水平上显著。各列均采用 BMA 法估计，收敛因子及模型空间未报告，备
索。控制变量均纳入模型进行估计，未报告。

为此，本书将全球样本划分为德国、中国和美国等主要国家以及其余130个国家作为非主要国家，然后进行重新估计，估计结果分别如列（5）~列（6）所示。通过比较可知，研发强度、金融危机和经济规模主要国家增加值贸易地位演变的影响稍微强于非主要国家但不够明显，这意味着主要国家可通过加快提升研发强度、扩大经济规模加快提升贸易地位。

7.2.3　稳健性检验

1. 不同抽样算法与先验设定

不同抽样算法和先验信息设定均可能会对估计结果产生影响。一方面，在基准估计结果中，本书主要采用 bd 法进行抽样，以决定各解释变量组合而成的不同子模型的后验概率是否与当前存在的模型具有相同的协变量，若不是则放弃该变量，如此重复抽样，最终得到 8192 个子模型后验包含概率。在此过程中，各变量选取概率仅有 0 或 1 两种情况。显然，此种抽样算法对解释变量是否进入下一个子模型假设较强，因为此种假设强调解释变量是否应纳入子模型只有应该和不应该两种情况。为克服该缺陷，本书将每次解释变量的选取与否都赋予 50% 概率，然后再进行重新抽样（rev-jump），以确定各子模型变量组成，估计结果如表 7.3 列（2）所示。从中可以看出，主要变量后验系数均显著，且符号与基准结果相一致，说明前文估计结果对抽样算法并不敏感。另一方面，参数先验分布设定也是可能影响基准结果重要因素，因为它会影响到综合似然，而后者是后验模型权重的关键组成（Eicher et al.，2012）。对此，本书分别采用 RIC（Foster & George，1994）、HQ（Fernandez et al.，2001）两种先验设定分布以及不同迭代和抽样次数（burn = 4000，iter = 2000）进行重新估计，三种估计结果分别如列（3）~列（5）所示。从中可以发现，无论是哪种先验参数设定还是改变 BMA 法的迭代次数和抽样次数，主要变量后验系数符号及显著性均与基准结果大体一致。因此，不同先验分布和抽样方法对基准结果不敏感，前文估计结果比较稳健。

2. 观测样本间相关性

观测样本间的相关性可能会影响到系数的标准差及显著性，从而给模型估计带来偏差。这是因为在整个全球增加值贸易网络中，对一国增加值贸易地位变动的测算首先是以与其具有贸易的国家为基础通过加权得到，而另一国也是基于相同计算方法，这就会导致不同国家贸易地位的高低因为同一进、出口贸易存在一定程度关联。而将该指标按照不同年度取变化量后，其中的相互关联可能并不会完全消除，并且此种变动关联可能会随着时间的推移的加强，如此一来就会违背模型样本之间无关的假设，其估计结果就存在偏误的可能。为此，本书采用 Lasso 回归方法（Belloni et al.，2011），通过设置变量系数大小的惩罚参数对变量进行调整，最终得到接近真实值的无偏估计量，结果如列（6）所示。从中不难看出，列（6）基于逐一增加变量进行估计，本书得到的最优 Lambda 调整参数为3.641，相应模型最小标准误为0.103，各变量系数符号与基准结果基本一致。上述分析表明在解决核心变量间共线性问题后，前文主要结论稳健。

表 7.3　　　　　　　　　　　　　稳健性检验

解释变量	mcmc = rev. jump	g = RIC	g = HQ	burn = 4000, iter = 20000	Lasso Estimation	2SLS	LIML
rd	0. 368 *** (0. 039)	0. 365 *** (0. 040)	0. 367 *** (0. 039)	0. 364 *** (0. 040)	0. 789 ***	0. 226 *** (0. 043)	0. 349 *** (0. 039)
crisis	− 0. 473 *** (0. 042)	− 0. 477 *** (0. 042)	− 0. 476 *** (0. 042)	− 0. 477 *** (0. 042)	− 0. 497 ***	− 0. 746 *** (0. 046)	− 0. 501 *** (0. 043)
wto	0. 031 *** (0. 008)	0. 027 *** (0. 009)	0. 023 *** (0. 007)	0. 015 *** (0. 010)	0. 024 ***	0. 088 *** (0. 005)	0. 058 *** (0. 014)
lngdp	0. 723 *** (0. 042)	0. 723 *** (0. 045)	0. 724 *** (0. 044)	0. 724 *** (0. 045)	0. 789 ***	0. 932 *** (0. 061)	0. 796 *** (0. 058)
Z	控制	控制	控制	控制	控制	控制	控制

解释变量	mcmc = rev. jump	g = RIC	g = HQ	burn = 4000, iter = 20000	Lasso Estimation	2SLS	LIML
Lamda					3. 641 (0. 103)		
Anderson LM 检验						602. 4 ***	
C – D Wald F 检验						319. 8 (13. 91)	
Sargan 检验						0. 98	
模型空间	8192	8192	8192	8192	1	1	1
收敛因子	0. 999	0. 999	0. 999	0. 996		0. 762	
观测值	2904	2904	2904	2904	2904	2904	2904

注：*** 代表在 10% 水平上显著。各列均加入其他变量，仅报告主要变量，其余结果作者留存备索。

3. 内生性问题

潜在内生性问题是影响基准结果的重要因素。就本书而言，内生性偏误主要源于反向因果关系。因为增加值贸易地位演变直接关系到一国对全球资源控制能力的强弱变动和稳定性大小，通过加快提升增加值贸易地位能够更好提升自身的经贸规则话语权。而增加值贸易地位变动较快的国家，更可能希望通过提升经济规模、改善制度质量甚至是改变人均资本，从而更快加强与伙伴国间 GVC 的分工与增加值贸易联系，反之亦然。考虑于此，本书将经济规模和制度质量滞后项作为工具变量，进行 2SLS 估计，结果如列（7）所示。可见，2SLS 中 Anderson LM 和 C – D Wald F 统计量分别为 602. 4 和 319. 8，均超过 13. 91 临界值，说明工具变量不存在弱识别问题，满足相关性；Sargan 检验 p 值为 0. 98，表明工具变量通过过度识别检验，满足外生性。主要变量系数符号及显著性与基准结果一致。另外，若基准结果不存在内生性问题，则使用非工具变量得到的估计结果应与基准结果一致。因此，本书采用有限信息极大似然（LIML）法重新估计模型，结果分别如列（8）所示。从中可以看出，各变量系数符号及显著性与基准结果一致。上述三种估计结果从正反两个角度说明了前文估计结果稳健。

7.3 本章小结

本章 7.1 节建立全球增加值贸易地位变动与各因素之间的计量模型，并对变量和数据进行说明。变量选取立足于前文结论，在人均资本、制度质量、物理基础设施和关税率的基础上，结合相关研究，增加了研发强度、WTO 成员方、金融危机等因素，并说明了其选择的合理性。

7.2 节首先进行基准结果分析，结果表明：人均资本、政府效率、腐败控制等制度质量提升均能促进增加值贸易地位演变，话语权和问责制、政治稳定和监管质量的作用不明显，物理基础设施、进口关税率和加权区域贸易协定的影响类似。研发强度提升、WTO 成员方资格和经济规模扩张能促进增加值贸易地位演变，而金融危机的冲击则阻碍了增加值贸易地位演变。

然后从进出口贸易地位变动、不同区域和网络结构角度开展异质性分析，结果发现，无论是进口贸易地位变动还是出口贸易地位变动，人均资本、政府效率、腐败控制、研发强度、经济规模和金融危机均产生了与基准结果相一致的作用，但部分因素表现出明显差异性。其中，人均资本变动对出口贸易地位演变的影响强于进口，政府效率的作用则相反；加入"一带一路"倡议能加速增加值贸易地位演变速度，从而提升其对全球资源的控制力；人均资本、腐败控制和关税水平对中国、德国和美国等主要国家的影响弱于非主要国家，说明非主要国家更加依赖其人均资本、制度环境以及关税削减，从而加速增加值贸易地位的演变。最后本节先从不同的抽样算法和先验设定角进行稳健性检验，主要做法是将基准结果中的抽样算法改为 bd 法，以及分别将模型的参数先验分布设定为 RIC 和 HQ，从而比较主要变量的后验系数及其显著性。然后考虑观测样本间的相关性，采用 Lasso 方法通过设置变量系数大小的惩罚参数调整变量，从而得到无偏的估计量，估计结果与基准一致。

最后，考虑模型可能存在潜在的反向因果关系，进而造成内生性，本节采用 2SLS 法估计，结果显示：在工具变量满足相关性和外生性的情形下，主要因素的估计系数及显著性与基准结果一致。此外，本节在"假设基准结果不存在内生性问题，那么利用非工具变量进行估计得到的结果应该与基准结果一致"这一假设下，采用 LIML 法进行估计，结果仍旧支持前文基准结果。

第 8 章　研究结论与政策建议

8.1　研究结论

当前，在全球经贸格局和多边治理体系正发生深度调整背景下，GVC分工的逐步深化不断塑造全球生产范式，其中增加值的创造、流动和分配促使世界各国紧密联系在一起，形成彼此交织、相互依存的全球贸易网络体系。各国在该体系中的贸易利益不只取决于双边属性，还与其他国家间贸易相关。"任务贸易"与全球分工网络的现实情形凸显传统总量核算方法在测度贸易利益方面的局限与不足。采用增加值核算方法测度各国间真实贸易关系，能客观揭示跨国协作和交换关系中的"增益"，从网络整体和系统视角考察全球增加值贸易网络结构演变以及各国在其中的地位变动具有现实必要性。尽管参与国际分工推动了包括中国在内的广大发展中国家经济的快速发展，也使中国具备贸易大国"比较优势"，但多数发展中国家仍面临国际分工地位与经贸规则上的双重"比较弱势"，亟须通过提升贸易地位和国际分工地位，摆脱"低端锁定"困境，从而增强其在全球经济治理体系中的规则制定权、国际话语权和合作主导权。复杂网络理论这一交叉学科研究方法侧重从节点间联结关系的结构性视角刻画网络整体拓扑结构变化规律，揭示各节点在网络中的相对重要性与影响力大小，这既与全球生产分工网络的客观现实相契合，也为分析各国在全球分工体系中的贸易地位提供了科学的方法论支撑，因而在国际贸易领域得到了较为广泛的应用。

在梳理相关文献后，本书发现学者多采用总量核算方法、从局部视角考察全球贸易网络演变及各国贸易地位变动，而从增加值核算和网络全局角度分析的比较少见；对于各国贸易地位变动及其成因的分析，学者多从定性角度直接或间接开展，而基于一个统一分析框架内从理论模型维度开展系统性研分析的比较缺乏；不同学者在分析贸易地位成因时存在不同程度忽视了模型不确定性问题，进而导致研究结论不一致问题。

鉴于此，遵循"方法构建—事实描述—理论分析—实证检验"逻辑思路，本书拟回答如下问题：基于增加值核算视角，全球贸易网络分布格局如何演变？各国贸易地位分布状况如何？全球亚洲、欧洲和北美区域集团中主要国家总体、出口、进口以及三大产业贸易地位如何变动？从顶级支撑关系层面看，全球排名前三等级增加值贸易网络分布格局如何变动？三大区域主要国家对全球及"一带一路"沿线区域国家贸易支撑面如何变化？中国增加值外贸地理重心轨迹如何变动？如何通过构建理论模型识别出国际贸易地位背后的成因？如何推动发展中国家贸易地位的进一步提升？

本书首先回顾了目前关于全球贸易网络及贸易地位的相关研究，然后基于 UNCTAD - Eora 数据库和联合国贸易统计数据，采用双边比例法（RAS）和 KWW 法测算了全球各国间增加值贸易，并用复杂网络分析方法构建 1996 ~ 2018 年全球 132 个国家增加值有向贸易拓扑网络。然后在分析全球增加值贸易网络的演变特征的基础上，考察了各国及不同区域贸易地位分布变动规律以及亚洲、欧洲和北美集团中的中国、美国和德国等主要国家总体、进口、出口以及三大产业部门贸易地位演变特征，同时比较了三个主要国家对全球各国的支撑面变化。再在厘清贸易地位影响因素及其作用机制的基础上，构建基于三国情形的国际增加值贸易网络理论模型，提出要素禀赋、制度质量、物理基础设施和贸易自由化与增加值贸易地位之间的理论假设。最后采用贝叶斯模型平均法（BMA）对理论假设进行实证检验和异质性考察，并采用 Shapley 法对各因素的边际贡献进行分解。此外，本书结尾也考察了各类因素对全球增加值贸易地位演变速度的影响。本书得出如下结论：

第一，1996～2018 年，全球增加值贸易网络已由传统以少数欧美发达国家为核心、发展中国家为非核心转向以德国、中国和美国为核心，法国、荷兰、比利时和意大利等为次核心的"多极化"分布格局。各国在全球增加值贸易网络中的地位整体分布并不均等，而是呈现"多数低、少数高"的分布规律，多数发展中国家和欠发达国家稳定围绕少数发达国家开展 GVC 分工和增加值贸易。"一带一路"沿线区域贸易地位低于非"一带一路"沿线区域，但二者之间的差距正在逐渐收窄。

第二，在全球增加值贸易网络动态演变过程中，各国贸易地位呈现"升降并存、动态演变"变化趋势，德国、中国和美国逐渐居于核心地位，多数国家贸易地位相对偏低。德国、中国和美国出口地位和总体地位分布基本一致，在制造业、服务业和农业网络中的地位存在略微差异，但进口地位差异明显。德国进口地位始终位居第一，而中国和美国则明显偏低。从 Top3 顶级增加值贸易支撑网络看，全球 Top3 等级增加值贸易支撑网络维持比较稳定的增加值贸易依赖结构，此种依赖结构先从期初少数发达国家为主导转向以德国、中国和美国为核心，但三国对全球各国的支撑面存在动态差异，其中国对全球以及"一带一路"沿线区域贸易网络国家支撑面虽然小于德国但高于美国且正在不断扩大。全球 Top3 等级增加值贸易支撑网络集团化程度逐渐下降、融合程度逐步加深、分工链条趋于缩短。中国增加值外贸的地理重心有"东进"态势，移动方向由西北转向东南。

第三，采用能够克服传统单一模型存在的模型不确定性问题的 BMA 法实证研究发现，人均资本水平提升会促进贸易地位提升，话语权和问责制、政府效率、政治稳定性和腐败控制等制度质量改善会促进贸易地位提升，而贸易自由化和物理基础设施便利化的影响不明显。分区域看，相比于非"一带一路"沿线区域国家，人均资本、制度质量、贸易自由化和物理基础设施便利化的影响在"一带一路"沿线区域国家中表现得更为突出。相比于低贸易地位国家，上述影响在和高贸易地位国家中的作用也是如此。2008 年金融危机对上述效应产生了抑制作用，而"一带一路"倡议的提出则形成了明显促进作用。分产业看，人均资本、制度质量和物理基础设施便利化对制造业和服务业贸易地位的作相对强于农业。扩展分析发现，人均资本、制度质量分项指标、物理基础设施以及进口关税率等对增加值贸易地位的边际贡献虽低于经济规模但高于外商直接投资，其中物理基础设施便利化的边际贡献高于贸易自由化，各主要因素的相对贡献强弱在不同年度维持动态稳定。从各国增加值贸易网络地位演变速度检验结果表明：研发强度的提升、具备 WTO 成员方资格和经济规模的扩张均对各国贸易地位演变起到了加速作用，而金融危机冲击则明显抑制了其地位演变，上述结论在不同类型贸易地位变动、不同区域和网络结构中呈现明显异质性。

8.2　政策建议

本书研究为包括中国在内的发展中国家提升贸易地位、增强国际经贸规则制定权和话语权、加快贸易强国建设以及推动全球新一轮经贸多边治理提供政策启示。

一是系统把握全球贸易体系演进规律，发挥贸易地位"比较优势"，改变经贸规则"比较弱势"，积极引领新一轮经贸规则治理。世界百年未有之大变局正在加速演进，全球增加值贸易网络格局的动态演变蕴含全球供应链、产业链和价值链正在发生深刻调整。后金融危机时代，以中国为主要代表的新兴经济体贸易地位的快速攀升促使全球大国力量对比发生根本性变化，全球贸易网络从前期以欧美少数发达国家为中心的"核心—边缘"等级结构逐渐向着以德国、美国和中国为核心的"多极化"分布格局转变。德国、中国和美国"三足鼎立"宏观格局与发展态势的形成是长期渐进式演变的结果，不会在短期内发生大幅变动。其中，中国在全球增加值贸易网络中的核心地位既取决于自身及贸易伙伴国，也离不开其他国家的发展状况，中国的贸易利益已经延伸至世界各地，其他国家的贸易利益与中国休戚相关。因此，中国应系统把握全球贸易网络格局演进规律及自身贸易地位变化趋势，这对于中国制定对外开放战略，减少战略误判和局部冲突，推动全球及区域经贸合作以及新一轮经贸规则重构意义重大。

　　全球经贸格局的深度调整亟待国际经贸规则的新一轮重构。在新全球贸易格局下，加强和完善全球多边治理、推进经贸治理规则的新一轮调整与变革，既是顺应经济全球化深入发展的现实需要，也是适应全球经贸格局发展趋势的必然要求，更是维持世界经济秩序、促进可持续发展的重要前提。而在此过程中，中国正扮演着举足轻重的角色。尽管在全球增加值贸易网络中具备贸易地位上的"比较优势"，但中国面临国际经贸规则上的"比较弱势"。相比于大多数国家，中国能在全球贸易网络中获得较多的市场信息、较前沿的生产技术、较高端的人才以及较先进的管理经验，这共同构成中国贸易地位上的"比较优势"。然而，在全球多边治理仍是时代发展主流，美国色彩有所淡化以及经贸规则治理日趋碎片化和区域化背景下，中国的经贸规则制定权和话语权仍然较弱，面临与主要国家地位不相称的"比较弱势"。长此以往，全球贸易利益分配不均的态势势必造成多数发展中国家的贸易利益受到侵蚀，并且由于全球增加值贸易网络具有相对稳定性和等级性，这会促使包括中国在内的多数发展中国家面临贸易利益分配和规则治理上的双重"比较弱势"。中国亟须通过发挥主要国家"比较优势"，将其转化为经贸规则上的"比较优势"，积极引领全球新一轮经贸规则治理和变革。

　　积极引领全球新一轮经贸规则重构，既是中国维护自身及伙伴国贸易利益的现实需要，也是承担国际责任的具体表现。在国际经济秩序中提供国际公共产品是引领全球经济治理，发挥国际影响力的重要途径（石静霞，2021）。中国应发挥其世界贸易大国的影响力，在国际经贸规则制定中主动寻求和发挥与自身角色相称的建设性作用，积极参与并主动引领全球经贸规则治理、完善多边贸易体系，推动全球经贸治理体系向着更加公正、合理和包容的方向发展，最终实现角色、利益和责任三重协调发展。此外，作为国际经济合作的主要机制化平台，G20 涵盖了主要发达国家和主要新兴经济体，能在很大程度上代表全球贸易治理的关键力量。中国可发挥主要国家的影响力和市场、技术、人才和知识等方面"比较优势"，加强 G20 合作机制与规则建设，提升全球重大议题解决效率，增强国际事务处理话语权，改变多数发展中国家贸易地位和经贸规则上的双重"比较弱势"，推动构建更为公正合理的全球经贸治理体系。

二是坚持进、出口贸易并重，协同推进贸易强国建设。坚持进、出口并重是构建多元平衡开放型经济体系的内在要求，是协同推动贸易强国建设的战略举措。研究发现，中国的主要国家地位主要依靠出口贸易地位的快速攀升，而进口贸易地位相对偏低，中国外贸结构存在不平衡问题。贸易结构不平衡既会给贸易伙伴国以贸易顺差的口实，也不利于以国内需求为主，国际国内相互促进的新发展格局的构建。事实上，国际经济形势不确定性的增强、国内劳动力成本的上升以及关键核心技术水平受制于人等多重因素正在制约中国出口贸易的快速扩张态势，依靠出口贸易地位提升巩固贸易大国地位的路径难以长期为继。中国应在保持贸易顺差前提下，适当提升进口贸易地位，从而平衡好与伙伴国的贸易利益分配。同时，通过优化进口结构，增加高技术中间品进口比重，以进口促进出口，间接促进贸易地位提升。当然，坚持进、出口贸易地位并重并不意味着将进口放在与出口贸易地位完全相同的位置，而是强调应当更加注重进口结构的优化从而促进出口贸易二元边际的扩张，二者形成良性循环和协调发展，从而改变过去过于倚重出口快速扩张推动贸易地位的旧有路径，协同推进贸易强国建设。

三是统筹大国经贸竞合关系，优化贸易结构，化战略竞争为互利共赢。中美经贸关系是全球最重要的经贸关系，寻求中美经贸合作最大公约数是稳固中国主要国家地位，维持全球经济秩序稳定的内在要求。中国贸易地位的快速攀升与美国贸易地位的相对式微加剧了中美贸易冲突，直接影响到美洲和亚太地区价值链分工格局的变动。中美贸易竞争实际上是GVC分工在不同区域布局上的战略竞争，是中国对以欧美为主导的传统GVC利益布局的战略撼动。以"一带一路"为例，研究发现中美两国对沿线区域贸易支撑面存在重叠且存在此消彼长情形，德国的支撑面比较大且稳固，沿线许多国家更多围绕中国和德国开展国际分工。中美两国间的贸易竞争关系会影响到中国的区域甚至全局贸易地位。近年来GVC分工的区域化和短链化即为较好的例证。中国应统筹好与美国间贸易竞合关系，将价值链布局层面的战略竞争转化为贸易利益公平分配的互利共赢，通过寻求双方最大公约数，加强利益分配机制建设，避免彼此间过度竞争，为全球创造安全稳定的经贸发展环境。

优化贸易结构，化"竞争抑制"为"互补促进"。除美国和德国等主要国家外，中国还面临荷兰、日本、法国和英国等次中心国贸易上的竞争与挑战。次中心国贸易地位的提升意味着其他非中心国与这些国家 GVC 分工及贸易联系较强，且部分贸易不需要经过中国就能与这些次中心国开展，这会间接削弱中国的贸易地位。中国贸易地位可能面临的削弱情形取决于其与荷兰、日本、法国和英国等次中心国间的贸易结构的相近程度，贸易结构越相似越易于产生"竞争抑制"效应。依据次中心国贸易结构，优化自身贸易结构，化"竞争抑制"为"互补促进"，力争占据全球高端市场，增强国际竞争优势，应当成为中国增强对全球资源控制力和影响力的重要策略。

四是加快构建安全包容沿线区域链，积极防范贸易网络风险。近年来，美欧等加快出台制造业回迁计划以及跨国公司调整产业链供应链，致使全球双链呈现近岸化、本土化和短链化发展态势。中国构建安全包容沿线区域链具有必要性和迫切性。

（1）"一带一路"倡议为中国及沿线各国构建沿线区域价值链提供契机。"一带一路"倡议遵循互利共赢原则和"命运共同体"理念，意味着倡议尊重参与国的实际发展需要，通过共同建设共同分享发展成果，并非二战后的"马歇尔计划"。"一带一路"倡议是高度开放型和包容性的新型区域合作形式，是中国为沿线区域合作提供的优质公共产品。"一带一路"倡议能够弥补区域甚至全球经贸合作上的规则缺口。在一定程度上，国际公共产品的有效供给比直接的物质援助更为有效，因为前者能为沿线区域经贸合作提供制度性供给和规则遵循，促进不同发展水平的国家在互利共赢原则下共商共建共享发展成果。

（2）中国制造业门类齐全，产能跃居世界第一，具有世界上最广阔的市场空间。而多数沿线国基础设施建设滞后，面临经济发展的强烈诉求。中国在全球贸易网络中世界第一的贸易地位表明其不仅在全球增加值贸易网络扮演主要国家角色，还在沿线区域发挥着贸易大国作用。并且，与德国和美国相比，中国还是对沿线区域非常重要的贸易支撑国，此种支撑面正在逐渐扩大，这意味着沿线多数国家的经贸发展离不开中国的支撑。因此，中国具备构建沿线区域价值链的现实条件，沿线区域也具有推动互利合作，促进深度融合的发展需求。

（3）构建包容性沿线区域价值链可把互联互通作为重点，聚焦关键通道、关键节点、关键项目，着力推进公路、铁路、港口、航空、航天、油气管道、电力、网络通信等领域合作，与各国共同推动陆、海、天、网四位一体的互联互通。中国应加快与周边邻近国家陆路交通与海关一体化建设，为构建区域价值链夯实基础。当然，这需要包括中国在内的沿线各国政府共同努力，积极推进发展战略相互对接，推动经济政策相互协调，加强协同治理与利益共享机制建设，平衡好各国间贸易利得，促进互利合作迈向新高度。

（4）积极防范贸易网络风险。安全是经济发展的保障。全球贸易网络错综复杂、彼此交织，"你中有我，我中有你"的分布格局促使经济安全成为全球性问题。单边主义、保护主义、民粹主义等逆全球化迹象、地缘政治风险以及大流行病风险等会阻碍进出口和投资、增大 GVC 分工断裂概率、降低 GVC 分工收益甚至产生"级联"效应，进而影响全球贸易网络格局发展态势。上述风险一旦在局部发生很有可能会引起区域性甚至全球性系统性风险，任何国家在此过程中都不能独善其身。加强国际合作、在开放中寻求自身安全，扩大共同安全，构建命运共同体应当成为国际共识。这就要求包括中国在内的各国政府以及国际组织，应当通力合作，进行全球经济风险监测、预防并及时协同治理。通常而言，全球贸易网络结构决定了特定风险的传播速度与扩散面，主要国家间相对紧密的贸易联系会加速金融危机在其内部的迅速蔓延，而非核心以及边缘国家间相对稀疏的贸易联系则可能减缓金融危机扩散速度。因为随着价值链生产的碎片化，局部生产环节的断裂很容易波及整个生产分工网络，从而加速经济危机的传播与扩散。国际贸易价值流动同时伴随资金流动，贸易网络与金融网络具有相似性。这就能够解释为何 2008 年金融危机第一阶段会在英、美等主要国家之间迅速蔓延，第二阶段才到达非核心和边缘国家。贸易地位的攀升会给中国带来更多风险，其中贸易层面中国面临较大的风险是对美出口市场依赖以及进口品的低替代性，并且中美贸易战带来的风险不是单一维度的，而是多方面风险交织在一起（余振等，2018）。尽管中国已与越来越多的国家建立和增强了贸易联系，角色也由非主要国家转为主要国家，但也可能会给其自身以及整个网络带来更多贸易风险。中国在构建沿线区域价值链过程中应注意防范各类系统性风险，更为注重供应链产业链的安全，不断提升风险防御能力，以此避免贸易政策风险引发的"级联"效应。

五是优化制度环境，扩大外资开放，调整外资布局。制度质量是一国外贸和经济长期发展的加速器，是一国国际竞争力的重要体现。优化制度环境，提升制度质量是一项长期积累、逐渐推进的系统性工程。

（1）简化行政手续，提升政府效率。继续推进"放管服"改革，既是提升政府效率的重要途径，也是推动构建高质量营商环境的必由之路，更是坚持外资双向开放促进外贸高质量发展的必要举措。简化进出口贸易手续，降低通关时间，减少通关时滞成本，促进贸易便捷流动；推进"放管服"改革，优化外资投资运营成本，降低行政诸多限制和壁垒，营造国际化、法治化、便利化及公平化的制度环境，为提升政府效率释放制度活力。

（2）完善法律法规，加强产权保护。完善法律法规体系、加强产权保护，是降低制度性交易成本、跨境交易风险、规范市场主体利益边界、增强创新激励，提升贸易地位，推动贸易强国建设的重要抓手。完善的法律法规环境有利于识别因契约不完全性导致的"敲竹杠"和"反敲竹杠"等交易风险，降低外包环节以及跨境交易风险和成本，为增加值贸易活动的开展提供更为稳定、透明和可预期的制度保障。加权产权保护既能降低契约协调成本和利益分配不公带来的经济摩擦，也能有效规范市场主体利益边界、更能增强市场主体创新激励，激发创新活力，为国际贸易活动开展提供制度供给，为贸易地位提升和高质量发展奠定软实力基础。当然，在完善法律法规立法方面，应该综合考虑各相关利益群体的需求，注重政府和企业各部门的配合，共同协商和制定贸易相关的制度。

（3）加大反腐力度，强化制度控制。腐败是人类社会的痼疾。加强反腐力度，强化制度监管，是改善寻租、腐败不健全制度环境，降低制度性扭曲体制障碍和贸易成本的根本途径。不健全法治环境容易滋生寻租、腐败、黑市交易等非法市场行为，造成市场资源配置扭曲，增大市场机制运行成本，甚至造成市场失灵和政治动荡，直接或间接影响市场秩序和国际贸易活动正常开展。寻租腐败横行市场环境易于增加社会投资不确定性、增大投资风险和投资成本，挤压市场主体利润空间，从而降低政府政策透明度和社会公信力。加大反腐力度能从体制层面消除寻租腐败利益痼疾，扭转资源配置错位，为市场秩序和国际贸易活动有序开展提供有效制度供给。事实上，反对腐败，加强廉政建设，提高法治水平，是中国的坚定立场。加大反腐力度需要标本兼治，从制度层面筑牢不敢腐、不想腐大环境，消除全社会寻租腐败不正之风。只有如此，才能为提升全球贸易地位提供有力制度保障，才能在扩大开放中吸引更多高质量外资，才能使制度质量优势转化为国际竞争优势，加快推动构建开放型经济体制。

（4）扩大外资开放，放宽外资准入。外资流入虽推动了中国外贸高速发展，促进中国技术水平不断进步，但随着国际逆全球化思潮不断涌现，国际经济形势趋于复杂，中国劳动力低成本优势逐步丧失，通过学习消化和吸收外资技术外溢推动技术进步路径空间正在逐步受限，且易于陷入低端锁定困局。第一，深化商事制度改革，全面实施市场准入负面清单制，放宽服务业准入限制，合理引导外资从过去注重引进外资数量转到提升外资质量上来，从过去主要集中于制造业向生产性服务业转变。第二，调整外资布局，深挖技术外溢。优化外资结构应结合国际分工地位向中高端攀升的目标，改变过去过于盲目引进外资，注重外资数量做法，积极引导外资更多流向有利于国际分工地位攀升的行业中来，更多流向需要摆脱低端锁定效应的行业中来；积极引导外资向制造业研发设计和服务营销等"微笑曲线"两端延伸，推动外资技术溢出整体提升；重点鼓励和积极引导外资流向高技术产业和先进制造业，流向技术和知识密集型产业，促进制造业内部结构优化升级；合理扩大外资由制造业向服务业倾斜，扩大外资规模和质量，强化技术外溢效应；对标国际新规则，逐步取消地方政府外资优惠，强化各类市场主体公平竞争，促进外资技术更多溢出到本国企业，促进整体全要素生产率提升。通过调整外资布局，深挖技术外溢，促进国际分工和贸易地位提升，增强国际竞争优势。

六是加强自主创新，摆脱路径依赖，培育国际竞争新优势。在劳动力成本逐渐上升，外贸国际竞争优势逐渐减弱的情况下，如何推动中国外贸转型升级，从要素驱动型向创新驱动型转变，就成为提升贸易地位，增强国际竞争力，推进贸易强国建设的重要方略。创新是引领发展的第一动力，是推动技术进步的根本途径。中国应瞄准全球科技前沿，推动前瞻性基础研究，突出关键核心技术创新，强化创新制度保障，为建设科技强国、贸易强国提供有力支撑。加大科技投入，增强自主创新能力，提升国际分工地位；加强原始创新，努力获得更多的科学发现和技术发明；加强集成创新，使各种相关技术有机地融合起来，形成有竞争力的产品或者产业；要在引进国外先进技术的基础上，促进消化吸收和再创新。把三种创新结合起来，在关键领域掌握更多的核心知识产权，在科学前沿和战略高技术领域占有一席之地。

重点支持关键核心技术研发，摆脱进口路径依赖。我国在关键零部件上受制于人的格局没有发生根本改变，亟须注重核心零部件核心技术研发，降低对国外进口的路径依赖。关键核心技术自给能力不足在很大程度上负面影响了我国国际分工地位迈向中高端目标的实现。新一轮技术的成熟将催生出许多新兴产业，并将成为未来国际贸易和国家之间竞争的重点。我国既需要在工业机器人、电动汽车和自动驾驶汽车、6G 通信设备、自动导航设备、民用飞机等领域加快研发和生产。我国也需要不断完善平台建设，培育国际竞争力。例如，通过完善和提高以互联网平台为中心的外贸综合服务企业，带动更多中小微制造企业进入国际市场，增强国际竞争优势。

8.3　研究展望

本书比较系统地考察了全球增加值贸易网络中的地位变动规律及贸易

地位提升问题，从数理层面构建了一国贸易网络地位的理论模型，并进行实证检验。但囿于作者自身研究能力和时间限制，本书研究仍然存在一定不足，未来将主要围绕以下几个方面进行完善和拓展：

一是在样本及数据层面上，以后研究将采用更大样本和更长时段，力争在产品层面分析全球贸易网络中的贸易地位及其决定机制问题。

二是在研究视角上，以后将补充关于全球贸易网络中社团子群等方面分析，从中观层面分析国际贸易网络中不同国家之间形成的集团化特征，从而分析中国所在集团与其他集团所形成的竞争或合作关系及其程度大小。

三是在研究方法上，以后将更多采用复杂网络分析方法与传统模型估计相结合的角度分析，或从一模或二模甚至多模角度分析国际贸易网络及贸易地位决定机制，并扩展分析贸易地位的经济效应问题。

参 考 文 献

[1] [美] 波特. 国家竞争优势 (第 1 版) [M]. 北京: 华夏出版社, 2002.

[2] 蔡昉. 四十不惑: 中国改革开放发展经验分享 [M]. 北京: 中国社会科学出版社, 2018.

[3] 蔡昉, 都阳. 中国地区经济增长的趋同与差异——对西部开发战略的启示 [J]. 经济研究, 2000 (10): 30-38.

[4] 陈银飞. 2000-2009 年世界贸易格局的社会网络分析 [J]. 国际贸易问题, 2011 (11): 31-42.

[5] 陈关荣. 复杂网络及其新近研究进展简介 [J]. 力学进展, 2008 (38): 653-662.

[6] 程大中. 中国服务贸易显性比较优势与 "入世" 承诺减让的实证研究 [J]. 管理世界, 2003 (7): 29-37.

[7] 代谦, 何祚宇. 国际分工的代价: 垂直专业化的再分解与国际风险传导 [J]. 经济研究, 2015 (5): 20-34.

[8] 戴觅, 茅锐. 外需冲击、企业出口与内销: 金融危机时期的经验证据 [J]. 世界经济, 2015 (1): 81-104.

[9] 戴卓. 国际贸易网络结构的决定因素及特征研究——以中国东盟自由贸易区为例 [J]. 国际贸易问题, 2012 (12): 72-83.

[10] 戴翔, 金碚. 产品内分工、制度质量与出口技术复杂度 [J]. 经济研究, 2014 (7): 4-18.

[11] 戴翔, 郑岚. 制度质量如何影响中国攀升全球价值链 [J]. 国际贸易问题, 2015 (12): 51-64.

[12] 杜运苏，彭冬冬. 制造业服务化与全球增加值贸易网络地位提升——基于 2000 - 2014 年世界投入产出表 [J]. 财贸经济，2018，39（2）：102 - 117.

[13] 段文奇，刘宝全，季建华. 国际贸易网络拓扑结构的演化 [J]. 系统工程理论与实践，2008（10）：71 - 76.

[14] 樊纲，王小鲁，马光荣. 中国市场化进程对经济增长的贡献 [J]. 经济研究，2011（9）：4 - 16.

[15] 傅勇，张晏. 中国式分权与财政支出结构偏向：为增长而竞争的代价 [J]. 管理世界，2007（3）：4 - 13.

[16] 冯小兵，胡海波，汪小帆. 金融危机对贸易网络拓扑结构影响的动态研究 [J]. 复杂系统与复杂性科学，2011，8（1）：1 - 8.

[17] 葛纯宝，于津平. "一带一路" 沿线国家贸易便利化与中国出口——基于拓展引力模型的实证分析 [J]. 国际经贸探索，2020，36（9）：22 - 35.

[18] 葛纯宝，于津平. "一带一路" 沿线国家多边阻力测度及影响因素研究 [J]. 国际商务（对外经济贸易大学学报），2021（4）：84 - 100.

[19] 葛纯宝，于津平. 贸易便利化与出口国内增加值率——基于 "一带一路" 沿线国家的实证分析 [J]. 财贸研究，2023（2）：26 - 40.

[20] 葛纯宝，于津平，刘亚攀. "一带一路" 增加值贸易网络演变及其影响因素 [J]. 财经论丛，2022（7）：16 - 25.

[21] 葛纯宝，袁小金，于津平，李娜. 贸易便利化、空间溢出与增加值贸易网络地位——基于 "一带一路" 沿线国家的社会网络与空间计量分析 [J]. 经济问题探索，2022（7）：150 - 171.

[22] 干春晖，郑若谷，余典范. 中国产业结构变迁对经济增长和波动的影响 [J]. 经济研究，2011，46（5）：4 - 17.

[23] 龚新蜀，赵军辉，王艳. 制度距离对 OFDI 出口效应的影响研究——基于中国与 "一带一路" 沿线国家数据 [J]. 石河子大学学报（哲学社会科学版），2020，34（3）：24 - 35.

[24] 郭世泽，陆哲明. 复杂网络基础理论（第 1 版）[M]. 北京：科

学出版社，2012.

［25］胡锦涛．促进中东和平建设和谐世界——在沙特阿拉伯王国协商会议的演讲［N］．人民日报，2006 – 04 – 23.

［26］胡昭玲，张咏华．中国制造业国际分工地位研究——基于增加值贸易的视角［J］．南开学报（哲学社会科学版），2015（3）：149 – 160.

［27］洪永淼，汪寿阳．数学、模型与经济思想［J］．管理世界，2020（10）：15 – 26.

［28］洪俊杰，商辉．中国开放型经济的"共轭环流论"：理论与证据［J］．中国社会科学，2019（1）：42 – 65.

［29］黄健柏，兰勇．企业战略联盟的二元性——价值链理论、资源基础理论与博弈论的融合［J］．管理现代化，2008（1）：32 – 34.

［30］江泽民．论社会主义市场经济［M］．北京：中央文献出版社，2006.

［31］简泽，张涛，伏玉林．进口自由化、竞争与本土企业的全要素生产率——基于中国加入 WTO 的一个自然实验［J］．经济研究，2014（8）：120 – 132.

［32］简新华，黄锟．中国城镇化水平和速度的实证分析与前景预测［J］．经济研究，2010（3）：28 – 39.

［33］孔庆峰，董虹蔚．"一带一路"国家的贸易便利化水平测算与贸易潜力研究［J］．国际贸易问题，2015（12）：158 – 168.

［34］李敬，陈澍，万广华，等．中国区域经济增长的空间关联及其解释——基于网络分析方法［J］．经济研究，2014（11）：4 – 16.

［35］李晨，许美佳，张国亮．基于复杂网络的水产品贸易格局特征演变研究［J］．中国石油大学学报（社会科学版），2021，37（1）：53 – 60.

［36］李永发，田秀华．国家竞争力模型比较研究［J］．市场论坛，2004（9）：4 – 6.

［37］林毅夫．发展战略、自生能力和经济收敛［J］．经济学（季刊），2002（1）：269 – 300.

[38] 刘斌，魏倩，吕越，等 . 制造业服务化与价值链升级 [J]. 经济研究，2016（3）：151 – 162.

[39] 刘斌，赵晓斐 . 制造业投入服务化、服务贸易壁垒与全球价值链分工 [J]. 经济研究，2019（7）：159 – 174.

[40] 刘林青，闫小斐，杨理斯，等 . 国际贸易依赖网络的演化及内生机制研究 [J]. 中国工业经济，2021（2）：98 – 116.

[41] 刘志彪，刘晓昶 . 垂直专业化：经济全球化中的贸易和生产模式 [J]. 经济理论与经济管理，2001（10）：5 – 10.

[42] 刘伟，张辉 . 中国经济增长中的产业结构变迁和技术进步 [J]. 经济研究，2008，43（11）：4 – 15.

[43] 刘孟 . 复杂网络挖掘社团结构的新聚类算法研究 [D]. 长春：吉林大学，2010.

[44] 罗长远，张军 . 附加值贸易：基于中国的实证分析 [J]. 经济研究，2014（6）：4 – 18.

[45] 栾璇 . 跨国种业公司在华俘获型陷阱的形成机制——基于全球价值链视角 [D]. 南京大学，2013.

[46] 赖明勇，包群，彭水军，等 . 外商直接投资与技术外溢：基于吸收能力的研究 [J]. 经济研究，2005（8）：95 – 105.

[47] 吕越，尉亚宁 . 贸易网络地位与对外直接投资——基于 1970 – 2018 年跨国面板数据的经验证据 [J]. 中南财经政法大学学报，2020（5）：113 – 126.

[48] 刘海云，毛海欧 . 中国制造业全球生产网络位置如何影响国际分工地位？——基于生产性服务业的中介效应 [R]. 经济研究工作论文，2017：1220.

[49] 马述忠，任婉婉，吴国杰 . 一国农产品贸易网络特征及其对全球价值链分工的影响——基于社会网络分析视角 [J]. 管理世界，2016，31（3）：60 – 72.

[50] 马述忠，张洪胜，王笑笑 . 融资约束与全球价值链地位提升——来自中国加工贸易企业的理论与证据 [J]. 中国社会科学，2017

（1）：83 –108.

[51] 马淑琴，李敏，邱询旻．双边自由贸易协定深度异质性及区内全球价值链效应——基于 GVC 修正引力模型实证研究 [J].经济理论与经济管理，2020（5）：62 –74.

[52] 满振刚．构建和谐世界：中国外交新理念的深层解读 [J].河南师范大学学报（哲学社会科学版），2006（5）：51 –54.

[53] 毛其淋，盛斌．贸易自由化、企业异质性与出口动态——来自中国微观企业数据的证据 [J].管理世界，2013（3）：48 –67.

[54] 门洪华．"一带一路"规则制定权的战略思考 [J].世界经济与政治，2018（7）：19 –42.

[55] 聂长乐，姜海宁，段建．21 世纪以来全球粮食贸易网络空间格局演化 [J].经济地理，2021，41（7）：119 –127.

[56] 潘镇．制度质量、制度距离与双边贸易 [J].中国工业经济，2006（7）：45 –52.

[57] 庞珣，何晴倩．全球价值链中的结构性权利与国际格局演变 [J].中国社会科学，2021（9）：26 –46.

[58] 裴长洪，刘洪愧．中国外贸高质量发展：基于习近平百年大变局重要论断的思考 [J].经济研究，2020，55（5）：4 –20.

[59] 钱学锋，龚联梅．贸易政策不确定性、区域贸易协定与中国制造业出口 [J].中国工业经济，2017（10）：81 –98.

[60] 丘东晓．自由贸易协定理论与实证研究综述 [J].经济研究，2011（9）：147 –157.

[61] 邱斌，叶龙凤，孙少勤．参与全球生产网络对我国制造业价值链提升影响的实证研究——基于出口复杂度的分析 [J].中国工业经济，2012（1）：57 –67.

[62] 任薇．基于微博的社会网络特征研究 [D].重庆西南大学，2014.

[63] 尚涛．全球价值链与我国制造业国际分工地位研究——基于增加值贸易与 Koopman 分工地位指数的比较分析 [J].经济学家，2015（4）：91 –100.

[64] 沈坤荣，耿强．外商直接投资、技术外溢与内生经济增长——中国数据的计量检验与实证分析 [J]．中国社会科学，2001（5）：82 – 93．

[65] 盛丹，包群，王永进．基础设施对中国企业出口行为的影响："集约边际"还是"扩展边际"[J]．世界经济，2011（1）：17 – 36．

[66] 盛斌，毛其淋．进口贸易自由化是否影响了中国制造业出口技术复杂度 [J]．世界经济，2017（12）：52 – 75．

[67] 施炳展，冼国明，逯建．地理距离通过何种途径减少了贸易流量 [J]．世界经济，2012（7）：22 – 41．

[68] 施炳展．中国出口产品的国际分工地位研究——基于产品内分工的视角 [J]．世界经济，2010（1）：56 – 64．

[69] 石静霞．"一带一路"倡议与国际法——基于国际公共产品供给视角的分析 [J]．中国社会科学，2021，301（1）：156 – 181．

[70] 苏步青．拓扑学初步 [M]．上海：复旦大学出版社，2014．

[71] 唐宜红，张鹏杨．FDI、全球价值链嵌入与出口国内附加值 [J]．统计研究，2017，34（4）：36 – 49．

[72] 田巍，余淼杰．企业出口强度与进口中间品贸易自由化：来自中国企业的实证研究 [J]．管理世界，2013（1）：28 – 44．

[73] 佟家栋，李胜旗．TPU 对出口企业产品创新的影响研究 [J]．国际贸易问题，2015（6）：25 – 32．

[74] 推进"一带一路"建设工作领导小组办公室．共建"一带一路"倡议：进展、贡献与展望 [M]．北京：外文出版社，2019．

[75] 王永钦，杜巨澜，王凯．中国对外直接投资区位选择的决定因素：制度、税负和资源禀赋 [J]．经济研究，2014（12）：126 – 142．

[76] 王小鲁，樊纲．中国地区差距的变动趋势和影响因素 [J]．经济研究，2004（1）：33 – 44．

[77] 王永进，盛丹，施炳展，等．基础设施如何提升了出口技术复杂度？[J]．经济研究，2010（7）：103 – 115．

[78] 王孝松，吕越，赵春明．贸易壁垒与全球价值链嵌入——以中国遭遇反倾销为例 [J]．中国社会科学，2017（1）：108 – 126．

[79] 汪小帆，李翔，陈关荣．网络科学导论（第1版）[M].北京：高等教育出版社，2012.

[80] 汪斌，侯茂章．经济全球化条件下的全球价值链理论研究 [J].国际贸易问题，2007（3）：92-97.

[81] 王博，陈诺，林桂军．"一带一路"沿线国家制造业增加值贸易网络及其影响因素 [J].国际贸易问题，2019（3）：85-100.

[82] 魏悦羚，张洪胜．进口自由化会提升中国出口国内增加值率吗——基于总出口核算框架的重新估计 [J].中国工业经济，2019（3）：24-42.

[83] 吴钢．人文关系网络对国际贸易网络的影响机制及效应研究 [D].湖南大学，2014.

[84] 巫强，刘志彪．本土装备制造业市场空间障碍分析——基于下游行业全球价值链的视角 [J].中国工业经济，2012（3）：43-55.

[85] 魏后凯．外商直接投资对中国区域经济增长的影响 [J].经济研究，2002（4）：19-28.

[86] 谢建国．多边贸易自由化与区域贸易协定：一个博弈论分析框架 [J].世界经济，2003（12）：25-34.

[87] 邢孝兵，雷颖飞，徐洁香．中国在世界贸易网络中的地位 [J].国际贸易，2020（3）：4-13.

[88] 许和连，魏颖绮，赖明勇，等．外商直接投资的后向链接溢出效应研究 [J].管理世界，2007（4）：24-32.

[89] 许和连，孙天阳，成丽红．"一带一路"高端制造业贸易格局及影响因素研究 [J].财贸经济，2015（12）：74-88.

[90] 许和连，孙天阳，吴钢．贸易网络地位、研发投入与技术扩散——基于全球高端制造业贸易数据的实证研究 [J].中国软科学，2015（9）：55-69.

[91] 辛娜，袁红林．全球价值链嵌入与全球高端制造业网络地位：基于增加值贸易视角 [J].改革，2019（3）：61-71.

[92] 杨高举，黄先海．内部动力与后发国分工地位升级——来自中

国高技术产业的证据 [J]. 中国社会科学, 2013 (2): 25 - 46.

[93] 姚星, 梅鹤轩, 蒲岳. 国际服务贸易网络的结构特征及演化研究——基于全球价值链视角 [J]. 国际贸易问题, 2019 (4): 109 - 124.

[94] 余淼杰. 中国的贸易自由化与制造业企业生产率 [J]. 经济研究, 2010 (12): 97 - 110.

[95] 张杰, 张培丽, 黄泰岩. 市场分割推动了中国企业出口吗? [J]. 经济研究, 2010 (8): 29 - 41.

[96] 张海燕. 基于附加值贸易测算法对中国出口地位的重新分析 [J]. 国际贸易问题, 2013 (10): 65 - 76.

[97] 张璟, 沈坤荣. 地方政府干预、区域金融发展与中国经济增长方式转型——基于财政分权背景的实证研究 [J]. 南开经济研究, 2008 (6): 122 - 141.

[98] 赵伟, 古广东, 何元庆. 外向FDI与中国技术进步: 机理分析与尝试性实证 [J]. 管理世界, 2006 (7): 53 - 60.

[99] 赵哲, 陈烨, 吴钢. 美国金融危机对全球贸易网络影响的测度研究 [J]. 宏观经济研究, 2016 (2): 150 - 159.

[100] 仲伟周, 蔺建武. 全球金融危机对我国出口贸易的影响及应对策略研究 [J]. 国际贸易问题, 2012 (9): 161 - 168.

[101] 曾宪钊. 网络科学: 生物网络 [M]. 北京: 军事科学出版社, 2010.

[102] 周游, 吴钢. 新中国地方财政支出的空间关联及其解释——基于复杂网络分析方法 [J]. 统计研究, 2021, 38 (1): 79 - 91.

[103] 祝树金, 钟腾龙, 李仁宇. 中间品贸易自由化与多产品出口企业的产品加成率 [J]. 中国工业经济, 2018 (1): 41 - 59.

[104] 朱希伟, 金祥荣, 罗德明. 国内市场分割与中国的出口贸易扩张 [J]. 经济研究, 2005 (12): 68 - 76.

[105] 周涛, 柏文洁, 汪秉宏, 等. 复杂网络研究概述 [J]. 物理, 2005, 34 (1): 31 - 36.

[106] 邹嘉龄, 刘卫东. 2001 - 2013 年中国与"一带一路"沿线国家

贸易网络分析 [J]. 地理科学, 2016 (11): 1629 – 1636.

[107] Abe K, Wilson J S. Governance, Corruption, and Trade in the Asia Pacific Region [R]. *World Bank Policy Research Working Paper Series*, 2008, No. 4731.

[108] Acemoglu D, Antras P, Helpman E. Contracts and Technology Adoption [J]. *American Economic Review*, 2007, 97 (3): 916 – 943.

[109] Akerman A, Seim A L. The Global Arms Trade Network 1950 – 2007 [J]. *Journal of Comparative Economics*, 2014, 42 (3): 535 – 551.

[110] Anderson P W. More is Different [J]. *Science*, 1972, 177 (8): 393 – 396.

[111] Albert R, Jeong H, Barabasi A L. Diameter of the World – Wide Web [J]. *Nature*, 1999 (401): 130 – 131.

[112] Albert R, Barabasi A L. Statistical Mechanics of Complex Networks [J]. *Reviews of Modern Physics*, 2002, (74): 47 – 97.

[113] Alberto O, Roberta P, Nadia R. Trade Policy Uncertainty as Barrier to Trade [R]. *WTO Staff Working Paper*, 2015, No. ERSD – 2015 – 05.

[114] Amador J, Cabral S. Networks of Value-added Trade [J]. *The World Economy*, 2017, 40 (7): 1291 – 1313.

[115] Amaral L A N, Scala A, Barthelemy M, et al. Classes of Small-world Networks [J]. *Proceedings of The National Academy of Science*, 2000, 97 (21): 11149 – 11152.

[116] Amiti M, Konings J. Trade Liberalization, Intermediate Inputs, and Productivity: Evidence from Indonesia [J]. *American Economic Review*, 2007, 97 (5): 1611 – 1638.

[117] Amighini A, Gorgoni S. The International Reorganisation of Auto Production [J]. *The World Economy*, 2014, 37 (7): 923 – 952.

[118] Anderson M, Ejermo O. Technology and Trade-an Analysis of Technology Specialization and Export Flows [C]. *Paper in Innovation Studies, Lund University, CIRCLE – Center for Innovation, Research and Competences in the*

Learning Economy, 2006.

[119] Antras P, Garicano L, Rossi – Hansberg E. Organizing Offshoring: Middle Managers and Communication Costs [R]. *NBER Working Paper*, 2008, No. 12196.

[120] ArrighiG, Driangel J. The Straification of the World – Economy: An Exploration of the Semiperipheral Zone [J]. *Review*, 1986 (10): 9 – 74.

[121] Aslam A, Novta N, Rodrigues B F. Calculating Trade in Value Added [R]. *IMF Working Paper*, 2017, No. 17/178.

[122] Babones S. The Country – Level Income Structure of the World – Economy [J]. *Journal of World – Systems Research*, 2005 (11): 29 – 55.

[123] Backer K D, Miroudot S. Mapping Global Value Chains [R]. *OECD Trade Policy Papers*, 2013, No. 159.

[124] Baier S L, Bergstrand J H. Do Free Trade Agreements Actually Increase Members' International Trade? [J]. *Journal of international Economics*, 2007 (71): 72 – 95.

[125] Baniya S, Rocha N, Ruta M. Trade Effects of the New Silk Road: A Gravity Analysis [J]. *Journal of Development Economics*, 2020 (146): 1 – 18.

[126] Barro R J, Lee J W. A New Data Set of Educational Attainment in the World, 1950 – 2010 [J]. *Journal of Development Econmics*, 2013 (104): 184 – 198.

[127] Barabasi A L, Albert R. Emergence of Scaling in Random Networks [J]. *Science*, 1999, 286 (5439): 509 – 512.

[128] Barigozzi M, Fagiolo G, Mangioni G. Indentifying the Community Structure of the International-trade Multi-network [J]. *Physica A*, 2011 (390): 2051 – 2066.

[129] Bas M, Kahn V S. Input-trade Liberalization, Export Prices and Quality Upgrading [J]. *Journal of International Economics*, 2015, 95 (2): 250 – 262.

[130] Basile R, Commendatore P, Benedictis L D, et al. The Impact of

Trade Costs on the European Regional Trade Network: An Empirical and Theoretical Analysis [J]. *Review of International Economics*, 2018 (26): 578 – 609.

[131] Baskaran T, Blochl F, Briick T, et al. The Heckscher – Ohlin Model and the Network Structure Of International Trade [J]. *International Review of Economics & Finance*, 2011, 20 (2): 135 – 145.

[132] Belloni A, Chernozhukov V, Wang L. Square-root Lasso: Pivotal Recovery of Sparse Signals Via Conic Programming [J]. *Biometrika*, 2011, 98 (4): 791 – 806.

[133] Becker G, Murphy K M, Tamura R. Human Captial, Fertility and Economic Growth [J]. *Journal of Political Economy*, 1990, 98 (5): 12 – 37.

[134] Benedictis L D, Tajoli L. The World Trade Network [J]. *The World Economy*, 2011 (10): 1147 – 1454.

[135] Benedictis L D, Santon N G, Tajoli l, et al. Network Analysis of World Trade Using the BACI – CEPII Dataset [R]. *CEPII Working Paper*, 2013, No. 24.

[136] Bernard A B, Jensen J B, Redding S J, e t al. Intra – Firm Trade and Product Contractibility [J]. *American Economic Review, Papers and Proceedings*, 2010, 100 (2): 444 – 448.

[137] Berthelon M, Freund C. On the Conservation of Distance in International Trade [J]. *Journal of International Economics*, 2008 (75): 310 – 320.

[138] Bhattacharya K, Mukherjee G, Saramaki J, et al. The International Trade Network: Weighted Network Analysis and Modelling [J]. *Journal of Statistical Mechanics: Theory and Experiment*, 2008 (2): 1 – 10.

[139] Boccaletti S, Latora V, Moreno Y, et al. Complex Networks: Structure and Dynamics [J]. *Physics Reports*, 2006 (424): 175 – 308.

[140] Bonacich P. Power and Centrality: A family of Measures [J]. *American Journal of Sociology*, 1987, 92 (5): 170 – 1182.

[141] Borgatti S, Everett M G. Models of Core/Periphery Structures [J]. *Social Networks*, 1999 (21): 375 – 395.

［142］Borgatti S P. Centrality and Network Flow ［J］. *Social Networks*, 2005 （27）: 55 - 71.

［143］Brin S, Page L. The Anatomy of a Large-scale Hypertextual Web Search Engine ［J］. *Computation Network ISDN System*, 1998 （30）: 107 - 117.

［144］Burt R S. Structural Holes: The Social Structure Of Competition ［M］. Cambridge, MA: Harvard University Press, 1992.

［145］Carrington P J, Scott J, Wasserman S. *Models and Methods in Social Network Analysis* ［M］. New York: Cambridge University Press, 2005.

［146］Cai H B, Huang S Y, Wu Z N. The impact of COVID - 19 on the International Energy Trade Network Centrality and Community Structures ［J］. *Applied Economics Letters*, 2022 （2）: 1 - 6.

［147］Cerina F, Zhu Z, Chessa A, et al. World Input-output Network ［J］. *PloS One*, 2015, 10 （7）: 1 - 21.

［148］Chabot J. A Simplified Example of the Use of Matrix Multiplication For the Analysis Of Sociometric Data ［J］. *Sociometry*, 1950 （13）: 131 - 140.

［149］Chen B, Li J S, Wu X F, et al. Global Energy Flows Embodied in International Trade: A Combination of Environmentally Extended Input-output Analysis and Complex Network Analysis ［J］. *Applied Energy*, 2018 （210）: 98 - 107.

［150］Clark R, Beckfield J. A New Trichotomous Measure of World - System Position Using the International Trade Network ［J］. *International Journal of Comparative Sociology*, 2009, 50 （1）: 5 - 38.

［151］Coleman JS. *Foundation of Social Theory* ［M］. Cambridge, MA: Harvard University Press, 1990.

［152］Costinot A. On the Origins of Comparative Advantage ［J］. *Journal of International Economics*, 2009, 77 （2）: 255 - 264.

［153］De Nooy W, Mrvar A, Batageli V. Exploratory *Social Network Analysis with Pajek, Structural Analysis in the Social Sciences* ［M］. New York: Cambridge University Press, 2011.

[154] De Groot H, Linders G M, Rietveld P, et al. The Institutional Determinants of Bilateral Trade Patterns [R]. *Tinbergen Institute Discussion Paper*, 2003, No. 044/3.

[155] Dennis A, Shepherd B. Trade Facilitation and Export Diversification [J]. *The World Economy*, 2011, 34 (1): 101 – 122.

[156] Defever F, Farid T. Productivity and the Sourcing Modes of Multinational Firms: Evidence from French Firm – Level Data [R]. *Centre for Economic Performance Discussion Paper*, 2007, No. 0842.

[157] Djankov S, Freund C, Pham C S. Trading on Time [J]. *The Review of Economics and Statistics*, 2010, 91 (1): 166 – 173.

[158] Dorogovtsev S N, Goltsev A V, Mendes J F F. Pseudofractal Scale – Free Web [J]. *Physical Review E*, 2000, 65 (6): 066122.

[159] Eicher T S, Papageorgiou C, Raftery A E. Default Priors and Predictive Performance in Bayesian Model Averaging, with Application to Growth Determinants [J]. *Journal of Applied Econometrics*, 2012 (26): 30 –55.

[160] Ellis P D. Paths to Foreign Markets: Does Distance to Market Affect Firm Internationalisation? [J]. *International Business Review*, 2007, 16 (5), 573 –593.

[161] Erdos P, Renyi A. On Random Graphs [J]. *Publicationes Mathematicae Debrecen*, 1959 (6): 290 –297.

[162] Fagiolo G, Reyes J, Schiavo S. World-trade Web: Topological Properties, Dynamics and Evolution [J]. *Physical Review E*, 2009, 79 (036115): 1 –19.

[163] Fagiolo G, Reyes J, Schiavo S. On the Topological Properties of the World Trade Web: A Weighted Network Analysis [J]. *Physica A*, 2008 (387): 3868 –3873.

[164] Fair K R, Bauch C T, Anand M. Dynamics of the Global Wheat Trade Network and Resilience to Shocks [J]. *Scientific Reports*, 2017 (3): 1 –14.

[165] Feenstra R C, Ma H. Trade Facilitation and the Extensive Margin of

Exports [J]. *The Japanese Economic Review*, 2014, 65 (2): 158 – 177.

[166] Ferrarini B. Vertical Trade Maps [J]. *Asian Economic Journal*, 2013, 27 (2): 105 – 123.

[167] Fernandez C, Ley E, Steel M F J. Benchmark Priors for Bayesian Model Averaging [J]. *Journal of Econometrics*, 2001 (100): 381 – 427.

[168] Fields G S. Accounting for Income Inequality and ItsChange: A New Method, with Application to the Distribution of Earnings in the United States [J]. *Research in Labor Economics*, 2003 (22): 1 – 38.

[169] Foster D, George E. The Risk Inflation Criterion for Multiple Regression [J]. *Annal Statistics*, 1994 (22): 1947 – 1975.

[170] Frank O, Strauss D. Markov Graphs [J]. *Journal of The American Statistical Association*, 1986, 81 (395): 832 – 842.

[171] Freund C, Rocha N. What Constrains Africa's Export? [J]. *World Bank Economic Review*, 2011 (5): 361 – 386.

[172] Freeman L C. Centrality in Social Networks Conceptual Clarification [J]. *Social Networks*, 1979, 1 (3): 215 – 239.

[173] Freeman L C, Borgatti S P, White D R. Centrality in Valued Graphs: A Measure of Betweenness Based on Network Flow [J]. *Social Networks*, 1991 (13): 141 – 154.

[174] Fruchterman T, Reingold E. Graph Drawing by Force – Directed Placement Software [J]. *Practice and Experience*, 1991, 21 (11): 1129 – 1164.

[175] Freund C. Third-country Effects of Regional Trade Agreements, The World Economy: Global Trade Policy 2010 [J]. *The World Economy*, 2011, 33 (11): 247 – 263.

[176] Garlaschelli D, Loffredo M. Fitness-dependent Topological Properties of the World Trade Web [J]. *Physical Review Letter*, 2004 (93): 188701.

[177] Garas A, Argyrakis P, Rozenblat C, et al. Worldwide Spreading of Economic Crisis [J]. *New Journal of Physics*, 2010, 12 (11): 113043.

[178] Gereffi G. *The Organization of Buyer-driven Global Commodity*

Chains: *How US Retailers Shape Overseas Production Networks* [M]. Commodity Chains and Global Capitalism, Westport, CT: Praeger, 1994.

[179] Gereffi G. International Trade and Industrial Upgradingin the Apparel Commodity Chain [J]. *Journal of International Economics*, 1999 (48): 37 – 70.

[180] Gereffi G, Humphrey J, Sturgeon T. The Governance of Global Value Chains [J]. *Review of International Political Economy*, 2005, 12 (1): 79 – 104.

[181] Gereffi G. Global Value Chains and International Competition [J]. *The Antitrust Bulletin*, 2011, 56 (11): 37 – 56.

[182] Glick A, Rose A K. Contagion and Trade: Why Are Currencycrises Regional? [J]. *Journal of International Money and Finance*, 1999, 18 (4): 603 – 617.

[183] Goldmann K. Notes on the Power Structure of the International System [J]. *Cooperation and Conflict*, 1977 (12): 1 – 20.

[184] Granovetter M S. The Strength of Weak Ties [J]. *American Journal of Sociology*, 1973 (78): 1360 – 1380.

[185] Grossman S J, Hart O D. The Costs and Benefits of Ownership: A Theory of Vertical and Lateral Integration [J]. *Journal of Political Economy*, 1986, 94 (4): 691 – 719.

[186] Guiso L, Sapienza P, Zingales L. Cultural Biases in Economic Exchange? [J]. *The Quarterly Journal of Economics*, 2009, 124 (3): 1095 – 1131.

[187] Handley K, Limao N. Trade and Investment under Policy Uncertainty: Theory and Firm Evidence [R]. *NBER Working Paper*, 2012.

[188] Harary F, Norman R Z, Cartwright D. *Structural Models: An Introduction to the Theory of Directed Graphs* [M]. New York: John Wiley and Sons Press, 1965.

[189] Hausmann R, Hwang J, Rodrik D. What You Export Matters [R]. *NBER Working Paper*, 2005, No. 11905.

[190] Hummels D, Ishii J, Yi K M. The Nature and Growth of Vertical

Specialization in World Trade [J]. *Journal of International Economics*, 2001 (54): 75 - 96.

[191] Hummphrey J, Schmitz H. How Does Insertion in Global Value Chains Affect Upgrading in Industrial Clusters [J]. *Regional Studies*, 2002 (9): 1017 - 1027.

[192] IMF. World Economic Outlook [R]. Washing D C, 2020.

[193] Israeli O. A Shapley-based Decomposition of the R - square of a Linear Regression [J]. *Journal of Economic Inequality*, 2007 (5): 199 - 212.

[194] Jabbour L. Determinants of International Vertical Specialization and Implications on Technology Spillovers [R]. *The 4th Europaeum Economic Workshop Paper, University of Bologna*, 2005.

[195] Jackson M O, Rogers B W, Zenou Y. The Economic Consequences of Social - Network Structure [J]. *Journal of Economic Literature*, 2017, 55 (1): 49 - 95.

[196] Jeong H B, Tombor R, Albert Z N, et al. The Large - Scale Organization of Metabolic Networks [J]. *Nature*, 2000, 407 (407): 651 - 654.

[197] Johnson R C, Noguera G. Accounting for Intermediates: Production Sharing and Trade in Value Added [J]. *Journal of International Economics*, 2012, 86 (2): 224 - 236.

[198] Johnson R C. Five Facts About Value-added Exports and Implications for Macroeconomics and Trade Research [J]. *Journal of Economic Perspective*, 2014, 28 (2): 119 - 142.

[199] Kali R, Reyes J. The Architecture of Globalization: A Network Approach to International Economic Integration [J]. *Journal of International Business Studies*, 2007 (38): 595 - 620.

[200] Kali R, Reyes J. Financial Contagion on the International Trade Network [J]. *Economic Inquiry*, 2010, 48 (4): 1072 - 1101.

[201] Kandogan Y. Topological Properties of the International Trade Network Using Modified Measures [J]. *The International Trade Journal*, 2017, 32

（3）：268 - 292.

[202] Kaplinsky R, Morris M. *A Handbook for Value Chain Research* [M]. University of Sussex, Institute of Development Studies, 2000.

[203] Kaplinsky R, Morris M, Readman J. The Globalization of Product Markets and Immiserzing Growth: Lessions from The South African Furnture Industry [J]. *World Development*, 2002, 30 (7): 1159 - 1177.

[204] Kass R E, Raftery A E. Bayes Factors [J]. *Journal of the American Statistical Association*, 1995 (90): 773 - 795.

[205] Katz L. On the Matric Analysia of Sociometric Data [J]. *Sociometry*, 1947 (10): 233 - 241.

[206] Katz L. A New Status Index Dericed from Sociometric Analysis [J]. *Psychometrika*, 1953, 18 (1): 39 - 43.

[207] Kee H L, Tang H. Domestic Value Added in Exports: Theory and Firm Evidence from China [J]. *American Economic Review*, 2016, 106 (6): 1402 - 1436.

[208] Kilduff M, Tsai W. *Social Networks and Organizations* [M]. London: Sage Press, 2003.

[209] Kim S, Shin E H. A Longitudinal Analysis of Globalization and Regionalization in International Trade: A Social Network Approach [J]. *Social Forces*, 2002, 81 (2): 445 - 468.

[210] Koenker R, Bassett G. Regression Quantiles [J]. *Econometrica*, 1978 (46): 107 - 112.

[211] Koopman R, Wang Z, Wei S J. Tracing Value-added and Double Counting in Gross Exports [J]. *American Economic Review*, 2014, 104 (2): 459 - 494.

[212] Koopman R, Powers W, Wang Z, et al. Give Credit Where Credit is Due Tracing Valued Added in Global Production Chains [R]. *NBER Working Paper*, 2010, No. 16426.

[213] Krackardt D. *Networks and Organization* [M]. Cambridge: Harvard

Business School Press, 1992.

[214] Lall S, Weiss J, Oikawa H. China's Competitive Threat to Latin America: An Analysis for 1990 – 2002 [J]. *Oxford Development Studies*, 2005 (33): 163 – 194.

[215] Lankhuizen M, De Groot H L F, Linders G J M. The Trade – off between Foreign Direct Investments and Exports: The Role of Multiple Dimensions of Distance [J]. *The World Economy*, 2011, 34 (8): 1395 – 1416.

[216] Leamer E E. *Specification Searches: Ad Hoc Inference with Nonexperimental Data* [M]. New York: Wiley Publish Press, 1978.

[217] Lee W, Mulabdic A, Ruta M. Third-counter Effects of Regional Trade Agreements [R]. *The World Bank Policy Research Working Paper*, 2019, No. 9064.

[218] Lenzen M, Kanemoto K, Moran D, et al. Mapping the Structure of the World Economy [J]. *Environmental Science & Technology*, 2012 (46): 8374 – 8381.

[219] Lenzen M, Moran D, Geschke A, et al. A Non-sign-preserving RAS Variant [J]. *Economic Systems Research*, 2014 (26): 197 – 208.

[220] Levchenko A. Institutional Quality and International Trade [J]. *The Review of Economic Studies*, 2007, 74 (3): 791 – 819.

[221] Lewis T G. *Network Science: Theory and Applications* [M]. Joho Wiley & Sons, 2009.

[222] Liljeros F, Edling C R, Amaral L A, et al. The Web of Human Sexual Contacts [J]. *Nature*, 2001, 411 (6840): 907 – 908.

[223] Limao L, Venables A. Infrastructure, Geographical Disadvantage, Transports Costs and Trade [J]. *World Bank Economic Review*, 2001, 15 (3): 451 – 479.

[224] Limao N. Preferential Trade Agreements [R]. *NBER Working Paper*, 2016.

[225] Lin N. *Social Capital: A Theory of Social Structure and Action* [M].

New York: Cambridge University Press, 2001.

[226] Los B, Timmer M. *Measuring Bilateral Exports of Value Added: A Unified Framework* [M]. Cambridge MA: NBER. 2018.

[227] Lozano S, Gutierrez E. A Complex Network Analysis of Global Tourism Flows [J]. *International Journal of Tourism Research*, 2018, 20 (5): 588 – 604.

[228] Luca D B, Lucia T. The World Trade Network [J]. *World Economy*, 2011, 34 (8): 1417 – 1454.

[229] Mahutga M C. The Persistence of Structural Inequality? A Network Analysis of International Trade, 1965 – 2000 [J]. *Social Forces*, 2006, 84 (4): 1863 – 1889.

[230] Marquez R L, Martinez Z I. The Effect of Technological Innovation on International Trade [J]. *Economics – The Open – Access, Open – Assessment E – Journal, Kiel Institute for the World Economy (IfW)*, 2010 (4): 1 – 37.

[231] Massimo R, Alessandro R, Stefano S. Global Networks of Trade and Bits [J]. *Journal of Economic Interaction and Coordination*, 2013, 8 (1): 33 – 56.

[232] Melitz M J. The Impact of Trade on Intra-industry Reallocations and Aggregate Industry Productivity [J]. *Econometrica*, 2003, 71 (6): 1695 – 1725.

[233] Melitz J, Toubal F. Native Language, Spoken Language, Trasnlation and Trade [J]. *Journal of International Economics*, 2014 (93): 351 – 363.

[234] Melitz M J. OttavianoG I P. Market Size, Trade, and Productivity [J]. *Review of Economic Studies*, 2008 (75): 295 – 316.

[235] Miller R E, Blair P D. *Input-output Analysis: Foundations and Extensions (second edition)* [M]. New York: Cambridge University Press, 2009.

[236] Moya E G, Lozano S, Diaz B A. Analysing the Structure of the Global Wheat Trade Network: An ERGM Approach [J]. *Agrontomy*, 2020 (10): 1 – 19.

[237] Mood A M, Graybill F A, Boes D C. *Introduction to the Theory of*

Statistics [M]. *Aucklang*: *McGraw – Hill*, 1974.

[238] Moreno J L. *Who Shall Survive?*: *Foundations of Sociometry*, *Group Psychotherapy*, *and Sociodrama* [M]. Washington D C: Nervous and Mental Disease Publishing, 1934.

[239] Moreno J L, Jennings H H. Statistics of Social Configurations [J]. *Sociometry*, 1938 (1): 342 – 374.

[240] Nemeth R J, Smith D A. International Trade and World – System Structure: A Multiple Network Analysis [J]. *Review*, 1985, 8 (4): 517 – 560.

[241] Newman M E J. Small Worlds, The Structure of Social Networks [J]. *Journal of Statistical Physics*, 2000, 101 (3/4): 819 – 841.

[242] Newman M E J. The Structure and Function of Complex Network [J]. *SLAM Review*, 2003, 45 (2): 167 – 256.

[243] Northway M L. *A Primer of Sociometry* [M]. Toronto: The University of Toronto Press, 1952.

[244] Nunn N. Relationship – Specificity, Incomplete Contracts, and the Pattern of Trade [J]. *Quarterly of Journal Economics*, 2007, 122 (2): 569 – 600.

[245] Otsuki T, Wilson J S, Mann C L. Trade Facilitation and Economic Development: A New Approach to Quantifying the Impact [J]. *The World Bank Economic Review*, 2003, 17 (3): 367 – 389.

[246] Peng P, Lu F, Cheng S F, et al. Mapping the Global Liquefied Natural Gas Trade Network: A Perspective of Maritime Transportation [J]. *Journal of Cleaner Production*, 2021 (283): 124640.

[247] Pierce J R. Schott P K. The Surprisingly Swift Decline of U. S. Manufacturing Employment [R]. *NBER Working Paper*, 2012.

[248] Prell C. *Social Network Analysis*: *History*, *Theory and Methodology* [M]. London: Sage, 2012.

[249] Psacharopoulos G. Returns to Investment in Education: A Global Update [J]. *World Development*, 1994, 22 (9): 1325 – 1343.

[250] Rauch J E. Business and Social Networks in International Trade [J].

Journal of Economic Literature, 2001, 39 (12): 1177 - 1203.

[251] Redner S. How Popular is Your Paper? An Empirical Study of the Citation Distribution [J]. *The European Physical Journal B - Condensed Matter and Complex Systems*, 1998 (4): 131 - 134.

[252] Reyes J A, Schiavo S, Fagiolo G. Assessing the Evolution of International Economic Integration Using Random Walk Betweenness Centrality: The Cases of East Asia and Latin America [J]. *Advances in Complex Systems*, 2008, 11 (5): 685 - 702.

[253] Romer P. Endogenous Technical Change [J]. *Journal of Political Economy*, 1990, 98 (4): 71 - 103.

[254] Sala - i - Martin X, Doppelhofer G, Miller R I. Determinants of Long-term Growth: A Bayesian Averaging of Classical Estimates (BACE) Approach [J]. *American Economic Review*, 2004 (94): 813 - 835.

[255] Scala A, Amaral L A N, Barthelemy M. Small-world Networks and the Conformation Space of a Short Lattice Polymer Chain [J]. *Europhysics Letters*, 2001, 55 (4): 594 - 600.

[256] Scott J. *Social Network Analysis* [M]. London: Sage Press, 2012.

[257] Sen P, Dasgupta S, Chatierjee A, et al. Small World Properties of the Indian Railway Network [J]. *Physical Review E*, 2003 (67): 036106.

[258] Serrano M A, Boguna M. Topology of the World Trade Web [J]. *Physical Review E*, 2003 (68): 015101.

[259] Smith D A, White D R. Structure and Dynamics of the Global Economy: Network Analysis of International Trade 1965 - 1980 [J]. *Social Forces*, 1992, 70 (4): 857 - 893.

[260] Smith M, Sarabi Y. How Does the Behavior Of the Core Differ from the Periphery? —An International Trade Network Analysis [J]. *Social Networks*, 2022 (70): 1 - 15.

[261] Snyder D, Kick E L. Structural Position in the World System and Economic Growth, 1955 - 1970: A Multiple Network Analysis of Transnational

Interactions [J]. *American Journal of Sociology*, 1979, 84 (5): 1096 – 1126.

[262] Stehrer R, Worz J. Technological Convergence and Trade Patterns [J]. *Review of World Economics*, 2003, 139 (2): 191 – 219.

[263] Steiber S. The World System and World Trade: An Empirical Explorationof Conceptual Conflicts [J]. *Sociological Quarterly*, 1979 (20): 23 – 36.

[264] Subramanian A, Wei S J. The WTO Promotes Trade, Strongly but Unevenly [J]. *Journal of International Development*, 2007, 72 (1): 151 – 175.

[265] Taylor M. Influence Structures [J]. *Sociometry*, 1969 (32): 490 – 502.

[266] Thushyanthan B, Florian B, Tilman B, et al. The Heckscher – Ohlin Model and the Network Structure of International Trade [J]. *International Review of Economics & Finance*, 2011, 20 (2): 135 – 145.

[267] UNCTAD. Global Value Chains and Development: Investment and Value Added Trade in the Global Economy [R]. *United Nations Publication*, 2013.

[268] Wallerstein I. *The Capitalist World – Economy: Essays by Immanuel Wallerstein* [M]. Cambrideg: Cambridge University Press, 1979.

[269] Wang Z, Wei S J, Zhu K F. Quantifying International Production Sharing at the Bilateral and Sector Levels [R]. *NBER Working Paper*, 2013, No. 19677.

[270] Wang C, Huang X, Lim M K, et al. Mapping the Structural Evolution in the Global Scrap Copper Trade Network [J]. *Journal of Cleaner Production*, 2020, 275 (1): 1 – 15.

[271] Wasserman S, Faust K. *Social Network Analysis: Methods and Applications* [M]. NewYork: Cambridge University Press, 1994.

[272] Watts D J, Strogatz S H. Collective Dynamics of 'Small-world' Networks [J]. *Nature*, 1998, 393 (6684): 440 – 442.

[273] Williams R J, Martinez N D. Simple Rules Yield Complex Food Webs [J]. *Nature*, 2000 (404): 180 – 183.

［274］ Wang H，Xiao Y H. Symmetry in World Trade Network ［J］. *Journal of Systems Science and Complexity*，2009（22）：280 – 290.

［275］ Wei N，Xie W J，Zhou W X. Robustness of the International Oil Trade Network Under Targeted Attacks to Economies ［J］. *Energy*，2022（251）：1 – 13.

［276］ Wu G，Pu Y，Shu T. Features and Evolution of Global Energy Trade Network Based on Domestic Value-added Decomposition of Export ［J］. *Energy*，2021，228（120486）：1 – 15.

［277］ Xu M Q，Pan Q，Xia H X，et al. Estimating International Trade Status of Countries from Global Liner Shipping Networks ［J］. *Royal Society Open Science*，2020（7）：1 – 13.

［278］ Zhou M，Wu G，Xu H L. Structure and Formation of Top Networks in International Trade，2001 – 2010 ［J］. *Social Networks*，2016，44（9）：9 – 21.

附　录

附录 A　不同变量 BMA 估计结果

附表　　　　　　　　　　　不同变量 BMA 估计结果

解释变量	（1）	（2）	（3）	（4）	（5）	（6）	（7）	（8）	（9）
ln*k*	0.352*** (0.031)	0.473*** (0.031)	0.473*** (0.030)	0.858*** (0.023)	0.852*** (0.024)	0.855*** (0.025)	0.857*** (0.024)	0.857*** (0.025)	0.865*** (0.021)
voice	−0.006 (0.028)	−0.009 (0.036)	−0.008 (0.035)	−0.025 (0.061)	−0.010 (0.038)	−0.050 (0.082)	−0.054 (0.084)	−0.054 (0.084)	−0.070 (0.091)
goveff	0.450** (0.183)	0.526*** (0.182)	0.525*** (0.182)	0.569*** (0.134)	0.572*** (0.144)	0.720*** (0.144)	0.692*** (0.127)	0.693*** (0.127)	0.667*** (0.123)
politics	−0.002 (0.014)	−0.003 (0.019)	−0.003 (0.020)	0.058 (0.088)	−0.051 (0.084)	−0.058 (0.089)	−0.062 (0.091)	−0.064 (0.093)	
reguquality	−0.043 (0.158)	−0.028 (0.171)	−0.028 (0.171)	−0.003 (0.030)	0.002 (0.025)	−0.0001 (0.021)	−0.000 (0.022)		
corrupt	−0.310*** (0.012)	−0.213*** (0.025)	−0.155*** (0.025)	−0.237*** (0.081)	−0.423*** (0.110)	−0.452*** (0.114)			
pi	0.125 (0.251)	0.016 (0.090)	0.016 (0.089)	0.866*** (0.295)	0.883*** (0.285)				
tariff	−0.001 (0.003)	−0.001 (0.001)	−0.000 (0.001)	−0.017 (0.010)					

续表

解释变量	(1)	(2)	(3)	(4)	(5)	(6)	(7)	(8)	(9)
rd	0.678*** (0.033)	0.496*** (0.028)	0.495*** (0.031)						
wto	0.056*** (0.004)	0.020 (0.017)							
$crisis$	-0.473*** (0.044)								
fta									
$\ln gdp$									
模型空间	2048	1024	512	256	128	64	32	16	8
收敛因子	0.998	0.995	0.999	0.995	0.999	0.997	0.999	0.999	0.998
观测值	2904	2904	2904	2904	2904	2904	2904	2904	2904

注：各列均采用 R 软件估计得到，PIP 未报告 *、** 和 *** 分别为在 10%、5% 和 1% 显著水平。

附录 B　简称对照表

附表 　　　　　　　　　　　　　本书简称对照表

词组	简称	词组	简称	词组	简称	词组	简称
全球价值链	GVC	入度中心度	IDEGREE	广义矩估计	GMM	拟合优度	R^2
贝叶斯模型平均	BMA	Google 搜索排名算法	PageRank	有限信息极大似然法	LIML	全球价值链	GVC
价值链、产业链和供应链	三链	国内行业生产表	SUT	后验期望	EV	世界银行	World Bank
双边比例法	RAS	产品大类投入产品表	CIOT	后验系数标准差	SD	国际货币基金组织	IMF
"一带一路"	B&R	产品大类生产供给表	SCUT	指数随机图模型	ERGM	马尔科夫—蒙特卡洛法	MC^3
跨区域投入产出平衡表	BMRIO	均匀分布	UIP	世界贸易组织	WTO	生存死亡法	bd
初步投入产出平衡表	PMRIO	联合国贸发会议数据	UNCTAD	全球商品价值链	GOC	世界区域贸易协定系统	WITS
度数中心度	DEGREE	显示性比较优势	RCA	误差修正最小二乘法	FGLS	永续盘存法	PSM
出度中心度	ODEGREE	后验包含概率	PIP	国内生产总值	GDP	"丝绸之路经济带"和"21世纪海上丝绸之路"	一带一路
后验模型概率	PMP	两阶段最小二乘法	2SLS	外商直接投资	FDI	核心—边缘	C－P